KB214947

끙끙 앓는 하나님

끙끙 앓는 하나님
——

1판 1쇄 펴냄 2017년 3월 20일
1판 3쇄 펴냄 2023년 7월 5일

지은이 김기석
펴낸이 한종호
디자인 임현주
제 작 미래피앤피

펴낸곳 꽃자리
출판등록 2012년 12월 13일
주소 경기도 의왕시 백운중앙로 45, 207동 503호(학의동, 효성해링턴플레이스)
전자우편 amabi@hanmail.net
블로그 http://fzari.tistory.com

Copyright ⓒ 김기석 2017

——
ISBN 979-11-86910-13-9 03230
값 **18,000원**

| 예 레 미 야　산 책 |

끙끙 앓는 하나님

김기석 지음

목차

여는 글   울면서 걷는 길 김기석   _9
추천의 글
'실패한' 메시지를 감수할 수 있을까? 곽건용   _15
왜 하필 예레미야인가? 김민웅   _19
하나님의 파토스 김회권   _22
곱씹을수록 메시지가 들린다 민영진   _24
말씀에 사로잡힌 자의 운명 백소영   _27
독자들의 마음을 깊은 곳으로 이끄는 힘 정용섭 _30

제1강 말씀이 임하다   _34
제2강 두 가지 환상   _39
제3강 두 가지 악   _44

메시지 1 묵은 땅을 갈 때   _49

제4강 더럽혀지지 않았다고?   _58
제5강 배역한 자식들아, 돌아오라   _63

메시지 2 비뚤어진 사랑   _68

제7강 뜨거운 바람이 불어온다   _78
제8강 한 사람이라도 정의를 구한다면   _83
제9강 반역하는 백성들   _88

메시지 3 성전 문 앞에 서서 외치라   _93

제10강 성전 설교   _104
제11강 슬프다, 나의 근심이여   _109

메시지 4 우리가 자랑할 것   _114

제13강 무엇을 자랑하려는가   _125
제14강 우상의 유혹에서 벗어나라   _130
제15강 언약을 상기시키라   _135

메시지 5 우리를 버리지 마소서   _140

제16강 하나님의 정의는 어디에 있습니까?   _152
제17강 너무 늦기 전에 돌이키라   _157

메시지 6 주님의 손에 붙들려   _163

제19강 평강을 기다렸으나 _174

제20강 견고한 놋 성벽처럼 되리라 _179

제21강 예언자적 상징행위 _184

메시지 7 마음의 자취를 따라 _189

제22강 물가에 심어진 나무처럼 _198

제23강 토기장이의 집에서 _203

제24강 옹기를 깨뜨리다 _208

메시지 8 삶의 기본 세우기 _212

제25강 마음이 불붙는 것 같아서 _223

제26강 생명의 길과 사망의 길 _228

제27강 정의를 저버린 자들의 운명 _233

메시지 9 약속을 거두시는 하나님 _238

제28강 거짓 예언자들에 대한 경고 _248

제29강 무화과 두 광주리 _253

제30강 진노의 술잔 _258

메시지 10 가끔은 비틀거려도 _263

제31강 성전에서 벌어진 논쟁 _274

제32강 거짓 예언자들 _279

제33강 예레미야와 하나냐 _284

메시지 11 예언자 _289

제34강 미래와 희망을 주시는 주님 _299

제35강 회복에 대한 약속 _304

제36강 새 언약 _309

메시지 12 복 짓는 나날 _314

제37강 밭을 사다 _325

제38강 일을 행하시는 여호와 _330

제39강 노예 해방 선언과 철회 _335

메시지 13 여자가 남자를 안으리라 _340

제40강 레갑 족속의 모범 _350

제41강 말씀은 사라지지 않는다 _355

제42강 죽음의 문턱을 넘어 _360

메시지 14 나를 이끌어 돌이키소서 _365

제43강 예루살렘 함락 _375

제44강 그다랴 시대 _379

제45강 애굽은 구원의 땅이 아니다 _383

메시지 15 은총의 순간들 _388

제46강 최후의 경고 _397

제47강 반역하는 백성들 _402

제48강 애굽에 닥친 운명 _407

메시지 16 두길마 보기 _412

제49강 블레셋과 모압의 심판 _423

제50강 열방에 대한 심판 _428

메시지 17 말씀은 사라지지 않는다 _432

제51강 심판과 회복1 _441

제52강 심판과 회복2 _446

제53강 찬가와 애가 _451

제54강 깊이 가라앉는 바벨론 _456

제55강 절망을 넘어 _460

울면서 걷는 길

봄이 오는 길목에서 영화 〈서편제〉에 나오는 떠돌이 소리꾼 유봉이 딸 송화와 함께 산천을 주유하면서 부르던 '사철가'가 귓전에 암암하게 들려온다. "이 산 저 산 꽃이 피니 분명코 봄이로구나/봄은 찾아왔건마는 세상사 쓸쓸허드라." 구성진 소리에 실린 생의 무게가 수수롭게 느껴서 가슴이 처연해졌다. 하지만 그들 부녀가 만유하던 세상 풍경은 참 아름다웠다. 사철가는 속절없이 흘러가버린 세월을 탄식한다. 근원적 쓸쓸함이다. 하지만 오늘 우리에게는 이런 쓸쓸함이 허락되지 않는다.

지난 겨울은 정말 춥고 뜨거웠다. 퇴행을 거듭해온 역사의 이면을 보면서 우리 마음은 차갑게 얼어붙었고, 변혁을 갈망하는 목소리가 도처에서 터져 나왔기에 뜨거웠다. 광장은 변혁을 갈망하는 시민들과 옛 질서를 지켜내려는 이들의 대치로 위태롭게 달아올랐다. 저 광장의 한 귀퉁이에 서서 박봉우의 〈휴전

선〉을 떠올렸다.

"산과 산이 마주 향하고 믿음이 없는 얼굴과 얼굴이 마주 향한 항시 어두움 속에서 꼭 한 번은 천둥같은 화산이 일어날 것을 알면서 요런 자세로 꽃이 되어야 쓰는가."

시인의 가슴을 가득 채운 암연한 슬픔이 무지근하게 밀려왔다. 장차 이 나라가 어디로 가려는 것일까?

이런 때 예레미야를 읽는다는 것은 어떤 의미일까? 황무지로 변한 땅, 정의와 공의가 무너지고, 악행이 끊이지 않는 세상을 보며 하나님은 가슴 아파하셨다.

"그들이 내 땅을 황무지로 바꾸어 놓았다. 황무지가 된 이 땅이 나를 보고 통곡한다. 온 땅이 이렇게 황무지가 되었는데도, 걱정하는 사람이 하나도 없구나"(12:11).

예언자는 그런 하나님의 마음을 알아차리는 자, 더 나아가 그 마음에 사로잡힌 자이다. 예레미야를 가리켜 흔히 눈물의 예언자라 한다. 그도 그럴 것이 그는 나라가 기울고 마침내 무너져 내리는 것을 누구보다 먼저 본 사람이었기 때문이다. 생수의 근원인 여호와를 버리고, 물을 담지 못할 터진 웅덩이를 의지하고 사는 백성들에게 닥쳐올 운명을 보았기에 그는 울고 또 울었다.

"살해된 나의 백성, 나의 딸을 생각하면서, 내가 낮이나 밤이나 울 수 있도록, 누가 나의 머리를 물로 채워 주고, 나의 두 눈을 눈물 샘이 되게 하여 주면 좋으련만!"(9:1)

"아이고, 배야. 창자가 뒤틀려서 견딜 수 없구나. 아이고, 가슴이야. 심장이 몹시 뛰어서, 잠자코 있을 수가 없구나"(4:19).

무너져 내리는 조국을 어떻게든 일으켜 세워보려 했지만 역부족이었다. 하나님의 무서운 경고를 전하면 전할수록 그는 사람들에게 조롱당했고, 급기야 외톨이가 되었다.

"저는, 웃으며 떠들어대는 사람들과 함께 어울려 즐거워하지도 않습니다. 주님께서 채우신 분노를 가득 안은 채로, 주님의 손에 붙들려 외롭게 앉아 있습니다"(15:17).

주님의 분노에 사로잡힌 자는 외로움의 운명을 견뎌야 한다. 들을 생각이 없는 사람들에게 하나님의 메시지를 전한다는 것처럼 외로운 일이 또 있을까? 차라리 현실을 외면하거나 은둔하여 고고하게 자기를 지키며 사는 게 더 나은 길이 아닐까 하는 생각이 하루에도 여러 번 들었을 것이다.

"'이제는 주님을 말하지 않겠다. 다시는 주님의 이름으로 외치지 않겠다' 하고 결심하여 보지만, 그 때마다, 주님의 말씀이 나의 심장 속에서 불처럼 타올라 뼛속에까지 타들어 가니, 나는 견디다 못해 그만 항복하고 맙니다"(20:9).

이쯤 되면 운명이라 할 수밖에 없다. 그런데 예레미야서를 읽을수록 역설적으로 자괴감이 깊어간다. 주님의 말씀이 나의 심장 속에서 불처럼 타오르지도 않고, 하나님의 분노가 나를 온전히 사로잡지도 않으니 말이다. 적당히 뜨겁고, 적당히 분노하는 것으로 내 할 도리는 다했다고 생각할 때가 많다. 세상은 으레 그런 것 아니냐며 달관의 표정을 짓기도 한다. 소사스 럽게 살면서도 진리를 따른다 엉너리친다. 정신의 나태함인 동 시에 타락이다. 그렇기에 예레미야를 다시 읽는다. 가슴이 서 늘해지기를 기대하며.

평화가 없는 데도 평화가 영원히 계속될 것처럼 사람들을 오도하는 거짓 예언자들이 멀리 있는 것이 아니다. 돈이 주인 노릇하는 세상에 길들여진 채 사는 이들은 늘 고단하다. 그들 은 하늘을 바라보지 못한다. 신동엽 시인의 말대로 '먹구름을 하늘로 알고 일생을 살아가는' 이들이 있다. 그들에게 청정한 저 하늘, 무구의 세계를 가리키며 사람들을 자기 초월의 소명 앞에 세워야 할 종교가 오히려 욕망과 오욕의 길로 사람들을 인도하고 있는 것은 아닌가? 사람들의 청정한 마음을 가리고 있는 먹구름을 닦아내지도 않고, 사람들의 머리를 덮은 쇠항아 리를 찢지도 않는(⟨누가 하늘을 보았다 하는가⟩) 종교는 무너져야 하 고, 또 무너질 수밖에 없다. 달콤한 말로 사람들을 호려 그들로 하여금 죄악에서 떠나지 못하도록 하는 이들은 하나님의 심판 을 면할 수 없다.

그러나 제 아무리 참 예언자라 해도 사람들을 변화시키기에 는 역부족이다. 욕망의 길 위에 서 있는 이들은 아무리 때리고 위협하고 고발해 보아도 돌아서지 않는다.

"그들은 얼굴을 바윗돌보다도 더 굳게 하고, 주님께로 돌아 오기를 거절합니다"(5:3).

들을 생각이 없는 이들에게 말씀을 전하는 아름찬 과제를 차라리 포기해야 할까? 그렇지 않다. 하나님이 그들을 포기하지 않으셨기 때문이다. 듣든 듣지 않든 외쳐야 하는 것이 예언자의 숙명이다.

예레미야는 하나님의 마음과 깊이 접속되어 있다. 그는 전망이 보이지 않는 포로생활에 지친 동족들에게 각자가 서 있는 삶의 자리에서 성실하게 살라 당부한다. 그 땅에 사는 사람들의 평안을 위해 기도하라고도 말한다. 섣부른 희망도, 변덕스러운 절망도 우리 삶을 어지럽힌다. 답이 없어 보여도 주어진 삶의 자리에서 부여받은 생명을 살아내야 한다. 스타치오statio는 '잠시 머물고 있는 자리'라는 뜻의 라틴어로 수도자들이 새로운 일을 시작하기 전 잠시 멈춰 서서 자신이 하고자 하는 일의 의미를 묵상하는 것을 일컫는 말이다. 명쾌하고 보편적인 답이 없는 삶이라 해도, 각자에게 주어진 삶의 자리에서 반딧불처럼 미약한 빛이라도 만들며 살아야 한다. 절망의 시간을 횡단하며 희망이 틈입할 여지를 만드는 것이야말로 하나님을 믿는 이들의 소명이 아니던가.

중첩된 어둠이 우리를 삼키려 하는 이 시대에 예레미야를 읽는 것은 길을 찾기 위한 몸부림이다. 우리를 길들이려는 세상에 대한 저항이다. 그리고 이 눈물의 땅에서 시작되는 새로운 희망을 노래하기 위함이다. 이 책이 그러한 길을 모색하는 이들 앞에 던져지는 희미한 불빛이라도 되면 참 좋겠다. 책을 만들 때마다 귀한 스승들과 길벗들의 신세를 많이 진다. 그저 감사할 따름이다. 역사의 봄이 고샅길 저편에서 머뭇거리고 있다. 이제 우리가 겨울옷을 벗어던지고 봄을 향해 나아가야 할 때이다.

_역사의 새 날을 기다리며

'실패한' 메시지를 감수할 수 있을까

곽건용 | LA향린교회 목사

예레미야서는 예언서들 중에서 가장 어려운 책으로 통한다. 예레미야를 전문적으로 연구한 학자들 중에 이 책의 내용이 뒤죽박죽이어서 이해하기 어렵다는 학자들이 적지 않다. 절대 이해할 수 없는 책이라고까지 말한 이도 있는 지경이다.

1장에서 25장까지는 운문이 주를 이루고 26장부터 52장까지는 산문이 주를 이루지만 운문 중에 산문이 섞여 있기도 하고 반대로 산문 중에 운문이 섞여 있기도 하다. 모빙켈이라는 구약학자가 1-25장의 운문은 예레미야가 직접 한 말(이른바 A 자료)이고 26-52장의 산문은 그의 제자이며 서기scribe였던 바룩이 쓴 예레미야의 전기자료(B 자료)와 예레미야서를 편집한 신명기사가의 기록(C 자료)이라고 구분한 이래 오랫동안 그의 자료설이 학계의 지지를 받아왔다. 하지만 잘 읽어보면 운문 내에도 일정한 통일성을 찾아보기 힘들고 산문의 경우에도 심판과 구원의 메시지가 번갈아 등장할 뿐 아니라 서술이 시간의 흐름을 따르지도 않기 때문에 예레미야서는 해석하기가 매우 어려운 책으로 '악명'이 높다. 근래에는 예레미야서 전체를 하나의 일관된 주제와 구조를 갖고 있는 통일된 이야기로 읽으려는 경향이 점차 힘을 얻고 있지만 예레미야서 전체를 어떻게 읽고 해석해야 할지에 대해서는 아직까지 뚜렷한 합의가 이루어지지 않고 있다.

이런 예레미야서를 한 절 한 절 읽어가면서 꼼꼼하게 해석을 가한 저자의 노력에 경탄하면서 이 책을 읽었다. 이 작업은 예레미야서를 전문적으로 연구한 학자도 하기 힘든 일임을 잘 알기에 더욱 경탄해 마지않았다. 저자는 맑고 밝은 눈으로 본문을 꼼꼼히 읽을 뿐 아니라 해당 구절과 연관이 있는 문학과 인문학 저자들의 글을 인용하여 독자의 이해를 돕고 있다. 이 책이 쓰였던 때 한국사회의 현실을 말씀에 비춰보면서 진정한 예레미야서의 독자가 각자의 삶의 자리에서 어떤 선택을 어떻게 내리고 어떤 삶을 살아야 할지를 고민하고 있다. 이런 성격의 성서해설서는 저자 자신이 본문을 깊이 읽을 뿐 아니라 특정한 역사적 시기에 특정한 사회 안에서 신앙인으로서 올바르게 살고자 치열하게 고민하고 고뇌하며 개인과 공동체의 삶을 성찰하며 살지 않으면 쓸 수 없는 책임에 분명하다.

예레미야서는 오래 작업 중인 내 논문의 텍스트이기도 하다. 특별히 26-29장은 내 논문이 다루는 주요 본문이다. 그래서

나는 이 책에서 참 예언자와 거짓 예언자에 대한 본문인 23장
과 26-29장을 다룬 부분을 집중해서 읽었다. 저자는 이 어려
운 본문을 술술 읽히도록 쉽게 풀어놓았다. '메시지' 부분에서
는 다양한 예를 들어가면서 오늘날 참 예언자의 메시지는 어
떤 것이며 수많은 사람들을 현혹하는 거짓 예언자의 메시지는
어떤 것인지를 흥미롭게 서술했다. 이 책에서 이 부분을 가장
매력적으로 읽은 까닭은 비단 내 논문의 주제이기 때문만은
아니다.

  하나님의 소명을 받아들이긴 했지만 끊임없이 고뇌하고 때
로는 하나님에게 속았다고까지 탄식했던 예레미야를 가장 괴
롭혔던 게 무엇이었을지 생각해본다. 자기가 선포한 하나님의
말씀이 좀처럼 실현되지 않아서? 백성들이 자기가 전한 하나
님의 말씀을 듣고도 회개하지 않아서? 왕을 비롯한 권력자들
과 예언자들에게서 목숨을 위협받았을 정도로 정치적 박해를
받았기 때문에? 물론 그는 이런 것 때문에 고통을 받았을 것이
다. 하지만 그를 가장 괴롭힌 사실은 회개하고 돌아오라는 하
나님의 말씀을 아무리 열심히 전해도 결국 백성들은 회개하지
않으리라는 것을 그가 알고 있었기 때문이 아닐까? 결국 유다
는 바벨론에 의해 멸망당하리라는 걸 예레미야는 알고 있었기
에, 그래서 회개하고 하나님께 돌아오라는 그의 메시지는 '실
패한' 선언이 될 것이란 사실이 그를 괴롭히지 않았을까? 하지
만 그럼에도 불구하고 서너 세대 후에는, 또는 70년이 경과한

후에는 하나님께서 포로로 잡혀간 이들을 돌아오게 하시고 다시금 새롭게 시작하게 만들어 주시리라는 희망이 그로 하여금 '실패한' 메시지를 감수하게 만들었다. 하나님의 말씀을 전하는 예언자는 자기 메시지가 '실패'하리라는 사실에 익숙해질 필요가 있다.

나는 이 글을 박근혜의 탄핵 여부를 결정하는 헌법재판소의 심의가 끝나고 인용과 기각 여부를 결정하는 평결에 들어간 시점에 쓰고 있다. 예레미야서의 메시지에 비추어보면 탄핵이 인용되더라도 그것은 끝이 아니다. 그것은 우리 겨레의 '포로시기'가 끝나감을 보여주는 징조일 뿐이다. 새로운 시작을 이번엔 실수 없이 하려면 지금부터 2,500년 전에 예레미야를 통해서 주신 메시지를 오늘날 어떻게 새롭게 되살려 낼 지를 진지하게 고민해야 할 것이다. 이런 고민에 대한 하나의 대답을 얻는데 이 책이 큰 도움이 될 것이라 믿어 의심치 않는다.

왜 하필 예레미야인가?

김민웅 | 경희대 미래문명원 교수

어둠이 기승을 부리고 있다. 여기에 가담하거나 또는 앞장서고 있는 세력 가운데 하나가 한국의 교회들이다. 물론 모두가 그렇다는 것은 아니다. 하지만 하나님의 뜻으로 서야 할 교회가 세속의 권력과 손을 잡고 역사를 가로막고 있는 것은 명백히 죄악이다. 선지자의 목소리를 내야 할 이들이 권력과 재물의 옹호자가 되고 있고, 가난하고 힘없는 백성들에게 난폭한 자들의 편이 되고 있다. 이들은 한마디로 우상숭배자들이다. 하나님은 우상숭배를 가리기 위한 장식으로 존재할 따름이다. 하나님의 이름을 욕되게 하고 있는 자들이다.

이 시대의 아픔을 자신의 아픔으로 삼고 하나님의 뜻을 깊게 새기고 있는 김기석 목사가 욥에 이어 예레미야에 대한 책을 냈다. 역시 기대 이상이다. 문학도이기도 한 그가 써내려가는 글들은 여기서 그 어떤 수식도 거부하고 있다. 명쾌하고 군

더더기가 없다. 본질을 담고 있기 때문에 흔들림 없이 핵심으로 육박해 들어간다. 그래서 읽는 이로 하여금 가슴을 움직이게 한다. 예레미야의 심장 한복판으로 우리를 이끌어 준다. 눈물과 탄식으로 기도하며 하나님의 말씀을 전하는 한 위대한 선지자의 육성을 우리에게 고스란히 들려주고 있는 것이다.

그가 보는 예레미야는 예를 들어 이러하다. "예언자는 말씀을 전하는 자이기도 하지만 '보는 자'이다. 예언자를 가리키는 히브리어 '나비' 혹은 '로에'는 '선견자'라는 뜻을 내포한다. 예언자는 하늘의 눈으로 인간의 역사를 주석하는 자이다(아브라함 조수아 헤셸). 그들은 역사의 이면에서 전개되는 하나님의 구원사를 꿰뚫어본다. 사람들이 보지 못하는 질서, 아니 차라리 보려 하지 않는 질서를 본다. 그렇기에 그들은 고통스럽다." 김기석 목사 또한 이 책을 고통스럽게 썼을 것이다. 세상은 자신의 욕망으로 현실을 보려들고 있고, 선지자는 그로 인해 숨겨지고 있는 진실을 향해 우리의 눈을 뜨게 하려한다. 그건 어둠이 지배하고 있는 세상과의 맹렬한 격투이기도 하다. 그런 까닭에 이 책은 예레미야가 일깨운 전투지침에 대한 길잡이인 셈이다.

악을 이기려면 잘 싸워야한다. 말씀으로 바르게 훈련된 이들이 아니고서는 이 전투에서 승리하는 것은 어렵다. 자칫 유혹에 넘어가거나 혼란에 빠지거나 아니면 굴복하고 만다. 세상은 지금 어떠한가? 대다수가 주류에 속하고자 기를 쓴다. 그걸 위해 악과 손을 잡는 것도 마다하지 않는다. 악마는 이를 드러내고 웃고 있다. 어둠이 기승을 부릴 수 있는 이유가 있는 것이다. 당대의 주변부적 존재였던 예레미야는 주류질서와 맞선다. 하나님을 버리고 생명의 근원을 외면한 채, 물을 담을 수 없는 웅덩이를 제 손으로 판 자들의 기만과 허위를 폭로한다. 승승장구하는 것처럼 보이는 것들이 결국 멸망하고 말 것을 예고한다. 새로운 시대의 탄생을 내다보게 한다.

지금 우리는 예레미야를 읽어야 한다. 달콤한 말로 우리의 뇌와 가슴을 마비시키고 있는 자들의 덫에 걸리지 말아야 하기 때문이다. 펄펄 끓는 물처럼 우리의 온 몸이 들끓어 오르게 하는 말씀과 만나야 한다. 악마와도 주저 없이 한 통속이 되면서까지 주류에 속하려는 욕망이 얼마나 덧없는 것인지 깨우쳐야 한다. 거짓을 격파하고 진실이 주인 노릇하는 세상을 열어야 한다. 예언서로 말씀을 전하는 교회가 사라지고 있는 시대에, 예레미야를 우리에게 전하는 김기석 목사가 고맙다. 그의 책이 이 시대를 강타하기를 바란다. 가증스러운 자들이 모두 몰락하고, 비천하다고 업신여김을 받은 이들이 우뚝 서는 그런 세상을 기원한다면. 어둠은 빛을 이길 수 없다. 그 빛의 근원을 보는 이는 복되다.

하나님의 파토스

김회권 | 숭실대학교 교수

예레미야서는 이스라엘을 향한 하나님의 사랑이 하나님의 부
서지고 상한 마음, 분노와 실망, 쓰러지고 넘어지는 이스라엘
백성에 대한 좌절감과 이스라엘의 회개에 대한 강렬한 열망이
오케스트라처럼 조율되는 책이다.

김기석 목사의 '예레미야 산책'은 당신의 신부이자 언약백
성 이스라엘의 배반과 변심에 당혹해하시는 하나님의 상처 입
은 내면을 탐조하는 데 주력한다. 이 책은 전통적인 주석이나
강해서 형식을 취하지는 않았으나 모든 장들이 예레미야서의
핵심 메시지로 독자들을 이끌어가며 하나님의 마음에 공감하
도록 도와준다. 주제별 본문 강해는 본문의 의미를 규명하는
데 주력하고, 각 단원의 마지막에 배치된 17개의 메시지는 예
레미야서 본문에 내장된 하나님의 신적 복합 감정인 파토스를
더욱 현실성 있게 공감하도록 도와준다. 메시지는 오늘 21세

기 독자들의 삶의 자리에 반향을 일으키는 예레미야의 육성을 재생시키려고 한다.

저자는 예레미야서의 각장의 대지와 핵심을 잘 드러내면서도 인문학적 독서에 단련된 독자들에게는 한층 더 의미 깊은 강해를 시도했다. 시, 소설, 영화, 역사, 철학 등 저자가 독서와 삶의 경험을 통해 길어 올린 통찰들과 성찰의 편린들은 예레미야서의 본문을 더욱 실감나게 복구하는 데 각주나 부록처럼 제공한다. 이 부분은 김기석 목사의 성경강해에서 만이 누리는 독서의 기쁨을 준다.

이 책은 전체적으로 하나님의 사랑은 사랑하는 당신의 자녀, 아내, 그리고 백성에게 배반당하고 외면당하면서도 포기할 줄 모르는 신적 집요성과 견고성으로 육화된다는 점을 가슴 깊이 깨닫게 해준다. 이 책을 다 읽고 나면 왜 하나님께서 세상을 이처럼 사랑하사 독생자를 선물로 주셨는지 하나님의 내적 논리를 터득하게 될 것이다.

곱씹을수록 메시지가 들린다

민영진 | 전 대한성서공회 총무

예레미야에게는 말이 찾아오곤 한다. 언어도 문법도 확인할 수 없는데, 곱씹을수록 메시지가 들린다. 신탁이란 것이 늘 이렇다. 혼자서만 듣고 말 그런 말이 아니다. 그때마다 예레미야는 바룩을 불러, 여시아문如是我聞이라며, 자기에게 들린 말을 바룩에게 다시 들려준다. 들려 온 말을 히브리어로 바꾸어, 히브리어 어법에 맞게, 히브리어 문법을 입혀서, 히브리어 언중이면 누구나 다 알아들을 수 있는 언어로, 받은 바 그 메시지를 바룩에게 먼저 전달한다. 예언자에게 수납된 계시는 대필자代筆者 amanuensis에게서 "기록"으로 바뀐다. 예언자의 계시수납 과정에서 이미 한 번 형태가 치환置換된 신탁이 대필자에게서 문학적으로 완성된다.

  예레미야는 계시의 수납과 선포 과정에서 왜 기록을 대필자에게 맡길까? 예언자는 글을 읽을 줄도 쓸 줄도 몰랐었나? 말로 외친 신탁과 글로 적은 신탁의 발생 순서를 묻는 것이 의미가 있을 수 있을까? 우리가 읽고 있는 예레미야서를 문학적으로 고찰할 때 그것은 예레미야의 작품인가 바룩의 작품인가?

우리 앞에는 또 한 사람이 있다. 예레미야서를 가지고 우리 독자에게 말을 걸어오는 《끙끙 앓는 하나님》의 저자 김기석이다. 그런데 그도 혼자가 아니다. 낯선 사람들을 함께 데리고 독자 앞에 나타난다.

이 세상 어느 예레미야 해설서를 보아도 예레미야를 설명하면서, 예레미야와는 아무런 관련도 없는 이들, 곧 신영복, 에드워드 사이즈, 우석영, 정경옥, 빅터 프랭클, 루미, 노자, 임철규, 플라톤, 헤로도토스, 에릭 메택시스, 이승우, 김상환, 모레스 마이모니데스, 앙드레 말로, 스베틀라나 알레시예비치, 레이첼 카슨, 아베 피에르 등을 데리고 다니는 저자는 김기석 말고는 없을 것이다.

김기석은 목사요 설교자다. 현학적이지 않고, 실존적이다. 그는 하나님의 마음을 열어보려고 혼자서 끙끙대지 않고, 삶의 체험이 다양하고 삶에 대한 관찰이 심오한 시인과 소설가와 철학자와 신학자와 인문학자들과 옛 성현들을 친구삼아 함께 다닌다. 그리하여 그들에게서 언어를 배우고, 지혜를 터득하고, 지식을 전수 받아, 예레미야가 말하고 바룩이 쓰고 교회가 전수한, 예언자 예레미야와 나눈 무궁무진한 대화의 한 단편을 이 책에 소개하고 있는 것이다.

　말씀을 받는 사람과, 말씀에 뼈와 살을 입히는 사람과, 말씀을 번역하는 사람과, 말씀을 이야기 하는 사람과, 말씀을 듣는 사람, 이들이 혼연일체가 되는 것이야말로 성경의 말씀을 오늘날 새롭게 읽어내려 갈 수 있는 진정한 독서 체험일 것 같다.

말씀에 사로잡힌 자의 운명

백소영 | 이화여자대학교 교수

말씀 기근의 시절에 "말씀에 사로잡힌 자의 운명"은 어떠할까? 글을 읽는 내내 마치 같은 이의 모습을 보듯 예레미야와 저자가 겹쳐 다가왔다. 얼굴을 직접 대면하고 알게 된 지 수년, 김기석 목사님은 자꾸 여위어만 간다. 혹 어디 아프신 건 아닌가, 염려하여 여쭈려했는데, 이 글을 읽다보니 알 것도 같다. "아이고, 배야. 창자가 뒤틀려서 견딜 수 없구나. 아이고, 가슴이야. 심장이 몹시 뛰어서, 잠시도 있을 수가 없구나!" 하나님을 잊은 시절에 하나님으로부터 받은 시각으로 세상을, 사람을 바라보자니 어찌 고통이 없을까.

그의 언어들은 예레미야의 저 처절한 표현만큼 직설적이지 않지만, 아니 오히려 너무나 아름답고 따뜻하고 부드러워 읽는 이가 얼른 그 고통을 즉각적으로 느끼지 못하지만, 실은 모두가 다 신음 소리이다. 아브라함 조수아 헤셸의 말처럼 "하늘의 눈으로 인간의 역사를 주석하는 자"가 예언자라면, 목사요 신앙인으로 하늘의 눈을 가진 그가 이 시절을 지내며 끙끙 앓는 것은 어쩌면 당연한 일 아닌가. 실은 하나님을 알고 믿는 모든 신앙인은 예언자여야 하리라.

우리가 보는 것을 보지 못하고 듣는 것을 듣지 못한 채, 하나님 없는 반생명의 질서를 지어놓고 '문명'이라 자족하는 이들과 함께 동시대를 살아가는데 어찌 앓지 않으랴. 실존적인 위험을 당할 수밖에 없는 불행한 운명의 사람들, 그러나 예수는 예언자적 삶을 선택하는 이들을 복되다 했다. makarios! 존재로 복된 이들, 이들의 존재함은 오늘 이 땅에서 "뿌리 뽑힌 이들에게 샬롬의 매개"가 될 것이다. 그런 의미에서 김기석 목사님은 복되다. 그의 글을 읽는 사람들도 복되다.

김기석 목사님의 글은 여러 면에서 '넘나듦'을 발견하는 재미가 쏠쏠하다. 수천 년 전 예레미야의 삶의 자리와 21세기 우리가 사는 공간이 타임머신을 타고 이동하듯 순식간에 넘나들며 하나가 된다. 성서 텍스트와 문학, 사회학, 인문학 텍스트 사이에서도 스스럼 없이 흐르는 듯 연결된 넘나듦이 있다. 동양과 서양, 고전과 현대 문헌 사이에서도 그러하다.

그는 우리말을 가장 아름답고 적절하게 길어 올리는 작가이기도 하다. 김 목사님만의 풍부하고 생생한 묘사로 살아난 글귀들을 읽으며 독자들은 예레미야와 함께 환상을 보고, 끌려가고, 묶이고, 갇히고, 울어서 눈이 퉁퉁 부어오를 거다. 태어난 날을 저주할 만큼의 깊은 고통에도 불구하고, 그럼에도 다시 일어서서 하나님의 비전을 전할 힘을 함께 얻을 거다. 지나가는 나그네의 옷을 벗긴 것은 강한 북풍이 아니라 따듯한 햇빛이었듯이, 김기석 목사님의 언어들은 포근하지만 우리의 비양심과 욕망의 껍질을 스르륵 벗게 만드는 힘이 있다. '그의 예레미야'를 읽으며 우리는 무슨 일을 하든 '이드거니'(시간이 좀 걸리면서 분량이 좀 많게), '지며리'(차분하게, 꾸준히) 하는 법을 배우리라. 자카리아 무함마드의 우화처럼, 그리스도인은 생존을 위해 당나귀 울음을 울다 건초더미를 받는 "열 번째 날의 호랑이"가 되어서는 안 되는 것 아니겠나.

독자들의 마음을 깊은 곳으로 이끄는 힘

정용섭 | 대구성서아카데미 원장, 대구샘터교회 목사

마틴 스콜세지 감독의 영화 〈사일런스〉는 엔도 슈사쿠의 소설 《침묵》을 원작으로 한 작품이다. 여기서 '침묵'에 대한 해석은 이중적이다. 17세기 에도 막부 시대에 (로마 가톨릭)기독교인들은 큰 박해를 받았다. 정권은 기독교인들을 색출하기 위해서 동판이나 목판에 예수나 마리아 상을 새겨 만든 후미에를 밟게 했다. 순교 당하는 이들 앞에서 침묵하는 하나님, 또는 후미에를 밟고 살아난 이들까지 비밀한 방식으로 용납하는 하나님을 엔도가 말하려 했던 것인지 모르겠다.

우리는 오늘 대한민국에서 하나님의 침묵을 경험한다. 2018년 부활절인 4월 16일은 마침 세월호 참사 4주년 되는 날이다. 이런 참사가 일어났다는 사실 앞에서 목사들은 하나님이 세상을 통치한다고 선포할 수 있을까? 매주일 강단에서 하나님은 살아 있다고, 하나님은 정의롭다고, 하나님은 사랑이라고 진정성 있게 설교할 수 있을까? 차라리 입을 다무는 게 솔직한 게 아닐는지. 이럴 때마다 나는 『욥기』와 『예레미야』에 손이 간다. 마침 작년 연말에 욥기를 주제로 한 《아! 욥》을 펴낸 김기석 목사가 이어서 예레미야를 고유한 시각으로 주석하고 설교한 책을 냈다. 기원전 587년 바벨론에 의해서 초토화되는 예루살렘을 온몸으로 겪은 예레미야의 심정을 김기석 목사도 세월호 참사에서 그대로 느낀 것인지 모르겠다. 본인이 의식했든, 의식하지 못했든지. 그래서 제목을 '끙끙 앓는 하나님'이라 했을까.

책으로 나오기 전의 원고를 파일로 읽었다. 김기석 목사의 책을 비교적 여러 번 접했던 터라 처음부터 끝까지 한결같은 호흡으로 읽어낼 수 있었다. 여기서 그 내용을 간추리거나 분석하지 않겠다. 좀더 일반적인 관점에서 그의 글을 왜 읽어야 하는지에 대해서, 특히 설교자들이 왜 읽어야 하는지만 간략하게 짚겠다. 속되게 표현해서 목사는 말과 글로 먹고 사는 사람이 아닌가. 김기석 목사의 글을 따라가다 보면 성경을 어떻게 읽고 해석하고 오늘의 삶에 어떻게 적용해야 하는지를 배울수 있을 것이다.

우선 김기석 목사의 글은 술술 읽힌다. 마치 영적인 에세이처럼 독자들의 마음을 깊은 곳으로 이끄는 힘이 있다. 이런 글을 쓰는 건 쉽지 않다. 두 가지 점에서 그렇다. 하나는 자신에게 충분히 소화된 내용을 말해야 한다는 것이고, 다른 하나는 그걸 전달할 수 있는 언어 구사능력이 뒷받침되어야 한다는 것이다. 사실 목사들이 성경의 세계를 알고 설교하는 경우가 얼마나 되는가. 그러다 보니 짜깁기 식으로 글을 쓰고 설교한다. 김기석 목사의 글은 마치 슈베르트의 연가곡 〈겨울 나그네〉를 신들린 듯 노련하게 부르는 바리톤 가수의 노래처럼 잔잔하지만 울림이 강하다. 이런 글을 자주 읽다 보면 우리도 글을 쓰고 싶어질 것이며, 어떻게 써야 하는지를 저절로 배우게 될 것이다.

독자들은 그의 글에서 번뜩이는 신학적 착상을 발견하는 일이 적지 않을 것이다. 예를 들어 '메시지 11, 예언자'의 앞 대목에서 그는 예언자의 정체성을 이렇게 진단한다.

"예언자들은 불행한 운명을 타고 난 사람들입니다. 예언의 성공은 예고한 일이 그대로 성취되는 것이 아니라, 예언한 일이 현실에서 일어나지 않는 것이기 때문입니다. 사람들이 예언자의 말을 받아들여서 자기들의 삶의 방식을 돌이켜 재앙을 면하는 것이 예언의 성공입니다. 예언의 말이 그대로 성취되면 실패한 예언자가 되는 것입니다. 하나님이 그를 보내신 것은 백성을 구원하는 데 있기 때문입니다. 이런 모순 속에 살기에 그는 불행합니다."

이 한 구절만 잘 이해해도 독자들은 그의 책을 읽기 위해서 들인 노고를 충분히 보상받을 것이다.

나는 김기석 목사의 영혼을 통과해서 이 땅에 모습을 보인

'끙끙거리는 하나님'이 비굴하고 처연하며, 하나님의 위로가 절대적으로 필요한 21세기 대한민국에서 목회자요 설교자로 살아가는 목사들, 그리고 그런 심정으로 함께 길을 가고 있는 모든 깨어 있는 평신도 기독교인들 역시 이 현실에 저항하고 버텨내고 희망하는 데 힘이 되어 주리라 확신한다.

말씀이 임하다

예레미야 1:1-10

예레미야의 활동 연대

하나님의 말씀을 대언하는 자로 부르심을 받는다는 것은 기쁜 일일까, 슬픈 일일까? 답하기 어려운 질문이다. 하지만 운명처럼 말씀이 압도적으로 한 존재를 사로잡으면 그는 좋든 싫든 그 말씀을 전하는 자로 살아야 한다. 예언자들은 대개 역사의 비상국면에 소명을 받곤 한다. 그들의 말은 그렇기에 단호하고 절박하다. 솔개가 먹이를 향해 쏜살같이 하강하는 것처럼 그들의 말은 그렇게 사람들의 양심을 급습한다. 그들은 사람들을 불편하게 만든다. 그렇기에 그들은 인기가 없다. 말씀에 사로잡힌 자는 그걸 알면서도 그 운명을 회피할 수 없다. 예레미야 서는 이런 말로 시작된다.

> 베냐민 땅 아나돗의 제사장들 중 힐기야의 아들 예레미야의 말 이라(예레미야 1:1).

예레미야는 아나돗 출신이다. 이 사실을 이해하는 것이 매우 중요하다. 아나돗은 베냐민 지파의 땅 가운데서 레위인들에게 제공된 성읍이었다(역대상 6:60). 왕위 계승 다툼의 와중에 아도니야의 편에 가담했다가 솔로몬에게 쫓겨난 제사장 아비아달도 아나돗 출신이었다. 성경은 아비아달이 실로 성소에서 하나님을 섬겼던 엘리 제사장의 후손이라고 소개하고 있다(열왕기상 2:27). 지방 성소인 실로의 전통과 연결되었을 뿐만 아니라 아비아달이 솔로몬에 의해 한직으로 밀려난 이후 아나돗 제사장들은 늘 변방 의식을 가지고 살았을 것이다. 예레미야가 아나돗 출신이라는 것은 예루살렘 성전 중심주의적 사고방식으로부터 일정한 거리를 두고 있는 사람이라는 뜻일 것이다.

> 아몬의 아들 유다 왕 요시야가 다스린 지 십삼 년에 여호와의 말씀이 예레미야에게 임하였고(1:2).

요시야 13년은 주전 626년에 해당된다. 유다 백성들에게 부흥과 개혁의 기대감을 높였던 요시야 왕 때 부름 받은 예레미야는 여호야김 시대를 거쳐 시드기야 십일 년 말까지 말씀의 담지자로 살았다(실제로 그의 예언활동은 예루살렘 함락 이후까지도 이어진다). 그가 하나님의 말씀을 전하는 자로 산 세월이 대략 40년이 넘는다고 보면 될 것이다. 바벨론과 애굽 사이에서 구명도생救命圖生해야 했던 역사의 격동기였다. 정신적 혼돈이 극심했고, 두려움과 불신이 극으로 치닫는 상황 속에서 하나님의 말씀을 전하는 자로 산다는 것은 실로 고단한 일이었을 것이다.

소명 이야기

4-10절까지는 소명 이야기이다. 여호와는 예레미야가 태어나기 전에 이미 그를 알았고, 성별했고, 여러 나라의 선지자로 세웠다고 말씀하신다. 이 말을 근거로 예정론을 들먹일 이유는 없다. 이 말 속에 담긴 속뜻은 무엇인가? 택함은 그의 인간적 자질을 시험해 보신 후에 이루어진 것이 아니라, 하나님의 절대적인 자유 안에서 이루어졌다는 말이다.

> 내가 너를 모태에 짓기 전에 너를 알았고 네가 배에서 나오기 전에 너를 성별하였고 너를 여러 나라의 선지자로 세웠노라(1:5).

이 구절은 제한이 시간의 지평 저 너머로부터 시작된 하나님의 구원사를 가리키고 있지만, 동시에 예레미야가 어쩔 수 없이 수납해야만 할 그의 운명의 서곡이라 할 수 있겠다. 예레미야는 즉시 자기 속에 일고 있는 당혹감을 표현한다.

> 내가 이르되 슬프도소이다 주 여호와여 보소서 나는 아이라 말할 줄을 알지 못하나이다(1:6).

한마디로 말해 사람 잘못 보셨다는 것이다. 그 일을 감당할 만한 능력도 근기도 자기에게는 없다는 것이다. 겸양을 떨기 위해 짐짓 하는 말이 아니다. 부름은 언제나 실존적인 위험을 동반한다. 하나님의 말씀은 지금까지 어렵게 유지해오던 삶의 질서를 산산조각 내는 폭풍처럼 다가온다. 하지만 예레미야의 고사에도 불구하고 하나님의 부르심은 철회되지 않는다.

> 너는 아이라 말하지 말고 내가 너를 누구에게 보내든지 너는 가
> 며 내가 네게 무엇을 명령하든지 너는 말할지니라(1:7).

단호하고도 확고한 부름이다. 소명은 인간적인 능력을 기반으로 하지 않는다. 물론 필요한 자질은 있다. 그것을 판단하시는 것은 하나님의 몫이다. 하나님께서 그를 누구에게 보내든지 그는 가야 한다. 전하라 하신 말씀을 전해야 한다. 부름을 한사코 거부하려는 마음의 뿌리에 있는 것은 두려움이다. 하나님은 그것을 잘 아시기에 말씀하신다.

> 너는 그들 때문에 두려워하지 말라 내가 너와 함께 하여 너를 구
> 원하리라 나 여호와의 말이니라(1:8).

'그들'은 물론 말씀의 청취자들이다. 일반 백성들도 그 대상이지만 하나님의 말씀이 주로 향하는 것은 백성의 지도자들이다. 예레미야는 예언자들이 겪어야 했던 운명을 잘 알고 있었

다. 그렇기에 할 수만 있다면 그 소명으로부터 달아나고 싶었던 것이다. 하지만 하나님은 그와 함께 하며 구원하겠다고 약속하신다.

여호와께서 그의 손을 내밀어 내 입에 대시며 여호와께서 내게 이르시되 보라 내가 내 말을 네 입에 두었노라(1:9).

이 장면은 모세의 소명 이야기를 연상시킨다. 자신은 '입이 뻣뻣하고 혀가 둔한 자'(출애굽기 4:10)라며 소명을 철회해달라는 모세에게 하나님은 아론과 그의 입에 함께 있어서 마땅히 행할 일을 가르치겠다(출애굽기 4:15)고 하셨다. 하나님은 예레미야의 입에 손을 대셨다. '하나님의 손'은 '하나님의 권능'의 상징이다. 하나님의 권능이 함께 하신다. 예레미야에게 주어진 소명은 매우 무겁다.

보라 내가 오늘 너를 여러 나라와 여러 왕국 위에 세워 네가 그것들을 뽑고 파괴하며 파멸하고 넘어뜨리며 건설하고 심게 하였느니라 하시니라(1:10).

옛 세계의 심판과 관련된 단어가 네 개이고, 새로운 세계의 도래와 관련된 단어가 둘이다. 하나님께서 예레미야를 통해 무너뜨리려던 세계는 무엇이었을까?

예레미야 1:11-19

살구나무 가지, 끓는 가마솥

예언자는 말씀을 전하는 자이기도 하지만 '보는 자'이다. 예언자를 가리키는 히브리어 '나비' 혹은 '로에'는 '선견자'라는 뜻을 내포한다. 예언자는 하늘의 눈으로 인간의 역사를 주석하는 자이다(아브라함 조수아 헤셸). 그들은 역사의 이면에서 전개되는 하나님의 구원사를 꿰뚫어본다. 사람들이 보지 못하는 질서, 아니 차라리 보려 하지 않는 질서를 본다. 그렇기에 그들은 고통스럽다. 11절부터 나오는 두 가지 환상 이야기는 예레미야의 소명 이야기를 뒷받침해주는 역할을 한다. 이야기의 구조는 단순하다. 하나님의 질문과 예레미야의 대답, 그리고 그 환상에 대한 하나님의 해석으로 이어진다.

하나님이 예레미야에게 물으신다. "예레미야야 네가 무엇을 보느냐." 예레미야는 살구나무 가지가 보인다고 대답한다. 하나님은 잘 보았다고 그를 칭찬하시며 그 환상의 의미를 밝혀주신다. "이는 내가 내 말을 지켜 그대로 이루려 함이라 하시니라." 앞뒤 문장의 인과관계를 이해하기 쉽지 않다. 이 짤막

한 대화 속에는 우리말 성경에서는 맛보기 어려운 히브리어의 말놀이가 숨겨져 있다. '살구나무'를 뜻하는 단어는 '샤케드'이다. '지키다'라는 뜻의 단어는 '쇼케드'이다. 그러니까 살구나무의 환상은 하나님이 스스로 하신 말씀을 그대로 지키겠다는 약속의 가시태인 셈이다. 살구나무는 일찍이 하나님께서 아론을 제사장으로 택하셨음을 보여주는 징표로 등장한 바 있다(민수기 17:8). 따라서 살구나무 가지 환상은 1장 5절에 나오는 '성별하였다'는 선언과 8절에 나오는 '내가 너와 함께 하겠다'는 약속을 동시에 상기시킨다.

하나님이 "네가 무엇을 보느냐"고 물으시자 예레미야는 "끓는 가마를 보나이다 그 윗면이 북에서부터 기울어졌나이다" (1:13) 하고 대답한다. 하나님은 그 환상이 북방에서 일어나 '이 땅의 모든 주민들'에게 부어질 재앙을 의미한다고 말씀하신다.

북쪽(차폰)은 특정한 방위를 가리키는 말이지만 성경에서는 상징적인 의미로 사용될 때가 많다. 마치 오른쪽이 하나님의 도움이 오는 방향을 가리키는 것과 같다. 강대국에 둘러싸여 살 수밖에 없었던 이스라엘 사람들의 무의식 속에서 북쪽은 늘 강력하고도 악마적인 힘들이 머무는 곳이었다. 그러나 북쪽의 위협은 신화적이지만은 않았다. 메소포타미아 문명권에서 발흥했던 제국들은 언제나 이스라엘에게 위협적인 실체였다. 앗시리아, 바벨론, 페르시아로 이어지는 제국들이 그러하다.

허리를 동이고 일어나라

예레미야가 본 끓는 가마의 환상은 북방에서 시작된 위협이 이스라엘 사람들의 가녀린 생존을 압도적으로 유린하리라는 사실의 예고였다. 예레미야의 예언을 듣는 이들은 아마도 그의 말에 귀를 기울이지 않았을 것이다. 그가 소명을 받았던 요시야 시대에는 북쪽의 위협이 그렇게 실체적 현실로 다가오지 않았기 때문이다. 보는 자와 보지 못하는 자의 차이가 여기에 있다.

내가 북방 왕국들의 모든 족속들을 부를 것인즉 그들이 와서 예루살렘 성문 어귀에 각기 자리를 정하고 그 사방 모든 성벽과 유다 모든 성읍들을 치리라 여호와의 말이니라(1:15).

하나님은 미구에 닥쳐올 일들을 분명하게 예고하신다. 그런데 중요한 것은 그 북방의 위협이 하나님의 질서와 섭리 안에서 일어나고 있다는 사실이다. '내가 ~ 부를 것인즉.' 그들은 하나님의 뜻을 수행하기 위한 도구일 뿐이다. 그렇다면 하나님이 끓는 가마솥을 아래를 향해 기울어지게 하신 까닭은 무엇인가?

무리가 나를 버리고 다른 신들에게 분향하며 자기 손으로 만든 것들에 절하였은즉 내가 나의 심판을 그들에게 선고하여 그들의 모든 죄악을 징계하리라(1:16).

단순하고도 명료하다. '나'와 '다른 신'이 대비되고 있다. '나'는 세상에서 고통 받는 이들의 신음소리를 기도로 들으시고 그들의 삶의 자리에까지 찾아와 그들을 해방의 길로 이끄시는 야훼 하나님이시다. '다른 신'은 위계사회의 질서를 유지하기 위해 사제들에 의해 동원되곤 하는 신들이다. 그 신들은 왕과 힘 있는 이들의 이익을 위해 복무한다. 실제로 그들은 '없는 존재', '공허한 존재'이다. 그래서 우상이다. 그런데도 이스라엘 백성들은 하나님과의 언약을 저버리고 그 우상들을 섬겼다. 하나님은 그런 죄를 엄중하게 심판하신다. 심판을 뜻하는 단어 '미슈파트'는 재판관이 법에 따라 내린 판결이다. 예레미야는 바로 그 심판의 선고를 백성들에게 전하는 자로 세움을 받았다.

그러므로 너는 네 허리를 동이고 일어나 내가 네게 명령한 바를 다 그들에게 말하라 그들 때문에 두려워하지 말라 네가 그들 앞에서 두려움을 당하지 않게 하리라(1:17).

예언자는 개인의 자격으로 말하지 않는다. 그는 하나님의 위임받은 자이다. 그러므로 그는 두려움 없이 사람들 앞에 서야 한다.

보라 내가 오늘 너를 그 온 땅과 유다 왕들과 그 지도자들과 그
제사장들과 그 땅 백성 앞에 견고한 성읍, 쇠기둥, 놋성벽이 되
게 하였은즉(1:18).

확고하고도 강력한 약속이다. '너는 ~ 말하라'는 명령어와
'내가 오늘 너를 ~이 되게 하였다'는 서술어가 씨줄과 날줄처
럼 엮여 단단한 성채를 이루고 있다. 여호와는 예레미야가 겪
게 될 위기를 숨기려 하지 않으신다. 그를 치려는 이들이 많겠
지만 하나님께서 친히 그들의 손에서 구원하실 것이라고 재차
약속하신다.

두 가 지 악

예레미야 2:1-19

퇴색된 구원의 기억

예레미야의 예언은 옛 일에 대한 기억을 환기시키는 것으로부터 시작된다. 이스라엘이 광야에 머물던 시기에 그 백성은 하나님 앞에 참으로 성실했다. 아무 것도 바라볼 것 없는 허허로운 광야, 전갈과 독사가 우글거리고 뜨거운 햇볕이 모든 살아있는 것을 위협하던 그곳에서 탈출 공동체는 스스로의 힘으로 할 수 있는 일이 아무 것도 없음을 절감했다. 그렇기에 그들은 단순하게 믿었고 하나님의 은총은 어김없이 그들에게 다가왔다.

> 내가 너를 위하여 네 청년 때의 인애와 네 신혼 때의 사랑을 기억하노니 곧 씨 뿌리지 못하는 땅, 그 광야에서 나를 따랐음이니라(2:2).

하나님은 그 때를 이스라엘의 청년 시기 혹은 신혼 때라 일컬으신다. 비록 삶의 자리는 척박했으나 감사와 감격이 넘치던 시절이었다. 하나님은 그들을 '여호와를 위한 성물 곧 그의 소산 중 첫 열매'라고 말씀하신다. 억압의 땅을 벗어나 자유를 향한 긴 여정에 돌입했던 이스라엘이야말로 하나님이 심혈을 기울여 빚으신 작품이었다.

그러나 시절이 달라졌다. 만나와 메추라기가 내리지 않아도 먹을 것을 구할 수 있었고, 반석에서 물이 흘러나오지 않아도 목마름을 해결할 다른 길이 열렸다. 어느 신학자는 사람은 삶을 위한 도구를 바꾸는 순간 하나님까지도 바꾼다 했다. 그른 것 없는 말이다. 하나님과 이스라엘의 관계 또한 달라졌다. 청년 때의 용기나 신혼의 달콤함은 사라지고 권태만 남았다. 하나님은 탄식하신다.

너희 조상들이 내게서 무슨 불의함을 보았기에 나를 멀리 하고 가서 헛된 것을 따라 헛되이 행하였느냐(2:5).

망각이야말로 죄가 유입되는 통로이다. 아름다운 기억이든 고통스런 기억이든 기억은 시간이 흐르면서 퇴색되게 마련이다. 그러나 잊지 말아야 할 것을 잊는 순간 영혼의 전락이 시작된다. 이스라엘 백성들은 삶의 조건이 달라지자 더 이상 자기들을 인도하신 하나님을 찾지 않는다. 기름진 땅으로 인도하고, 또 그 땅에서 나는 열매를 먹게 하셨던 하나님은 잊혀졌다. 시내산 아래에서 하나님과 감격으로 맺었던 언약을 그들은 헌신짝처럼 내팽개쳤다. '제사장 나라'와 '거룩한 백성'이라는 비전은 스러졌고, 그들은 자기 좋을 대로 행하는 자들이 되었다. 하나님은 그들의 죄를 준엄하게 꾸짖으신다.

> 너희가 이리로 들어와서는 내 땅을 더럽히고 내 기업을 역겨운 것으로 만들었으며(2:7b).

백성들에게 하나님의 뜻을 가르쳐야 할 제사장들도 하나님이 어디 계신지 찾지 않고, 율법을 다루는 자들도 하나님을 알지 못하고, 관리들은 반역을 획책하고, 선지자들은 바알의 이름으로 예언한다. 기가 막힌 전략 아닌가.

백성과 싸우시는 하나님

하나님은 그 패역한 백성과 싸우시겠다고 말씀하신다(2:9). 새 번역은 이 대목을 "내가 너희를 다시 법대로 치리하겠다"고 번역하고 있다. 자기들을 구원하고 인도하신 분을 배신하는 일은 깃딤 섬(키프로스 섬)에서도 게달에서도 벌어질 수 없는 일이다. 그들이 섬기는 신들이 비록 참 신은 아니라 해도, 한 번 믿었던 신을 다른 신으로 바꾸는 민족이 어디 있느냐고 여호와는 백성들을 책망하신다. 이스라엘은 '그의 영광을 무익한 것과 바꾸었다.' '무익한 것'은 우상을 일컫는 말이다. 이스라엘은 가나안 사람들이 풍요를 가져다준다고 굳게 믿었던 바알에게 마음을 빼앗겼다.

시인 최승호는 후기 자본주의 사회의 이면을 꿰뚫어보면서 "화장한 문둥이 얼굴을 들고/미소 짓는 자본주의의 밤"_{赤身}을 섬뜩하게 드러냈다. 그는 또 물질주의의 우상 앞에 절하는 세상의 모습을 "풀벌레 한 마리 울지 않는 여기는, 타일에도 꽃이 피고, 눈에도 헛꽃이 피어나는, 헛꽃만다라의 서울"(《남자용 변기를 닦는 여자》)이라 노래했다. 어쩌면 육체를 가진 사람은 헛꽃만다라에 사로잡히곤 하는 존재인지도 모르겠다. 그렇다고 하여 책임을 면할 수 있는 것은 아니다.

하나님은 그 백성의 죄를 두 가지로 요약한다. 첫째는 "생수의 근원되는 나를 버린 것"이고 둘째는 "스스로 웅덩이를 판 것"이다. 생수는 살아있는 물이다. 물은 언제나 생명과 관련된다. 창세기는 에덴 동산에서 발원한 물이 사방으로 흘러가는 모습을 역동적으로 보여준다(창세기 2:10). 에스겔은 성전 아래에서 발원한 물이 흘러가는 곳마다 죽었던 생명이 되살아나는 기적을 비전으로 보았다. 그런데 이스라엘 백성들은 생수의 근원을 버렸다. 그리고 스스로 웅덩이를 팠다. 하지만 그 웅덩이는 물을 가두지 못하는 터진 웅덩이였다. 그 결과 그들에게 닥쳐온 것은 삶의 가뭄이었다. 적들에게 잡혀가 곤욕을 치르고, 땅은 백성들의 죄 때문에 황폐하게 변했다. 그 모든 일은 이스라엘 백성이 자초한 일이다. 그들은 시홀의 물(나일 강물)을 마시려고 애굽으로 갔고, 유브라데스의 강물을 마시려고 앗수르로 달려갔다. 마치 그들이 구원자라도 되는 것처럼.

네 악이 너를 징계하겠고 네 반역이 너를 책망할 것이라 그런즉
네 하나님 여호와를 버림과 네 속에 나를 경외함이 없는 것이 악
이요 고통인 줄 알라 주 만군의 여호와의 말씀이니라(2:19).

악은 늘 부메랑이 되어 저지른 자에게 돌아온다. 그것이 하
나님의 역사 섭리 방식이다. 심판은 하나님이 하시는 것이지
만 스스로를 처벌하는 것은 우리들이다. 악의 뿌리는 명확하
다. 하나님께 등을 돌리는 것과 하나님을 경외하지 않는 것이
다. 하나님을 인정하려 하지 않는 마음 말이다. 깨달음은 늘 너
무 늦게 온다. 베드로도 닭의 울음소리가 난 후에야 자기가 한
일을 자각했다.

message 1

묵은 땅을 갈 때

"이스라엘아, 정말로 네가 돌아오려거든, 어서 나에게로 돌아오 너라. 나 주의 말이다. 내가 싫어하는 그 역겨운 우상들을 내가 보는 앞에서 버려라. 네 마음이 흔들리지 않게 하여라. 네가 '주 님의 살아 계심을 두고' 진리와 공평과 정의로 서약하면, 세계 만민이 나 주를 찬양할 것이고, 나도 그들에게 복을 베풀 것이 다." "참으로 나 주가 말한다. 유다 백성과 예루살렘 주민아, 가 시덤불 속에 씨를 뿌리지 말아라. 묵은 땅을 갈아엎고서 씨를 뿌 려라. 유다 백성과 예루살렘 주민아, 너희는 나 주가 원하는 할 례를 받고, 너희 마음의 포피를 잘라 내어라. 그렇지 않으면, 너 희의 악한 행실 때문에, 나의 분노가 불처럼 일어나서 너희를 태 울 것이니, 아무도 끌 수 없을 것이다"(예레미야 4:1-4).

우리와 함께 계시는 하나님

광야생활을 하던 이스라엘 백성들이 어느 곳에 가든 제일 먼저 한 일은 성막을 세우는 일이었습니다. 그들의 앞길을 인도했던 불기둥과 구름기둥처럼 성막은 그들에게 하나님의 임재를 나타내는 것이었습니다. 앞길이 막막했지만 그들은 성막을 보면서 "아, 하나님이 우리와 함께 계시는구나." 확신을 갖곤 했습니다. 하지만 다윗 솔로몬 시대에 성전이 지어지면서 상황은 바뀌었습니다. 솔로몬은 지방 곳곳에 흩어져 있던 성소를 폐쇄하고 예루살렘 성전으로 예배를 집중시켰습니다. 사람들은 이제 자기들이 사는 곳에서 하나님께 제사를 드릴 수 없었습니다. 아무리 멀어도 예루살렘에 가야 했습니다.

성전 체제를 통해서 지역별로 흩어진 사람들의 마음을 하나로 통일하고 싶었던 솔로몬의 꿈은 이루어졌습니다. 하지만 이스라엘의 하나님 신앙에는 중요한 변화가 일어났습니다. 사람들은 "아, 하나님이 저기에 계시는구나" 하고 생각하게 된 것입니다. '우리와 함께' 계신 하나님이 '저기 저 곳에' 계신 분으로 경험되었던 것입니다.

많은 사람들이 교회를 '성전'이라고 부릅니다. 그들에게 교회는 하나님을 만나는 거룩한 장소입니다. 하지만 하나님을 만나기 위해서 꼭 교회에 와야 하는 것은 아닙니다. 하나님은 어느 곳에나 계십니다. 우리들의 일상생활 속에서 하나님의 현존을 경험하는 사람이 거룩한 사람입니다. 예수님이 하나님을 충만하게 만난 것은 성전이 아니라 광야와 사람들이 모여 사는 생활의 현장이었습니다. 저는 믿음이란 질척질척한 일상에 하늘의 빛을 가지고 들어가는 것이라고 생각합니다. 그러면 교회는 무엇입니까? 성령의 인도하심을 따라 살던 교우들이 함께 만나 하나님의 은총을 기리고, 각자에게 부여하신 하나님의 은사로써 서로를 섬기는 곳입니다. 그리고 새로운 소명을 받고 세상을 향해 나아가는 전초기지입니다. 교회는 그런 의미에서 세속적인 세상을 하늘의 빛으로 밝힐 희망 발전소인 것입니다. 우리가 이런 역할을 잘 하고 있는지요?

아브라함은 복의 매개자로 부름을 받았습니다. 그의 존재 이유는 다른 이에게 복을 가져가는 데 있습니다. 이삭이 우물을 팔 때마다 생수가 솟구쳐 나왔습니다. 야곱은 외삼촌 라반의 집에 복을 가져갔습니다. 하나님의 사람들은 머무는 곳을 아름답게 만들어야 합니다. 악지惡地를 길지吉地로 바꾸려는 마음으로 살아야 합니다. 내가 있기 때문에 사람들이 악한 일을 포기하고, 선한 일에 열심을 내게 된다면 얼마나 좋은 일입니까? 의인 열 명이 없어서 멸망당할 수밖에 없었던 소돔을 생각해 보십시오. 하나님의 뜻대로 살아가는 사람들은 세상을 향해 들린 하나님의 진노의 팔을 붙들고 있는 사람들입니다.

내게로 돌아오라

초기의 이스라엘은 자기들이 '제사장 나라'로 세움을 입었다고 생각했습니다. 그것은 건방진 자기과시가 아니라, 자기들의 소명에 대한 고백이었습니다. 그것은 특권이 아니라 책임입니다. 하나님 앞에서는 백성들을 위해 서야 하고, 백성들 앞에서는 하나님의 뜻을 살리기 위해 애써야 합니다. 결국 제사장 나라는 다른 이들을 복되게 하는 나라입니다.

함석헌 선생님은 우리의 역사를 수난의 역사로 요약하면서, 이사야가 전하는 고난 받는 종처럼 수난을 당한 백성만이 세상에 진정한 평화를 가져갈 수 있다고 말했습니다. 세상의 온갖 모순이 집약된 나라이기에 "조개 속 보드라운 살 바늘에 찔린 듯한 상처에서 저도 몰래 남도 몰래 자라는 진주 같은 꿈으로 잉태된 [평화의] 내일"(문익환)을 말할 수 있습니다.

그런데 지금 우리는 불안합니다. 미국·중국·일본·러시아가 북한 붕괴 이후의 주도권을 놓고 치열하게 경합하고 있는 오늘 우리는 과연 어떤 역할을 해야 합니까? 누가 이기고 지고의 문제가 아닙니다. 누가 누구를 편들고 안 들고의 문제가 아닙니다. 이것은 우리의 사활이 달린 문제입니다. 대체 이 시대에 우리가 해야 할 일은 무엇입니까? 하나님은 오늘 우리에게 주전 6세기에 활동했던 예언자 예레미야를 통해 대답하고 계십니다.

이스라엘아, 정말로 네가 돌아오려거든, 어서 나에게로 돌아오너라(4:1).

사람들은 생의 위기를 만날 때마다, 이 일이 대체 어디에서부터 잘못되었나를 곰곰히 따져보곤 합니다. 이런 치열한 자기 반성이 없다면 사람 노릇하기 어렵습니다. 과녁에서 빗나간 화살의 비유를 가지고 죄를 설명하는 이스라엘 사람들의 지혜가 돋보입니다. 내 삶이 언제부터 어긋나기 시작했나 깊이 생각하다보면 떠오르는 게 있게 마련입니다. 깨달았으면 돌이켜야 합니다. 내닫던 길이 아깝다고 내처 가다가는 인생은 더욱 오리무중이 되고 맙니다. 돌이킴metanoia이 곧 회개입니다.

예언자는 이스라엘이 위기에 처한 까닭은 하나님을 등지고 떠난 데 있다면서 하나님께로 돌아오라고 외칩니다. 굳이 '돌아오려거든 내게로 돌아오라'고 말씀하시는 까닭이 무엇일까요? 이스라엘 사람들은 생의 곤고함을 해결할 요량으로 다산과 풍요의 신들을 섬겼습니다.

이 일은 지금도 하나님을 믿는 사람들 사이에서 반복되고 있습니다. 축복의 이름으로 교회는 사람들의 욕망을 자극하고, 하나님이 그런 풍요로운 삶을 가능케 하신다고 말합니다. 다산과 풍요는 매력적이기는 하지만, 우리를 참 삶으로 인도할 수는 없습니다. 오히려 풍요로운 가난이 더 많습니다. 이전보다 살림살이의 형편은 한결 나아졌지만 우리 마음은 더욱 쫓기고 있습니다. 사람들은 대화를 나누기 위해 멈추어 서려고 하지 않습니다. 아름다운 자연 속에 들어가 쉬지 못합니다. 풍요의 신에게 절하는 사람에게는 한 가지 없는 것이 있습니다. 그것은 영적인 자유함입니다. 가진 것이 많은 데도 표정은 늘 어두운 사람이 있습니다. 그런가하면 가난한 데도 얼굴이 해처럼 빛나는 사람도 있습니다. 누가 정말 부자일까요?

이스라엘 사람들은 민족적인 위기 앞에서도 하나님께로 돌이키지 못했습니다. 모세는 위기에 처할 때마다 하나님 앞에 엎드렸습니다. 그것이 그의 힘이었습니다. 예수님도 순간순간 하나님 앞에 엎드렸습니다. 하지만 이스라엘은 그렇지 않았습니다. 그들은 외세에 의존해 민족의 문제를 풀려고 했습니다. 물론 외교력도 중요합니다. 하지만 어떤 외세도 의지할 만한 대상이 못됩니다. 그들은 자기들의 이익이 보장되지 않으면 등을 돌리고 맙니다. 애굽과의 동맹을 강화하는 것이 바벨론의 침공을 막을 수 있는 유일한 길이라는 그들의 판단은 틀렸습니다.

사람들은 인생의 어려운 문제에 직면할 때마다, 자기 문제를 풀어줄 수 있는 유력한 사람을 찾습니다. 사람들이 연줄을 중시하는 심정을 저는 충분히 이해합니다. 마땅히 있어야 할 보편적인 정의가 희미하고, 법보다는 돈이나 권력이 더 큰 소리를 내는 세상이니 말입니다. 하지만 근본적인 문제는 제쳐두고 지엽말단의 문제에만 마음을 팔다보면 우리 영혼이 시들고 맙니다. 얼굴에 뭐가 난다고 해서 자꾸 연고만 바르면 되겠습니까? 얼굴에 뭐가 나는 것은 장에 문제가 있기 때문이라지요? 그렇다면 자기 식생활과 삶의 습성을 돌아보는 게 옳습니다.

우리에게 닥쳐온 생의 위기는 그것이 질병의 고통이든, 실패의 경험이든, 관계의 파탄이든, 하나님께로 돌이키라는 하늘의 초대장입니다. 그 초대에 응할 만큼 우리가 성숙한 믿음을 가지고 있다면 우리에게 불행이란 없습니다. 하나님의 손에 들려지면 고통과 시련조차도 영혼을 밝히는 연료가 되기 때문입니다.

묵은 땅을 갈고

시련과 고통 속에서도 "진실과 공평과 정의"를 놓지 않을 때, 세상 사람들은 우리를 보고 하나님을 찬양할 것이고, 그러면 하나님께서는 그들에게도 복을 주십니다. 우리가 복의 매개자가 되는 방법은 무엇입니까? 우리가 사는 모습을 보고 세상 사람들이 하나님의 선하심을 알아차리게 하는 것입니다. 하지만 진실과 공평과 정의를 추구한다는 것이 쉬운 일만은 아닙니다. 그렇기에 주님은 우리에게 "좁은 문으로 들어가기를 힘쓰라"고 하셨습니다. 자기 자신을 초극하려는 노력이 절실히 필요합니다. 때로는 내키지 않는 일도 해야 합니다. 그게 삶이니까요. 주님은 두 가지 이미지를 통해 우리가 날마다 어떤 마음으로 살아야 할지를 가르쳐주십니다.

가시덤불 속에 씨를 뿌리지 말아라. 묵은 땅을 갈아엎고서 씨를 뿌려라. … 너희는 나 주가 원하는 할례를 받고, 너희 마음의 포피를 잘라 내어라(4:3-4).

봄이 되어 농군들의 일손이 바빠졌습니다. 정갈하게 갈아놓은 땅을 보면 마음이 푸근해집니다. 빨간 흙의 속살은 참 아름답습니다. 농군들은 겨우내 굳어있던 흙을 파헤쳐 파종을 준비합니다. 힘들다고 밭을 갈지 않고 씨를 뿌리는 사람은 없습니다. 농사일은 이렇듯 자명합니다. 하지만 우리는 어떻습니까? 묵정밭으로 변해버린 마음 밭에는 이기심과 허위의식과 욕망의 풀들이 무성하게 자라고 있습니다. 그것을 갈아엎지 않고는 어떤 말씀의 씨앗이 그 속에 떨어진다 해도 열매를 맺을 수 없습니다. 신앙생활은 날마다 말씀의 쟁깃날로 우리 마음을 갈아엎는 치열한 과정이어야 합니다. 그것은 마음 가죽을 베는 일이기도 합니다. 밭가는 자에게 먹을 것을 주시는 주님께서, 마음 밭을 가는 자들에게 기쁨을 주십니다. 그리고 진실과 공평과 정의의 열매를 맺게 해주십니다.

저는 우리 교회가 이런 멋진 삶의 못자리가 되었으면 좋겠습니다. 이곳에서 자란 이들이 세상 도처에서 비바람을 견디면서 든든하게 자라 아름다운 결실을 맺는 모습을 보고 싶습니다. 우리가 하나님을 만나는 곳은 우리들의 삶의 현장이어야 합니다. 일상의 삶은 예배의 시작이고, 한 몸 공동체를 이룬 이들이 함께 모여 드리는 예배는 예배의 절정입니다. 우리가 이

런 예배의 리듬을 타고 살 때 주님은 우리에게 복을 주실 것입
니다. 이것은 확실한 약속입니다. 우리 교회에 속한 모든 이들
이 예배를 통해 얻은 기쁨을 안고 나아가, 척박한 세상을 사랑
과 진실로 갈아엎고 평화의 씨앗을 파종하는 이 숭고한 일에
적극적으로 동참하기를 기원합니다.

더 럽 혀 지 지 않 았 다 고 ?

예레미야 2:20-37

_____ 역사는 예속에서 자유를 향한 긴 여정이다. 삶을 억압하는 일체의 권위에 대해 '아니오'라고 말할 줄 아는 것이 자유인의 긍지이다. 그러나 인간이 진정으로 자유롭기 위해서는 타자의 존재 앞에서 스스로를 돌이켜 바라볼 수 있어야 한다. 내 앞에는 언제나 자유를 갈망하는 또 다른 주체가 있다. 서로의 존재를 부정하지 않으면서 자유롭기 위해서는 적절한 경계선이 필요하다. 시내 산 계약을 맺을 때 하나님은 언약의 파트너가 지켜야 할 최소한의 윤리를 가르치셨다. 그것은 백성들을 번거롭게 하기 위한 것이 아니었다. 하지만 사람들은 계명을 일쑤 어기곤 했다. 마치 그것이 자기들을 구속하는 차꼬라도 되는 것처럼. 예레미야는 바로 그런 사실을 날카롭게 지적한다.

네가 옛적부터 네 멍에를 꺾고 네 결박을 끊으며 말하기를 나는 순종하지 아니하리라 하고 모든 높은 산 위에서와 모든 푸른 나무 아래에서 너는 몸을 굽혀 행음하도다(2:20).

네 길을 보라

"나는 순종하지 아니하리라." 이 말은 설혹 발설된 말은 아니라 해도 의지의 지향을 정확하게 지적하고 있다. 예언자는 '멍에'와 '결박'을 끊어주시는 하나님이 오히려 사람들을 구속하는 분으로 인식되고 있는 현실을 통탄한다. 하나님에게 등을 돌리고 그들이 찾아간 것은 우상이었다. 그것은 스스로 판 웅덩이, 물을 가두지 못하는 웅덩이였다. 하나님과의 언약을 배신하고 우상을 따라가는 것을 예언자는 '행음'이라 일컫는다. 신실한 사랑의 맹세는 헌신짝처럼 버려졌다. 그들의 죄는 잿물로도, 많은 비누로도 씻을 수 없다.

그런데도 백성들은 "나는 더럽혀지지 아니하였다 바알들의 뒤를 따르지 아니하였다"(2:23a)고 한다. 어쩌면 그들은 노골적으로 바알 신전에 가서 제물을 바치지 않았는지도 모르겠다. 그렇기에 스스로 깨끗하다고, 바알의 뒤를 따르지 않았다고 주장한다. 외적으로는 그랬을 것이다. 하지만 하나님은 발설된 말이나 외적 행동이 아니라 그들의 중심을 보신다.

세상에는 "경건의 모양은 있으나 경건의 능력은 부인"(디모데후서 3:5)하는 이들이 있다. 그런 이들에게 하나님은 "골짜기 속에 있는 네 길을 보라 네 행한 바를 알 것"(2:23a)이라 말씀하신다. '골짜기 속에 있는 네 길'이란 물론 우상을 찾아가는 길을 일컫는 말이지만 그런 골짜기는 실은 우리 마음속에 있지 않은가. 그 마음을 잘 살펴보면 자기가 누구를 섬겼는지 드러나

겠지만 죄에 빠진 이들은 이미 성찰의 능력을 잃어버린 이들이다. 그렇기에 하나님이 직접 그들의 삶을 그려 보이신다. 그들의 삶은 발이 빠른 암낙타가 어지럽게 달려가는 것 같고, 들암나귀들이 성욕이 일어 헐떡거리는 것과 같다는 것이다. 욕망의 벌판을 질주하는 이들의 제어하기 어려운 맹목적 열정이 너무나 생생하게 그려지고 있지 않은가.

예비된 수치

이제 하나님의 엄정한 심판이 예고된다. "이스라엘 집 곧 왕들과 지도자들과 제사장들과 선지자들"은 붙들린 도둑이 수치를 당하듯 수치를 당할 것이다. 여기에 언급되고 있는 이들은 소위 백성의 지도자들이다. 한 나라의 죄는 지도자들의 죄라 해도 과언이 아니다. 물론 백성들이 무죄하다는 말은 아니다. 백성들 역시 욕망의 벌판을 질주한다. 그럼에도 불구하고 하나님은 지도자들의 책임을 엄중하게 물으신다. 백성들을 바른 길로 인도해야 할 그들이 더 앞장서서 그릇된 길로 달려갔기 때문이다. 그들은 "나무를 향하여 너는 나의 아버지라" 하고 "돌을 향하여 너는 나를 낳았다"(2:27a) 하면서 하나님께 등을 돌렸다.

마주봄이 관계의 시작이라면 등 돌림은 관계의 파탄을 상징한다. 사랑은 마주보게 하고, 죄는 등 돌리게 만든다. 하지만 환난의 때가 오면 돌과 나무의 무능이 드러난다. 그들에게는 구원의 능력이 없기 때문이다. 비록 이스라엘 성읍의 수만큼 우상들이 많아도 터진 웅덩이일 뿐이다.

너를 위하여 네가 만든 네 신들이 어디 있느냐(2:28a).

통렬하지 않은가. 우리 역시 우리를 위하여 신들을 만들며 산다. 흔들림 속에 있는 인생의 안전장치라 생각되는 돈과 지위와 연줄을 만드는 일에 열중하는 동안 하나님은 잊히게 마련이다. 하나님은 백성들의 반역 때문에 마음 아프시다.

너희가 나에게 대항함은 어찌 됨이냐(2:29a).

그들은 매를 맞고도 징계를 받아들이지 않았다. 하나님의 말씀의 대언자들인 선지자들을 가혹하게 대했다.

내가 이스라엘에게 광야가 되었었느냐 캄캄한 땅이 되었었느냐 무슨 이유로 내 백성이 말하기를 우리는 놓였으니 다시 주께로 가지 아니하겠다 하느냐(2:31).

백성들이 척박한 광야와 절망의 어두운 땅을 통과할 때 구름기둥과 불기둥으로 인도해주신 하나님이 오히려 광야와 캄캄한 땅으로 인식되고 있다. 문제는 망각이다. 초심을 잃은 것

이다. 편안함에 길들여지면서 그들은 광야 시절을 잊고 말았
다. 이스라엘 백성들은 이제 사랑을 얻으려고 자기의 몸을 치
장하는 여인과 같이 되었다. 새번역은 33절을 이렇게 옮기고
있다.

> 너는 연애할 남자를 호리는 데 능숙하다. 경험 많은 창녀도 너에
> 게 와서 한 수 더 배운다(2:33).

타락한 이들이 득세하는 세상은 스스로를 지킬 능력이 없는
이들에게 가혹한 곳이다. 하나님은 기득권을 누리고 있는 이들
의 옷단에 묻은 가난한 이들의 피를 보신다. 사회적 약자들에
게 희생을 강요하면서도 지도자들은 '나는 무죄하다'고 말한
다. 하나님은 땅에서 부르짖는 아벨의 피의 소리를 외면하지
않으시는 분이시다. 이스라엘의 죄는 바로 약자들의 살 권리를
보장하지 않은 것이다. 그런 사회에 예비된 것은 수치이다.

배역한 자식들아, 돌아오라

예레미야 3:1-25

타락한 이들은 부끄러움을 알지 못한다. 뻔뻔하다. 하나님과의 언약을 저버린 이스라엘은 음행하는 사람과 같다. 땅조차 그들의 음란과 악행으로 인해 더럽혀졌다.

그러므로 단비가 그쳤고 늦은 비가 없어졌느니라 그럴지라도 네가 창녀의 낯을 가졌으므로 수치를 알지 못하느니라(3:3).

부끄러움을 모르기에 그들은 위기의 상황이 닥쳐올 때 하나님을 '나의 아버지', '청년 시절의 보호자'라고 부르며 도움을 간구할 것이다. 하나님께서 노여움을 끝까지 품지 않으시리라는 그릇된 확신으로 인해 그들은 욕망이 잡아 이끄는 길로 주저 없이 나아가곤 했다. 하나님의 성품에 대한 지식이 그들을 방종한 삶으로 이끄는 아이러니. 선을 악으로 갚는 이들로 인해 세상은 불신의 공간으로 바뀌지 않던가.

요시야 왕 때 예레미야에게 하나님의 말씀이 임했다. 모두가 유다의 부흥을 꿈꾸던 그 때, 예언자는 다가오고 있는 위기를 직감한다. 유다는 이스라엘이 겪은 참상을 보았으면서도 이스라엘의 죄를 반복하고 있었다. 우상 앞에 절하고 외세에 의존하여 생존을 도모하려 했다. 하나님은 배역한 이스라엘에게 이혼장을 주어 내쫓았다. 유다는 그것을 똑똑히 지켜보았으면서도 '언니'인 이스라엘이 했던 일을 반복했다. 타산지석他山之石이라는 말이 무색한 상황이다. 그들은 돌과 나무로 만든 우상 앞에 절함으로 땅을 더럽혔다. '돌아오라'는 부름은 경청되지 않았다. 어려움이 닥칠 때면 잠시 하나님께 돌아오는 척 했을 뿐 진정으로 돌이킬 생각은 없었다. 깨달음이 없는 백성은 망한다.

하나님은 차라리 이미 망해 버린 이스라엘에게서 희망을 본다. 그래서 예언자에게 선포하라 이르신다.

> 배역한 이스라엘아 돌아오라 나의 노한 얼굴을 너희에게로 향하지 아니하리라 나는 긍휼이 있는 자라 노를 한없이 품지 아니하느니라(3:12).

'배역'이라는 단어는 '돌아오다'(슈브)라는 단어의 반명제로서 마땅히 있어야 할 자리를 벗어난 상태를 이르는 말이다. 그렇기에 하나님은 이스라엘을 향해 돌아오라 이르신다. 돌아옴의 조건은 단 한 가지이다. 하나님께 등을 돌리고 살아온 자기들의 죄를 인정하고 엎드리는 것이다. 하나님은 스스로를 이스라엘의 '남편'(3:14)이라 말씀하신다. 남편이라 번역된 단어 '바알'은 '임자' 혹은 '주인'이라는 뜻이다. 이 말 속에는 중의적인 뜻이 담겨 있다. 바알을 숭상하는 이들을 향해 그들이 따라갔던 이방신 '바알'이 아니라 그들을 해방의 길로 인도했던 여호와가 바로 참된 '임자'임을 깨달으라는 것이다.

이미 망해버린 이스라엘이지만 여호와는 흩어진 그들을 각 성읍에서 하나 둘씩 시온으로 불러 모으고, 당신의 마음에 합한 목자를 줄 것이라 예고하신다(3:14-15). 그 목자들의 통치 원리는 '지식'과 '명철'이다. 그 목자를 통해 이스라엘이 회복되고 번성하게 되면 더 이상 언약궤를 말하거나 생각하지 않게 될 것이다. 언약궤는 눈에 보이지 않는 하나님과 그 백성을 이어주는 가시적 증거물이었다. 회복된 나라에서는 더 이상 그런 매개물이 필요하지 않다. 하나님과 그 백성 사이의 관계가 그만큼 친밀해질 것이라는 예고이다. 그 때가 되면 예루살렘은 주의 보좌가 놓인 세상의 중심이 되고 뭇 민족이 그리로 모여들 것이고, 죄에서 벗어난 새 삶을 살게 될 것이다.

그 때에 유다 족속이 이스라엘 족속과 동행하여 북에서부터 나와서 내가 너희 조상들에게 기업으로 준 땅에 그들이 함께 이르리라(3:18).

분단이 극복된 아름다운 세상의 꿈이 이렇게 펼쳐지고 있다.

하나님을 등진 삶

19절부터는 맥락과 어조가 달라진다. 하나님은 이스라엘을 자녀로 삼고 아름다운 땅을 기업으로 주어서 뭇 나라들의 부러움을 살만한 민족으로 만들어주면 그들이 "나의 아버지" 하며 당신을 떠나지 않으리라고 생각했다. 하지만 그러한 기대와 설렘은 오쟁이진 남편의 쓰라림으로 변해버렸다. 이스라엘 백성들은 남편을 속이고 떠나간 아내처럼 하나님께 등을 돌렸다. '속이다'는 불성실함으로 상대방의 기대를 저버림을 의미한다. 예언자는 문득 한 소리를 듣는다.

> 소리가 헐벗은 산 위에서 들리니 곧 이스라엘 자손이 애곡하며 간구하는 것이라 그들이 그들의 길을 굽게 하며 자기 하나님 여호와를 잊어버렸음이로다(3:21).

하나님을 등진 삶의 결과는 애곡이다. 이 애곡을 들으시며 하나님은 마음 아파하신다. 22절은 하나님의 초대와 백성들의 응답을 함축적으로 요약한다.

> 배역한 자식들아 돌아오라 내가 너희의 배역함을 고치리라 하시니라(3:22a).

하나님은 어긋난 길로 나간 백성들을 향해 돌아오라 이르신다. 돌아올 때 비로소 그들의 배역함을 고치실 수 있기 때문이다. 하지만 '돌아옴'은 강제할 수 없다. 부름 받은 이들의 의지적 응답이 필요하다.

> 보소서 우리가 주께 왔사오니 주는 우리 하나님 여호와이심이니이다(3:22b).

마침내 그 백성은 하나님의 부름에 응답하여 하나님께로 돌이켰다. 돌아온 백성들은 하나님 앞에 지난날의 과오를 자복한다. '작은 산과 큰 산 위에서 떠드는 것' 즉 우상을 숭배하던 일이 헛된 일이었음을. 23절에 나오는 '진실로'라는 부사는 깨달음의 적실함을 가리키고 있다.

> 이스라엘의 구원은 진실로 우리 하나님 여호와께 있나이다
> (3:23b).

돌아온 백성들은 허망한 열정에 사로잡혀 하나님께 순종하지 않았던 죄를 인정한다. 수치와 부끄러움을 당한 것은 누구의 탓도 아닌 자신들의 탓이라는 것이다. 때늦은 자각이다. 이스라엘은 이미 망해버렸다. 만시지탄晩時之歎은 있지만 그럼에도 불구하고 이러한 자각은 소중하다. 타고 남은 재가 다시 기름이 된다지 않던가.

message 2

비뚤어진 사랑

"너는 이 말을 야곱의 자손에게 전하고, 유다 백성에게 들려주어라. 이 어리석고 깨달을 줄 모르는 백성아, 눈이 있어도 볼 수가 없고, 귀가 있어도 들을 수가 없는 백성아, 너희는 이제 내가하는 말을 잘 들어라. 너희는 내가 두렵지도 않으냐? 나 주의 말이다. 너희는 내 앞에서 떨리지도 않느냐? 나는 모래로 바다의경계선을 만들어 놓고, 바다가 넘어설 수 없는 영원한 경계선을그어 놓았다. 비록 바닷물이 출렁거려도 그 경계선을 없애지 못하고, 아무리 큰 파도가 몰아쳐도 그 경계선을 넘어설 수가 없다. 그러나 너희는 목이 곧아 고집이 세고 반역하는 백성이어서, 나에게서 돌아서서 멀리 떠나고 말았다. 너희는 마음속으로라도 '주 우리의 하나님은 두려운 분이다. 그분은 제때에 비를 주고, 이른 비와 늦은 비를 철따라 내리며, 곡식을 거두는 일정한시기를 정하여 주었다' 하고 말한 적이 없다. 바로 너희의 모든

죄악이 이러한 것들을 누리지 못하게 하였고, 너희의 온갖 범죄
가 그 좋은 것들을 가로막아, 너희에게 이르지 못하게 하였다"
(예레미야 5:20-25).

열 번째 날의 호랑이

호랑이 한 마리가 숲에서 잡혀와 우리에 갇혔습니다. 조련사는 호
랑이를 길들이려고 했지만 호랑이는 끈질기게 으르렁대며 우리의 쇠
창살을 이빨로 물어뜯으려고 했습니다. 호랑이는 자유로운 존재였고
숲의 기억을 갖고 있었던 것입니다. 조련사는 호랑이를 굶김으로써
대응했습니다. 그는 여유롭게 중얼거렸습니다.

"무척 사나운 호랑이로군. 하지만 당나귀처럼 굴게 될 거야. 내가
먹이를 갖고 있는데 주지 않을 테니까."

호랑이는 배가 고파졌고, 조련사에게 먹을 것을 달라고 했습니다.
조련사는 고양이처럼 야옹거리면 고기를 주겠다고 했습니다. 호랑이
는 거절했습니다. 그는 호랑이지 고양이가 아니었기 때문입니다. 그
러나 이틀 후 굶주림에 굴복한 호랑이는 조련사의 제안을 받아들여
고양이처럼 야옹거렸습니다. 하지만 조련사는 그걸로 만족하지 않았
습니다.

어느 날 호랑이가 먹이를 달라고 하자 조련사는 당나귀처럼 히힝
거리라고 요구했습니다. 백수의 왕으로서의 체신 때문에 호랑이는
그 제안을 거부했고, 며칠을 먹지 않고 버텼습니다. 그러나 너무나 배
가 고파서 결국 호랑이는 당나귀처럼 히힝댔습니다. 그날이 호랑이

가 우리에 갇힌 지 열흘째 되는 날이었습니다. 호랑이가 히힝대는 소리를 들은 조련사는 고기가 아닌 한 더미의 건초를 던져주었습니다. 왜냐하면 그는 더 이상 호랑이가 아니었기 때문입니다. 그는 숲의 기억을 잊어버리고 말았습니다(《팔레스타인과 한국의 대화》에 나오는 자카리아 무함마드의 〈열 번째 날의 호랑이〉 중에서, 165-166쪽).

이 슬프고 참담한 이야기는 시리아 작가인 자카리아 타메르의 〈열 번째 날의 호랑이〉라는 단편 소설에 나오는 이야기입니다. 팔레스타인 작가인 자카리아 무함마드는 이 글을 인용하면서 이스라엘은 투옥, 검문소, 모독, 고문, 폭격과 학살, 굶주림을 동원해 사람들을 굴복시키려는 조련사들이라고 말했습니다. 당나귀처럼 히힝거리는 사람도 있지만, 싸우고 저항하면서 자기 영혼을 불모지로 만드는 사람도 있습니다. 하지만 작가는 "나는 내 영혼이 증오와 어둠의 바다에서 헤엄치도록 놔두지 않을 것"이라고 말합니다.

이 이야기는 즉각 우리 자신의 모습을 보게 합니다. 인간은 누구나 하나님의 형상대로 지음 받은 존귀한 존재입니다. 그런데 세상은 '욕망 충족'이라는 건초더미를 들고 우리에게 히힝거리라고 말합니다. 타락이란 하나님의 일에 동참하도록 부름 받은 자기 존재를 부정하는 것입니다. 많은 사람이 열 번째 날의 호랑이처럼 살아가고 있습니다.

social designer

제가 처음 교회에 나가기 시작했을 때 제일 자주 듣던 말은 '죄인'이라는 말입니다. 대표기도 때마다 장로님들은 '버러지만도 못한 우리들을 용서해 달라'고 했습니다. 저는 그 말이 참 싫었습니다. 지나친 자기 비하처럼 여겨졌기 때문입니다. 제가 특히 그런 표현을 싫어했던 것은 그런 기도를 바치신 분들이 일상적으로 보이는 태도 때문이었습니다. 그분들은 '아랫것들'을 대하는 '상전'처럼 처신했습니다. 그러면서도 기도 시간만 되면 '주홍빛 같이 붉은 죄'를 탄식했습니다. 참회나 아픔이 없는 탄식이었습니다.

그러나 우리 시대의 문제는 죄의 심각성에 대해 주목하는 사람이 너무 적다는 사실입니다. 남에게 보이기 위해서가 아니라, 진심으로 자기 가슴을 치는 사람들을 보기가 어렵습니다. 이것은 저의 경우도 마찬가지입니다. 세상의 모든 문제가 다 내 속에 있다고 생각하지만, 나의 무의식은 여전히 '그래도 이 정도면 괜찮지'라고 말합니다. 실제로 저는 도덕적으로나 법적으로나 많은 죄를 짓지는 않습니다. 그러면 나는 죄가 없나요? 그렇지 않습니다. 하루에도 수십 번씩 죄를 짓고 삽니다. 미움, 시기심, 분노, 인색함, 무관심, 악의, 음란… 초대받지 않은 이런 정념들이 불시에 찾아와 내 마음을 지배합니다.

언젠가 신문에서 '뇌의 프라이버시'라는 말을 보았습니다. 뇌과학의 빠른 발전은 미구에 우리 마음에서 벌어지는 일을 뇌영상을 통해 읽을 수 있을지도 모른다면서 이런 예를 들었습니다. 부부가 이혼 법정에서 말다툼을 합니다. 판사는 아내의 뇌영상을 살피고는 이내 판결을 내립니다.

"뇌기능 자기공명영상을 보니 앞쪽 대상피질, 미상핵, 피각 등의 활동이 증가하지 않아 아내의 사랑이 식었음이 입증됐으므로 이혼을 허용합니다."

무서운 시대가 오는 겁니다. 우리는 누구나 죄의 충동 속에서 살아갑니다. 보이지 않기에 망정이지 우리 마음이 화면에 나타난다면 날마다 전쟁이 벌어질 겁니다.

사람은 천사도 악마도 아닌 중간적 존재라는 말이 있습니다만, 우리 속에는 죄의 충동과 선의 충동이 공존하고 있습니다. 우리는 죄의 지배력을 약화시키고, 선의 충동이 우리 마음을 지배하도록 해야 합니다. 어떻게 해야 할까요? 예수님을 닮아야 합니다. 함석헌 선생님은 예수님의 위대한 힘은 '엎드림'에서 나왔다고 했습니다. 하나님 앞에서 보내는 시간이 많아야 하나님의 영이 우리 속에서 약동하게 됩니다. 우리가 죄의 종살이에서 해방될 수 있는 것은 성령의 능력 안에서 살아갈 때뿐입니다. 하나님은 우리를 통해 세상을 아름답게 변화시키기를 원하십니다.

서울시장이 되기 전, 우리 교회에 와서 〈교회, 한국 사회의 희망이 될 수 있는가?〉라는 주제로 강연한 박원순 변호사는 젊은이들이 더 나은 세상을 이루기 위한 꿈을 접고, 제 한 몸 잘 살아보겠다고 발버둥치는 세상이 과연 정상적인 세상이냐고 물었습니다. 당시, 박 변호사가 제게 건넨 명함에는 '희망 제작소 상임이사'라는 직함 위에 영어로 'social designer'라고 적혀 있었습니다. 그는 지금보다 더 아름다운 세상을 만들기 위해 노력하는 사회의 디자이너가 되기를 꿈꾸고 있었던 것입니다. 기독교인의 모습이 바로 이러해야 하지 않겠습니까? 하나님이 주신 창조적인 재능을 가지고 세상에 공헌해야 합니다. 창조를 거절하는 것, 바로 그것이 죄입니다.

순리대로 살 수는 없을까?

우리도 모르게 저지르는 죄가 또 있습니다. 그것은 하나님이 만드신 세상의 질서를 교란하는 행위입니다. 성경은 시종일관 창조자로서의 하나님에 대해 말합니다. 오늘 본문에서 예레미야는 참 놀라운 관찰력을 보여주고 있습니다. 어느 날 그는 바닷가에 머물며 파도가 철썩이며 해안으로 밀어닥치는 광경을 보았던 것 같습니다. 그 거센 물결이 모래사장 앞에서 스러지는 모습을 보다가 어느 순간 그는 무릎을 쳤을 겁니다. '저 하잘 것 없어 보이는 모래를 가지고 하나님은 저 큰물의 경계를 정하셨구나.'

당연한 것처럼 보이던 세계가 돌연 낯설게 경험될 때 사람은 경외감을 느낍니다. 밀폐된 공간에 들어가 숨이 막혀본 사람이 아니고는 공기의 존재를 의식하지 않는 것처럼, 우리는 하나님의 은혜에 둘러싸여 살면서도 그것을 은혜로 인식하지 못합니다. 봄이 되었으니 꽃이 피고, 여름이 되니 열매가 맺히고, 가을이 되니 단풍이 곱고, 겨울이 되니 눈이 온다고 생각합니다. 당연의 세계에는 감사와 감격이 없습니다.

하나님이 선물로 주신 세상은 지금 인간의 죄로 인해 신음하고 있습니다. 하나님의 걸작품인 세상은 병들었습니다. 우리가 순리를 거부하기 때문입니다. 얼마 전 마침내 우려했던 일이 현실로 나타나 이제 광우병에 대한 염려를 하지 않을 수 없게 되었습니다. 30개월 이상 된 미국산 쇠고기 수입의 빗장이 열린 것입니다. 거기에는 내장이나 뼈 골수 등도 포함됩니다. 정부는 안전하다고 말하지만 그건 진실이 아닙니다. 값싸고 질 좋은 쇠고기를 먹게 되었다면서, 염려되면 먹지 않으면 될 것 아니냐고 말합니다만 그처럼 무책임한 말이 없습니다. 소뼈는 알약의 캡슐에 쓰이는 젤라틴의 원료이고, 동물성 화장품에 들어가는 성분의 원료이기도 합니다. 라면 스프와 조미료를 만드는 데도 들어갑니다. 쇠고기를 먹지 않아도 광우병의 가능성은 우리 생활 깊숙이 들어오고 있습니다. 이런 위험은 초식동물인 소의 성장을 촉진하기 위해 사람들이 육골분 사료를 먹이면서 발생하고 있습니다.

세계의 식량 문제를 해결한다면서 아메리카 대륙의 여러 나라에서 유전자 변형 농산물genetically modified organism을 만들어 냅니다. 아직 그런 식품이 인체에 미치는 영향에 대한 정확한 정보는 없지만 동물 실험 결과는 매우 놀랍습니다. 유전자 변형 농산물은 피실험 동물의 면역체계와 질병 저항력을 약화시킨다는 사실이 드러났습니다. 또 항생제에 내성을 갖는 슈퍼균을 발생시킨다는 사실도 드러났습니다. 문제가 하나 둘이 아닙니다. 예레미야의 탄식에 공감하지 않을 수 없습니다.

> 너희는 목이 곧아 고집이 세고 반역하는 백성이어서, 나에게서 돌아서서 멀리 떠나고 말았다(5:23).

우리는 아담의 후예답게 하나님이 정해주신 질서의 한계를 벗어나려고 합니다. 그 결과를 예측하는 일은 어렵지 않습니다. 창조의 왜곡이야말로 큰 죄입니다.

맹그로브 나무처럼

삶이 참 곤고하지요? 이스라엘의 코헬렛도 삶의 이런 속성을 탄식했습니다.

> 만물이 다 지쳐 있음을 사람이 말로 다 나타낼 수 없다. 눈은 보아도 만족하지 않으며 귀는 들어도 차지 않는다(전도서 1:8).

이게 우리들입니다. 죄의 종살이를 하는 이들의 모습이 이렇습니다. 눈은 보아도 만족하지 않고, 귀는 들어도 차지 않습니다. 이 말은 오늘 본문에 나오는 "눈이 있어도 볼 수가 없고, 귀가 있어도 들을 수가 없는 백성"이라는 탄식과 상응합니다. 우리가 보지 못하고 듣지 못하는 것은 무엇입니까? 은총으로 충만한 세상입니다. 세상 만물들의 찬미 소리입니다. 그 때문입니까? 우리는 많은 것을 가지고 있지만 그것을 누리지는 못합니다. 우리는 "주 우리의 하나님은 두려운 분이다. 그분은 제때에 비를 주고, 이른 비와 늦은 비를 철따라 내리며, 곡식을 거두는 일정한 시기를 정하여 주었다"(5:24)고 고백하지 않습니다. 불행은 뭔가가 부족해서가 아니라 이미 주어진 것을 누리지 못하는 데서 비롯됩니다.

> 너희의 모든 죄악이 이러한 것들을 누리지 못하게 하였고, 너희의 온갖 범죄가 그 좋은 것들을 가로막아, 너희에게 이르지 못하게 하였다(5:25)

이 한 마디 말씀을 자각하는 순간 삶의 변혁이 일어날 것입니다. 태어날 때부터 가지게 되는 육의 생명bios은 늘 결핍과 허기를 느낍니다. 그들에게 세상과 이웃은 욕망의 대상일 뿐입니다. 거기서 소외와 비인간화가 나타납니다. 하지만 그리스도 안에서 새로운 피조물zoe로 거듭난 이들은 '감사'의 눈으로 세상을 봅니다. 그는 누군가의 잔을 채워주는 기쁨을 누리며 삽니다. 우리에게 부족한 것은 소유가 아니라 나눔이며 다른 이들과의 연대감입니다. 갠지스 강 삼각주에서 무성하게 자라며 강물을 정화시키는 맹그로브 나무처럼 기독교인들은 인간의 대지를 정화시키는 사람들이어야 합니다.

우리가 사람들에게, 혹은 이 세상에 줄 수 있는 것이 무엇인 가를 늘 생각하며 사십시오. 물질도 나누고, 지식도 나누고, 시 간도 나누고, 정도 나누어야 합니다. 그렇게 할 때 그리스도의 몸은 자랍니다. 그렇게 할 때 우리들 가운데서 악의 영토는 줄 어들고, 선의 영토는 늘어날 것입니다. 주님은 겨자씨만한 믿 음만 있어도 산더러 들려 바다에 빠지라 해도 그대로 된다 하 셨습니다. 그런데 산을 움직이는 믿음은 사실은 나를 움직이는 믿음입니다. 산보다도 더 무거운 내 몸과 마음을 하나님께로 옮겨 놓을 때 기적이 일어나기 시작합니다. 내 배만 불리려는 비뚤어진 사랑 때문에 세상이 몸살을 앓고 있습니다. 이제 진 짜 사랑을 시작해야 합니다. 주는 기쁨, 함께 하는 기쁨을 누리 려 할 때 돌연 삶은 축제가 됩니다. 성도는 〈열 번째 날의 호랑 이〉가 되기를 거부한 사람들입니다. 이 자부심으로 일어서십 시오.

뜨거운 바람이 불어 온다

예레미야 4:1-31

─────── '돌아오라'는 여호와의 부름이 참으로 절박하다.

이스라엘아 네가 돌아오려거든 내게로 돌아오라(4:1a).

예기치 않은 고통은 때로 우리의 발걸음을 멈추어 걸어온 길을 돌아보게 한다. 길을 잘못 들었다면 돌아가야 한다. 지금까지의 노역이 아까워 내처 그 길로 가면 더 깊은 심연에 빠져들 뿐이다. 여호와는 '내게로 돌아오라' 이르신다. 돌아오기 위해 해야 할 일은 가증한 것을 버리고 흔들리지 않는 것이다. 물론 '가증한 것'은 우상이다. 우상이 준다고 믿었던 안락함과 풍요에 대한 환상을 떨쳐버리고 주님이 부르신 길 위에 확고히 서는 것이 삶의 길이다. 그런 이들의 삶은 '진실(에메트)과 정의(미쉬팟)와 공의(츠다카)'로 나타난다. 하나님의 백성들이 하나님을 섬김에 있어서 두 마음을 품지 않고, 불의와 타협하지 않고, 이웃들을 진심으로 사랑하는 삶을 살 때 세계 만민이 주님을 찬양할 것이고 주님은 그들에게 복을 주실 것이다. 돌이킴은 삶을 통해 확증된다. 가시덤불에 씨를 뿌려봐야 소용이 없다. 묵은 땅을 먼저 갈아엎어야 한다(4:3). 마음 가죽을 베고 여호와께 속해야 한다(4:4).

나팔소리가 들려올 때

그렇지 않을 때 비극의 나팔소리가 들려오고 하나님의 분노가 불처럼 일어나 모든 것을 사르게 될 것이다. 예언자는 백성들에게 임박한 위기를 예고하고 그들을 견고한 성읍으로 이끌어야 한다.

시온을 향하여 깃발을 세우라, 도피하라, 지체하지 말라(4:6a).

단문으로 숨 가쁘게 이어지는 이 구절은 사세의 급박함을 드러낸다. 북방에서부터 재난과 큰 멸망이 몰려온다. 나라들을 망하게 하는 북방의 사자가 풀려났다. 1장에 나오는 환상 이야기처럼 끓는 가마솥이 남으로 기울어졌다. 소용돌이치는 뜨거운 바람이 광야로부터 불어온다. 땅은 황폐하게 변하고 주민들은 사라질 때 비로소 왕과 지도자와 제사장들은 크게 당황할 것이다. 그들은 언제나 너무 늦게 깨닫는다. 사람들은 그 북방에서 몰아치는 사자의 기세에 놀라 "우리에게 화 있도다 우리는 멸망하도다"(4:13b) 하고 외칠 것이다. 예레미야는 먹구름처럼 몰려오는 적군을 묘사하면서도 백성들에게 길을 제시하는 일을 소홀히 하지 않는다.

> 예루살렘아 네 마음의 악을 씻어 버리라 그리하면 구원을 얻으
> 리라 네 악한 생각이 네 속에 얼마나 오래 머물겠느냐(4:14).

희망은 마음의 악을 씻는 데 있다. 이런 큰 재앙은 그들이 지
금껏 택해온 삶의 방식이 불러온 것이다. 미구에 닥쳐올 재난
을 예고하면서 예레미야는 말할 수 없는 고통을 느낀다.

> 슬프고 아프다 내 마음속이 아프고 내 마음이 답답하여 잠잠할
> 수 없으니 이는 나의 심령이 나팔 소리와 전쟁의 경보를 들음이
> 로다(4:19).

이것은 그저 '마음이 아프다' 정도가 아니다. 새번역은 이것
을 생생하게 번역하고 있다.

> 아이고, 배야. 창자가 뒤틀려서 견딜 수 없구나. 아이고, 가슴이
> 야. 심장이 몹시 뛰어서, 잠자코 있을 수가 없구나. 나팔 소리가
> 들려오고, 전쟁의 함성이 들려 온다(4:19).

아무도 현실을 직시하려 하지 않을 때 홀로 보고 듣는 자의
외로움과 괴로움이 절절하다. 예언자는 그 백성의 슬픔과 고통

을 온몸으로 받아 안은 사람이다. 하나님을 '알지 못하는 어리석은 백성', '악을 행하기에는 지각이 있으나 선을 행하기에는 무지'한 백성으로 인해 예언자의 가슴이 무너진다.

혼돈으로 변한 세상

23절부터 26절에 이르는 짧은 단락에서 우리는 형태를 조금 달리하면서 반복되는 구절과 만난다. '보라 내가 ~을 본즉', '내가 본즉'이 그것이다. 예언자는 무엇을 보고 있는가? 땅의 혼돈과 공허, 빛 없는 하늘, 진동하는 산들, 사람이 없는 땅, 새들조차 날지 않는 하늘 그리고 황무지로 변한 땅과 무너진 성읍이다. 묵시록적 풍경이다. 하지만 이 단락을 뒤집힌 창조 이야기로 보아야 좋을 것이다. 하나님은 '혼돈', '공허', '흑암', '깊음'으로 상징되는 상황으로부터 빛과 질서를 이끌어내셨다. 그런데 사람은 빛과 질서의 세계를 혼돈과 공허로 되돌려놓았다. 하나님의 진노를 샀기 때문이다. 희망은 없는가? 있다.

> 여호와께서 이와 같이 말씀하시길 이 온 땅이 황폐할 것이나 내가 진멸하지는 아니할 것이며(4:27).

희망은 하나님으로부터 시작된다. 심판하겠다는 하나님의 원뜻이 바뀌지는 않겠지만 실낱같은 가능성은 열어두신다는 것이다. 땅이 슬퍼하고 하늘이 어두워질 때, 적들의 침략으로 사람들이 수풀 속에 숨고 바위에 기어오를 때가 온다.

> 멸망을 당한 자여 네가 어떻게 하려느냐(4:30a).

통렬한 질문이다. 이제는 돌이켜 여호와께로 나아가야 하지 않겠느냐는 말이다. 하지만 현실은 어떠한가?

> 네가 붉은 옷을 입고 금장식으로 단장하고 눈을 그려 꾸밀지라
> 도 네가 화장한 것이 헛된 일이라 연인들이 너를 멸시하여 네 생
> 명을 찾느니라(4:30).

재난을 겪으면서도 그 까닭이 무엇인지를 분별하지 못하니 참담할 뿐이다. 여기서 '연인'은 유다를 노리는 강대국들을 의미한다. 유다는 그 강대국들의 도움으로 위기를 벗어날 수 있다고 생각했지만 현실은 정반대였다. '돌아오려거든 내게 돌아오라'(4:1)는 초대는 경청되지 않았다. 그렇기에 예언자는 여인의 해산하는 소리를 듣는다. 그 소리는 첫 아이를 낳는 여인의 신음하는 소리, 시온의 딸이 몸부림치는 소리이다. 희망이 끊어진 자리에서 터져 나오는 절규이다. 예언자는 하나님의 정념(파토스)에 사로잡힌 자인 동시에 그 백성들의 고통을 자기 몸에 짊어지는 자이다. 예언자로 살아간다는 것은 그렇기에 십자가의 길에 접어드는 것이다.

한 사람이라도 정의를 구한다면

예레미야 5:1-31

멸망이 예고되다

여호와는 예루살렘 주민들에게 한 가지 제안을 한다. 예루살렘
의 모든 거리를 돌아다니며 "정의를 행하며 진리를 구하는 자
를 한 사람이라도 찾으면"(5:1) 그 성읍을 용서하시겠다는 것이
다. 이 말에 담긴 속뜻은 올바름을 추구하고 한결같은 마음으
로 하나님을 섬기는 사람을 한 사람도 찾을 수 없다는 것이다.
의인 열 명이 없어 무너졌던 소돔과 고모라가 떠오르는 대목
이다. 정말 그럴까? 그런 사람이 어떻게 하나도 없을 수 있다
는 말인가? 이 구절은 하나님과 예언자가 느끼는 절망의 깊이
를 보여준다. 하나님의 이름으로 맹세하는 이는 물론 있다. 하
지만 그의 맹세는 진실이 담겨 있지 않다. 하나님의 백성이라
는 자들이 매를 맞고도 깨닫지 못한다. 그들의 얼굴은 바위 같
이 굳을 뿐 돌이킬 줄은 모른다(5:3).

그들이 본디 배운 것이 없는 사람들이어서일까? 그래서 예
언자는 여호와의 길을 안다고 자부하는 지도자들에게 가서 이
야기를 해본다. 하지만 그들 역시 다를 바 없다.

그들도 일제히 멍에를 꺾고 결박을 끊은지라(5:5b).

'안다' 하는 이들이 오히려 하나님의 뜻을 노골적으로 거역한다. 그들은 입술로는 하나님을 섬긴다고 말하면서도 삶으로는 부인하는 자들이다. 기껏 먹여놓았더니 육욕에 사로잡혔고, 창녀에게로 달려가 음행을 저질렀다. 이 참담한 현실을 보면서 하나님은 탄식하신다.

내가 어찌 이 일들에 대하여 벌하지 아니하겠으며 내 마음이 이런 나라에 보복하지 않겠느냐 너희는 그 성벽에 올라가 무너뜨리되 다 무너뜨리지 말고, 그 가지만 꺾어 버리라 여호와의 것이 아님이니라(5:9-10).

'너희'는 심판의 도구로 부름을 받은 외국 군대를 가리키는 말이다. 하나님은 그 군대에게 패역한 이들의 성읍을 무너뜨리되 완전히 훼파하지는 말라 명하신다. 압도적인 기세로 하나님의 백성을 몰아칠 적들도 하나님의 통제 가운데 있다. "가지만 꺾어 버리라"는 구절은 이스라엘을 포도나무에 빗대 말하곤 했던 옛 관습을 반영하고 있다. 꺾인 가지는 돌이키기 어려울 정도로 벗어난 이들이다. 하지만 잘려지는 것은 가지일 뿐 둥치는 여전히 남겨진다. 백성들이 겪게 될 시련은 그들이 자초한 것이다. 그들은 마음에 하나님 두기를 싫어하였고, 재앙을 만나지 않으리라는 헛된 바람에 기대 살았다. 거짓 예언자들 때문이다. 평안이 없을 때에도 '평안'을 선포하고 사람들이 듣고 싶어 하는 말을 들려주고 제 밥벌이를 하던 이들 말이다. 하나님은 그들에게 아무런 예언을 준 일이 없다고 말씀하신다. 하나님은 예레미야의 말을 불이 되게 하고, 백성들을 나무가 되게 하여 불사르시겠다고 말씀하신다(5:14).

예레미야는 하나님이 먼 곳에서 한 민족을 데려다가 그 백성을 치게 하실 것이라는 메시지를 전한다. 그들은 강하고 오래된 민족이고 언어가 다른 민족이다. 그들은 다 용사이고, 그들의 화살통은 열린 무덤과 같다. 그들은 압도적인 파괴력으로 이스라엘 백성들의 생명과 재산을 무너뜨릴 것이다. 그러나 가지는 꺾되 둥치는 남겨두는 것처럼 하나님은 그 백성을 완전히 전멸시키지는 않겠다고 말씀하신다(5:18). 시련과 고통은 피할 수 없다. 다만 그 시간을 연단과 정화의 시간으로 삼을 수 있는지가 문제이다.

삶의 경계를 지키지 않을 때

하나님은 예레미야에게 "어리석고 지각이 없으며 눈이 있어도 보지 못하며 귀가 있어도 듣지 못하는 백성"을 향해 말씀을 전하라 이르신다. 그들은 여호와를 경외하지 않는다. 하나님께서 세상을 주관하고 섭리하신다는 엄정한 사실을 까맣게 잊고 살고 있다. 하나님의 심판을 두려워하지도 않는다. 바다는 모래를 넘지 않음으로 하나님께서 정하여 두신 경계를 넘지 않지만, 하나님이 택하신 백성들은 일쑤 그 경계선을 넘곤 한다. 그들 내면 깊은 곳에 배반하고 반역하는 마음이 깃들어 있기 때문이다.

인류의 첫 사람들이 하나님의 금지 명령을 따르기보다는 뱀의 유혹에 귀를 기울인 이래 인간은 죄의 유혹에 더욱 예민하게 반응하는 존재가 되어버리고 말았다. 죄에로의 경향성을 끊어버릴 힘이 인간에게는 없다. 죄에 이끌리는 이들은 늘 결핍속에서 살아간다. 영혼의 헛헛함을 채울 길 없어 '존재'이신 하나님이 아니라 '존재자'들에게 마음을 빼앗긴 채 살아간다. 은혜를 은혜로 분별할 줄 모르는 청맹과니들이다. 지금 여기서 주어지는 은총의 선물을 선물로 인식하지도 못하고, 그것을 감사함으로 누릴 줄도 모른다(5:25).

내 백성 가운데 악인이 있어서 새 사냥꾼이 매복함 같이 지키며 덫을 놓아 사람을 잡으며 새장에 새들이 가득함 같이 너희 집들에 속임이 가득하도다(5:26-27a).

기막힌 전략이다. 하나님의 백성이 덫을 놓는 사람으로 변하다니. 그들은 하나님의 형상을 금수의 형상으로 바꾸었다. 대체 어찌된 일일까? 이유는 단순하다. 탐욕 때문이다.

살지고 윤택하며 또 행위가 심히 악하여 자기 이익을 얻으려고
송사 곧 고아의 송사를 공정하게 하지 아니하며 빈민의 재판을
공정하게 판결하지 아니하니(5:28).

부유함에 길들여지는 순간 양심은 작동하지 않는다. 타자들
의 곤경을 연민으로 바라보지 못한다. 자기 이익을 확보하기
위해 수단 방법을 가리지 않는다. 그래서 잠시 동안 그들은 낙
을 누릴 수는 있다. 하지만 그들이 잊고 있는 것이 있다. 하나
님의 존재 말이다.

내가 이 일들에 대하여 벌하지 아니하겠으며 내 마음이 이같은
나라에 보복하지 아니하겠느냐(5:29).

더 큰 문제는 그들의 죄를 준엄하게 꾸짖어야 할 선지자들
은 거짓을 예언하고, 제사장들은 자기 권력으로 다스리는 일을
즐긴다. 백성들은 그것이 문제라는 사실조차 분별할 능력이 없
다. 몰락은 이미 정해졌다.

반역하는 백성들

예레미야 6:1-30

_____ 이제 재앙의 시간이 다가온다. 1절은 세 가지 명령어로 이루어져 있다. '피난하라', '나팔을 불라', '깃발을 들라.' 명령은 베냐민 지파에게 주어진다. 그들은 예루살렘과 인접하여 살던 이들이다. 북방에서 큰 파멸이 기회를 엿보고 있으니 이제는 떠날 때라는 것이다. 3절에 나오는 양 떼를 몰고 오는 목자들은 군대를 이끌고 오는 이방 왕들을 가리킨다. 그들은 시온을 치는 시기를 결정하기 위해 작전 회의를 하고 있다. 그런데 침공을 막아주셔야 할 만군의 여호와께서 오히려 마치 사령관이라도 된 것처럼 그들을 진두지휘 하신다. 나무를 잘라내 시야를 확보하고, 흙 언덕을 쌓아 올려 공격하기 좋은 지점을 확보하라고 명하신다.

추수의 시간이 다가 온다

하나님이 어찌 이리도 매정하실까? 하나님의 신실하심은 어디에 있다는 말인가? 문제는 하나님께 있지 않다. 언약의 파트너인 백성들에게 있다. 예루살렘에서 하나님의 뜻은 경청되지 않았다. '폭력과 탈취'가 일상이고 '질병과 살상'이 다반사가 되었다. 그러니 그 성은 무너져야만 한다. 그게 하나님의 정의이다. 하지만 그걸로 끝은 아니다. 그것은 일종의 경고이다. 어려움을 겪고도 백성들이 돌이키지 않으면 땅이 황폐해져서 아무도 살 수 없는 불모지로 변하게 될 것이다. 침략자들은 마치 포도를 거두는 일꾼들이 그러하듯이 이스라엘의 남은 자를 샅샅이 찾아내 데려갈 것이다. 그런데 하나님의 명령이 예레미야에게 떨어진다.

너는 포도 따는 자처럼 네 손을 광주리에 자주자주 놀리라
(6:9b).

시간이 촉박하니 구할 수 있는 사람을 속히 구해내라는 것이다. 그러나 예언자는 자기 속에 깃든 절망감을 토로한다.

내가 누구에게 말하며 누구에게 경책하여 듣게 할꼬 보라 그 귀가 할례를 받지 못하였으므로 듣지 못하는도다 보라 여호와의 말씀을 그들이 자신들에게 욕으로 여기고 이를 즐겨 하지 아니하니 그러므로 여호와의 분노가 내게 가득하여 참기 어렵도다
(6:10-11a).

들을 생각이 없는 사람을 어떻게 할 수 있겠느냐는 것이다.

예언자는 하나님의 분노에 사로잡혀 어쩔 줄을 모른다. 여호와는 그 분노를 거리에 있는 아이들과 청년들, 남편과 아내, 나이든 이들에게 부으라 하신다. 그러면 그들의 집은 물론 밭과 아내조차 다른 이들의 소유로 넘어갈 것이라는 것이다. 아무도 그 재앙을 피할 수 없다. 총체적 난국이다.

하나님은 왜 이리도 화가 나셨나? 모든 사람들이 탐욕에 사로잡혀 이웃들을 마땅히 사랑하고 돌보아야 할 이웃으로 대하지 않았기 때문이다. 욕심의 특징은 자기중심성이다. 과도한 욕심에 사로잡힌 이들은 이웃들의 신음소리를 듣지 못한다. 죄를 폭로하고 경계해야 하는 선지자들과 제사장들은 백성을 그릇된 길로 인도했다. 그들은 백성들이 처한 곤고한 처지를 피상적으로 이해한다. 그러기에 평강이 없는 데도 불구하고 '평강하다 평강하다' 하고 말한다. 백성들의 삶의 현실과 동떨어진 종교가 얼마나 위험한가! 그 시대 종교 지도자들은 자기들의 무지와 영적 빈곤을 알지 못하기에 부끄러워할 줄도 몰랐다. 그들은 하나님께 위임받은 책임을 특권으로 인식했다. 그들에게 주어질 운명은 '엎드러짐' 혹은 '거꾸러짐'이다(6:15).

이제 잠시 멈추어 서라

그런 참담한 상황에서 벗어날 길은 영영 없는 것일까? 하나님은 가능성의 문을 아주 닫지는 않으셨다. 그래서 "너희는 길에 서서 보며 옛적 길 곧 선한 길이 어디인지 알아보고 그리로 가라"(6:16a)고 이르셨다. 앞만 보고 달리는 숨가쁜 질주를 멈추고 마땅히 가야 할 길이 어딘지 가늠해본 후 나아가라는 것이다. 흐르는 물에는 얼굴을 비춰볼 수 없는 법이다. 일단 멈춰야 호흡이 가지런해진다. 멈출 줄 모르는 것이 삶의 병통이다. 멈추라는 명을 받고도 어리석은 백성들은 멈추지 않는다. 그들은 하나님이 가리켜 보이는 생명의 길로 가지 않겠다고 말한다. 하나님은 파수꾼을 세우고 그들로 하여금 나팔을 불어 백성들을 경계하도록 했지만 백성들은 파수꾼들의 경고에도 귀를 기울이려 하지 않았다. 그들은 율법의 교훈을 따르지 않으면서도 자기들은 신실하다고 믿는다. 하나님께 제사를 바치는 것을 소홀히 하지 않았기 때문이다. 하지만 하나님은 그들의 외적 헌신에 현혹되지 않으신다.

> 시바에서 유향과 먼 곳에서 향품을 내게로 가져옴은 어찌함이냐 나는 그들의 번제를 받지 아니하며 그들의 희생제물을 달게 여기지 않노라(6:20).

신실한 삶이 배제된 종교적 행위는 그저 몸짓일 뿐 예배가 아니다. 하나님은 그들 앞에 장애물을 두시겠다고 말씀하신다.

여호와는 다시 한 번 북방에서 오는 한 민족, 땅 끝에서부터 떨쳐 일어난 큰 나라의 침공을 예고하신다. 잔인하고 무자비한 사람들, 활과 창으로 무장한 그들이 시온을 치기 위해 일어섰다. 소문을 들은 이들은 다 맥이 풀렸고 해산을 앞둔 여인처럼 불안에 사로잡혔다. 피신할 곳도 없다. 들녘도 거리도 안전하지 않다. 사방에 두려움이 있다. 어쩌다 이 지경이 된 것일까? 하나님은 일찍이 예레미야로 하여금 그 백성의 삶을 살피게 하셨다. 그리고 결론이 나왔다. 그들의 존재를 요약하는 말은 한결같이 부정적이다. '반역한 자', '비방하며 돌아다니는 자', '놋과 철', '사악한 자.'

맹렬한 풀무불이 타오르면 불순물들이 걸러질 법도 하건만 백성들의 죄악은 도무지 제거되지 않았다. 삶으로부터 죄가 분리되지 않으면 버리는 수밖에 없다. 결국 하나님이 그들을 버리셨고 사람들은 그들을 일러 '내버린 은'이라 할 것이다. 이 참담한 이야기는 2,600년 전에 있었던 과거사가 아니다. 바로 우리들의 이야기이기도 하다. 세상으로부터 지탄을 받고 있는 교회는 두렵고 떨림으로 이 말씀 앞에 서야 한다.

message 3

성전 문 앞에 서서 외치라

주님께서 예레미아에게, 주님의 성전 문에 서서, 주님께 예배하려고 문으로 들어오는 모든 유다 사람에게 주님의 말씀을 큰소리로 일러주라고 하셨다. "나 만군의 주 이스라엘의 하나님이 말한다. 너희의 모든 생활과 행실을 고쳐라. 그러면 내가 이 곳에서 너희와 함께 머물러 살겠다. '이것이 주님의 성전이다, 주님의 성전이다, 주님의 성전이다' 하고 속이는 말을, 너희는 의지하지 말아라. 너희가, 모든 생활과 행실을 참으로 바르게 고치고, 참으로 이웃끼리 서로 정직하게 살면서, 나그네와 고아와 과부를 억압하지 않고, 이 곳에서 죄 없는 사람을 살해하지 않고, 다른 신들을 섬겨 스스로 재앙을 불러들이지 않으면, 내가 너희 조상에게 영원무궁 하도록 준 이 땅, 바로 이 곳에서 너희가 머물러 살도록 하겠다"(예레미야 7:1-7).

시대의 어둠을 보다

주님의 은총과 평화가 우리 가운데 함께 하시기를 빕니다. 무더위가 절정인 것 같습니다. 오늘은 절기상으로 입추입니다. 여름 한복판에 가을이 들어서는 날입니다. 믿기지 않지만 좋은 소식입니다. 이제 매미 소리가 더욱 처연해질 겁니다. 달이 차면 이울고, 어둠이 지극하면 새벽이 오듯이, 세월은 그렇게 서로 스며들며 진행됩니다. 자신의 때를 잘 알아 그 때에만 누릴 수 있는 기쁨을 누리며 살면 좋겠습니다. 믿음의 눈이 밝은 이들은 절망 속에서 희망을 보고, 시련 속에 감춰진 은총의 빛을 봅니다.

김영란 법이 시행된 후 정계, 관계, 언론계가 술렁이고 있습니다. 이해관계가 걸려 있는 이들일수록 이 법을 불편하게 여깁니다. 대접 받는 일에 익숙한 이들은 이 법에 코웃음을 칠지도 모르겠습니다. 관행화된 접대를 통해 이익을 확보하곤 했던 이들이 또 다른 방법을 찾아내고야 말 테니 말입니다. 감리교회가 세습방지법을 만들자 법의 틈새를 교묘하게 파고들어 변칙적인 세습을 완료하는 이들을 본 경험이 있기에 하는 말입니다.

거짓과 불의가 암암리에 용인되는 사회에 사는 동안 우리는 부끄러움과 염치를 잃어버린 채 살아갑니다. 공평과 공의가 무너진 사회에서 늘 피해를 보는 것은 사회적 약자들입니다. 이익은 사유화하고 손실은 사회화하는 게 불의한 기업들의 생존

전략이 되고 있습니다. 강자들의 오만함과 약자들의 원망이 불협화음을 일으킬 때 한 사회의 토대는 허물어지기 시작합니다.

예언자는 하나님의 마음으로 자기 시대를 통찰하는 사람입니다. 그들은 하나님의 말씀을 신비한 채널을 통해 듣고 그대로 전하는 사람이 아니라, 자기 시대를 고스란히 앓는 사람입니다. 예레미야는 특히 그러합니다.

아이고, 배야. 창자가 뒤틀려서 견딜 수 없구나. 아이고, 가슴이야. 심장이 몹시 뛰어서, 잠자코 있을 수가 없구나. 나팔 소리가 들려 오고, 전쟁의 함성이 들려 온다(예레미야 4:19).

동족들에게 닥쳐올 시련을 보았기에 그의 창자가 뒤틀리고, 심장이 뜁니다. 문제는 그런 사실을 다른 이들은 보지 못한다는 데 있습니다. 홀로 보는 자의 외로움이 깊습니다. 깊은 숲에 들어가 있는 사람이 전체적인 산세를 가늠하지 못하는 것처럼, 현실에 깊이 밀착되어 살아가는 이들은 자기들이 처한 현실을 객관적으로 바라보지 못하는 법입니다.

예레미야는 남왕국 유다의 멸망이 임박했음을 직감했습니다. 국제정세의 변화도 변화려니와 내부적 모순이 극에 달하고 있었기 때문입니다. 하나님이 머무시는 땅은 백성들의 음행과 악행으로 인해 더럽혀졌습니다.

너의 치맛자락에는 가난한 사람들의 죄없는 피가 묻어 있다(예
레미야 2:34).

이것이 2,600년 전 지중해변의 한 작은 나라에서 벌어진 일
이라고 생각할 수 있으면 좋겠지만 그럴 수 없습니다. 이건 고
스란히 우리의 현실이기도 하니 말입니다. 자기 지위를 이용해
순식간에 재산을 불리는 이들은, 하루하루 가녀린 생존을 이어
가기 위해 애쓰는 이들을 개, 돼지로 여깁니다. 눈 밝은 이들은
말쑥하고 세련되게 차려입은 그들의 옷에서, 그들의 지위와 교
양에서 가난한 사람들의 핏자국을 봅니다.

가던 길 멈추고

문제는 하나님이 위임해주신 권위를 가지고 그 백성을 잘
보살펴야 하는 이들에게 자기 시대를 통찰할 눈이 없다는 사
실입니다. 지도자들은 제 잇속 차리기에 바쁘고, 예언자와 제
사장들도 백성들에게 바른 길을 제시하지 않습니다. 눈앞에 위
기가 닥쳐왔는데도 눈을 게슴츠레 뜬 채 하나님이 함께 계시
니 별 일 없을 거라고 말합니다. 영적 나태가 나라 전체에 편
만합니다. 지도자들은 백성들보다 한 걸음 앞서 역사를 살펴
야 합니다. 그럴 역량이 없다면 눈 밝은 이들의 조언이라도 구
하면 좋으련만, 망자존대한 그들은 도무지 하늘의 소리에 귀를
기울일 생각이 없습니다. 유다의 왕들은 나라에 위기가 닥치면

앗시리아나 이집트 등 강대국들의 보호를 구하느라 바빴습니다. 예언자는 그런 현실을 통탄합니다.

> 그들은 이리저리 방황하기를 좋아하고, 어디 한 곳에 가만히 서 있지를 못한다(예레미야 14:10).

원칙이 한 번 무너지면 걷잡을 수 없는 혼란이 찾아들게 마련입니다. 성리학에서는 마음을 바르게 하기 위해서는 '주일무적主一無適'을 실천해야 한다고 말합니다. 마음을 오로지 하여 이리저리 옮기지 말라는 말입니다.

'이드거니', '지며리'라는 단어를 아십니까? '이드거니'는 '시간이 좀 걸리면서 분량이 좀 많게'라는 뜻이고, '지며리'는 '차분하고 꾸준히'라는 뜻의 부사입니다. 모든 게 분초 단위로 분절되는 시대이다 보니 이 두 단어는 점점 잊혀지고 있습니다. 하지만 참 사람의 길을 걷는 이들은 시간의 독재에 저항할 수 있는 근기가 있어야 합니다. 무슨 일을 하든 '이드거니', '지며리' 할 줄 알아야 합니다. 하나님을 믿는 사람들은 현실이 제아무리 답답해도 하나님의 섭리와 은총을 기다리며 꾸준히 한 길을 가야 합니다. 그리스도께서 앞서 걸으신 그 길 말입니다.

지도층의 비리와 부패가 일상이 될 때 사람들은 큰 죄책감 없이 죄를 짓게 됩니다. 공직에 나서는 이들에 대한 인사 청문회 광경을 떠올려 보십시오. 무흠한 사람이 거의 없습니다. 도덕적인 흠결을 말하는 게 아니라, 법이 금지한 것을 모두가 위반했다는 말입니다. 그 정도는 봐줄 수 있는 것 아니냐고 관대하게 생각하는 이들이 있습니다. 그렇게 되면 결국 법은 무용한 것이 되고 맙니다. 위반해도 괜찮은 법이 무슨 구속력이 있겠습니까? 하나님은 유다 사회에 만연한 도덕적, 신앙적 해이를 보며 탄식하십니다.

> 예루살렘에 사는 사람들아, 예루살렘의 모든 거리를 두루 돌아다니며, 둘러보고 찾아보아라. 예루살렘의 모든 광장을 샅샅이 뒤져 보아라. 너희가 그곳에서, 바르게 일하고 진실하게 살려고 하는 사람을 하나라도 찾는다면, 내가 이 도성을 용서하겠다(예레미야 5:1).

하나님의 실망감이 고스란히 느껴집니다. 예레미야는 동시대인들이 악한 일을 하는 데에는 슬기로우면서도, 좋은 일을 할 줄 모른다(예레미야 4:22c)고 탄식합니다. 하나님의 말씀을 귀담아 듣고, 그 말씀을 따라 삶을 조율하는 사람도 없었습니다. 폭행과 파괴의 소리가 가득한 세상이었습니다. 어긋난 길로 질주하는 이들을 향해 하나님은 "가던 길을 멈추어서 살펴보고, 옛길이 어딘지, 가장 좋은 길이 어딘지 물어 보고, 그 길로 가라"(예레미야 6:16)고 하시지만, 사람들은 멈추어 설 생각이 없습니다. 멈춤은 곧 퇴보로 느껴지기 때문일까요? 가장 좋은 길보다 사람들이 더 좋아하는 것은 남보다 앞서는 길입니다. 어쩌다 세상이 이 지경이 되었을까요? 성전 혹은 종교가 제 구실을 못했기 때문입니다.

헛된 성전 신학

예언자들은 거짓된 환상과 허황된 점괘와 마음에서 꾸며낸 거짓말(예레미야 14:14)로 사람들을 미혹했습니다. 사람들이 듣고 싶어 하는 말을 함으로써 사람들의 환심을 샀고, 그로 인해 이득을 얻었습니다. 제사장들은 성전에 와서 제물을 바침으로 불의하게 살아왔다는 죄책감에서 벗어나려는 이들과 한 패였습니다. 제사를 바치는 이들이 많아질수록 제사장들의 배는 더욱 불룩해졌습니다. 존재와 행실의 변화가 없는 종교 행위는 기만입니다. 하나님에 대한 모독입니다. 대접의 겉만 닦아서는 안 됩니다. 종교 지도자들이 타락하니 사람들은 하나님이 미워하시는 일만 저지르고도, 성전에 들어와서는 '우리는 안전하다'고 말합니다. 성전이 문제의 뿌리였습니다.

그건 지금도 마찬가지입니다. 우리는 교회를 그리스도의 몸이라고 고백합니다. 하지만 미혹하는 영에 사로잡힌 목사들이 사람들의 영혼을 옥죄고 있습니다. 그들은 은혜 혹은 영적 권위를 빙자해 자기들의 파렴치한 욕망을 충족시키려 합니다. 먹잇감에 독을 주입해서 옴쭉달싹 못하게 만든 후 잡아먹는 거미와 다를 바 없습니다. 사람들은 '영적'이라는 말의 함정에 일쑤 빠지곤 합니다. 물론 신앙에는 상식을 뛰어넘는 차원이 있습니다. 그렇기에 신앙은 역설을 포함합니다. 하지만 신앙이 몰상식이 되어서는 안 됩니다. 사람들의 일상적 관계나 삶을 파괴하는 가르침은 어떤 경우에도 거짓 영성에 가깝습니다. 신앙은 사람들이 서로를 귀히 여기고, 정성스럽게 사랑하도록 만듭니다. 특정한 사람들을 혐오하고 배제하도록 선동하는 이들은 신앙의 이름으로 신앙을 배신하는 자들입니다.

예수님은 사람들을 오도하는 성전을 바라보다가 '이 성전을 헐라'고 말씀하셨습니다. 그런 성전은 차라리 없는 것이 더 낫다는 것입니다. 하나님의 은총으로 말미암아 일어나는 존재의 변화, 그리고 믿음의 벗들이 '함께 함'을 통해 누리는 기쁨이 없다면 성전 혹은 교회는 이미 그 존재 의미를 잃었다고 할 수 있을 겁니다.

신학교 출신의 소설가 이승우는 《연금술사의 춤》이라는 작품에서 공본영이라는 인물을 등장시켜 형해만 남은 교회를 신랄하게 비판합니다. 교회 앞에서 노점상을 열어놓고 액세서리를 파는 공본영은 가끔 술에 취하면 예언자처럼 교회에 드나드는 사람들을 향해 외칩니다.

너희들. 십자가를 끌어내려 목에다 걺으로써 탐욕스런 육체를 장식하듯 음란하고 부패한 영혼에다 종교를 장식하는 너희들. 예배 행위를 무슨 친교 모임이나 고상한 취미 정도로밖에 생각지 않는 너희들. 신神이, 너희의 썩어문드러진 영혼의 무덤을 은 폐하기 위한 회灰 외엔 아무것도 아닌, 너희들의 타락을 더 어떻 게 참으랴. 그래. 십자가가 너무 크고 무거워서 부담스럽더냐. 너 무 큰 십자가가 지속적으로 상기시키는 죄의 무게와 그 고통이 도저히 못 참을 정도더냐. 그래서 십자가를 장식품으로 만들었 느냐. 그래서 호색적인 너희 정부들의 모가지에다 걸어서 달랑 달랑 흔들고 다니게 하였느냐. 오호! 그렇게 해서 고통이 사라지 더냐. '있는' 죄가 그런다고 없어지더냐. '살아 있는' 신이 그렇게 해서 죽어주더냐…(이승우 소설집,《日蝕에 대하여》중에서 〈연금술사의 춤〉, 문학과지성사, 236쪽).

공본영은 종교가 부패한 영혼을 장식하는 장신구가 된 시대, 예배가 무슨 친교 모임처럼 변해버린 세태, 십자가가 부담스러 워 외면하는 현실을 신랄하게 꾸짖고 있습니다. 소설에 등장하 는 술주정뱅이의 독설로 치부해 버려도 될까요? 그럴 수 없습 니다.

하나님이 요구하시는 것

이제 잠시 멈춰 서서 우리 자신의 모습을 돌아보아야 합니 다. 아담과 하와는 자기들이 벌거벗었다는 사실을 알고 부끄러 워했습니다. 우리에게 이런 부끄러움이 있습니까? 해함도 상 함도 없는 세상을 지향하던 예언자들의 꿈이 우리에게 있습니까? 사람들 위에 군림하거나 권세를 부리려는 생각을 버리고 가장 연약한 이들과 자신을 동일시하라는 예수님의 가르침(누가복음 22:26)을 꼭 붙들고 삽니까? 사람들이 인위적으로 세워놓은 장벽들을 사랑으로 허무는 성령의 인도하심을 따라 살고 있습니까? 하나님이 우리에게 바라시는 것은 제사나 번다한 종교의식이 아닙니다. 오케스트라의 장엄한 찬양은 없어도 괜찮습니다. 목사의 사자후도 없어도 됩니다. 예레미야의 선배 예언자인 미가는 하나님이 찾으시는 것이 무엇인지 명확하게 밝혔습니다.

> 너 사람아. 무엇이 착한 일인지를 주님께서 이미 말씀하셨다. 주님께서 너에게 요구하시는 것이 무엇인지도 이미 말씀하셨다. 오로지 공의를 실천하며 인자를 사랑하며 겸손히 네 하나님과 함께 행하는 것이 아니냐!(미가 6:8)

공의를 실천하는 것, 인자를 사랑하는 것, 겸손히 하나님과 함께 행하는 것, 바로 그것이 진정한 예배의 마음입니다. 사회적 약자의 대명사인 나그네, 고아, 과부를 억압하지 않을 뿐만 아니라, 그들이 주눅 들지 않고 살 수 있는 세상을 만들기 위해 애쓰는 것이야말로 공의를 실천하는 것이 아닐까요? 인자를 사랑한다는 말은 어떤 뜻일까요? '어질 인' 자의 유래가 참 재미있습니다. 1993년에 발굴된 관점 죽간에서 '어질 인' 자

는 '몸 신身' 자와 '마음 심心' 자가 위 아래로 결합한 형태로 표
상됩니다. 그런데 갑골문에서 '신身' 자는 '사람 인人' 자가 배가
불룩 나온 모양으로 그려져 있어서 임신한 여성의 몸을 나타
내는 것으로 보입니다. "따라서 인仁이라는 글자는 임신한 여
성이 자신의 몸에 깃들어 있는 또 다른 생명, 태아를 생각하는
마음이라는 뜻"이 됩니다(김상환,《공자의 생활난》, 북코리아, 354쪽).

　누구를 대하든 이런 마음으로 대한다면 세상이 조금은 살
만한 곳으로 변할 겁니다. 겸손히 하나님과 함께 행한다는 것
은 하나님을 앞지르지 않는다는 뜻으로 새기면 됩니다. 하나님
께 여쭙고 하나님이 기뻐하시는 뜻을 공경하는 마음으로 수행
하는 것, 바로 그것이 삶으로 드리는 예배입니다. 더디더라도
이런 삶을 지며리, 이드거니 살아낼 때 우리는 하나님 나라가
도래하고 있음을 알게 될 것입니다. 주님과 함께 이 길을 걷는
기쁨을 날마다 누리며 살기를 기원합니다.

성 전 설 교

예레미야 7:1-34

성전의 우상화를 경계하다

솔로몬의 성전 봉헌기도는 매우 장중하고 아름답다. 간추리면 이스라엘 백성들이 이런저런 곤경에 처할 때마다 성전에서 기도하거나 성전을 바라보며 기도하면 하나님께서 하늘에서 들으시고 용서해달라는 내용이다. 이후 성전은 이스라엘 사람들의 정체성의 중심인 마음의 본향이 되었다. 성전이 있는 한 하나님의 보호와 은혜는 철회되지 않는다는 믿음처럼 든든한 게 또 있을까? 어느 날 하나님은 예레미야에게 성전 문 앞에 서서 예배하러 들어가는 사람들에게 말씀을 전하라 이르신다.

> 만군의 여호와 이스라엘의 하나님께서 이와 같이 말씀하시되 너희 길과 행위를 바르게 하라 그리하면 내가 너희로 이 곳에 살게 하리라(7:3).

평범한 권고처럼 들린다. 하지만 이어지는 말은 매우 충격적이다.

너희는 이것이 여호와의 성전이라, 여호와의 성전이라, 여호와의 성전이라 하는 거짓말을 믿지 말라(7:4).

아니, 그것이 여호와의 성전이 아니면 무엇이란 말인가? 그 말이 '거짓말'이라니! 이런 판단의 근거는 다음 대목과 관련된다. 성전이 성전 되는 것은 그곳에서 예배드리는 이들의 삶에 달려 있다. 그들이 길과 행위를 바르게 하고, 이웃들 사이에서 정의를 행하고, 사회적 약자들을 압제하지 않고, 무죄한 자의 피를 흘리지 않고, 우상을 섬기지 않으면 비로소 그곳은 성전(7:5-7)이라 할 수 있다. 성전은 특정한 공간 혹은 건물이 아니다. 성전은 하나님을 믿는 이들의 삶을 통하여 이 땅 위에 세워진다.

하지만 현실은 그렇지 못하다. 성전이 있는 한 안전하다고 믿는 이들의 의식에 예레미야는 철퇴를 가한다. 하나님이 가증하게 여기는 일만 하면서도 성전에 들어가 "우리가 구원을 얻었나이다"(7:10)라고 말하는 자들은 하나님의 이름으로 일컬음을 받는 집을 '도둑의 소굴'로 만드는 이들이다. 하나님은 그런 이들을 보며 실로 성소의 운명을 돌아보라 말씀하신다. 실로 성소는 이스라엘 백성들이 가나안 땅에 들어온 뒤 처음으로 세워진 곳이었다. 그런데 그곳은 제사장들과 그 백성들의 죄악으로 인해 주전 11세기 경 블레셋 사람들에 의해 완전히 파괴되었다. 엘리 제사장의 먼 후손으로 소개되고 있는 예레미야에게 있어서 실로 성소는 부끄러운 기억의 장소였을 것이다. 예레미야의 말은 지금 매우 위험한 지경으로 내달리고 있다. 실로가 무너진 것처럼 성전도 무너질 수 있고, 에브라임 자손들이 내쫓긴 것처럼 예루살렘 사람들도 내쫓길 수 있다는 것이다.

순종하지 않는 백성들

순종하지 않는 백성들에 대한 하나님의 진노는 깊고도 깊다. 그래서 예레미야에게 그들을 위하여 기도하지 말라 이르신다. 설사 기도를 한다 해도 듣지 않겠다는 것이다(7:16). 그러면서 예루살렘에서 벌어지고 있는 일들을 살펴보라 하신다.

> 자식들은 나무를 줍고 아버지들은 불을 피우며 부녀들은 가루를 반죽하여 하늘의 여왕을 위하여 과자를 만들며 그들이 또 다른 신들에게 전제를 부음으로 나의 노를 일으키느니라(7:18).

'하늘의 여왕'은 고대 근동 지방의 다양한 종족들이 숭배하던 여신들 곧 바벨론의 '이쉬타르' 혹은 셈족의 '아스다롯'이나 '아세라'를 가리키는 말일 것이다. 사람들은 이 여신들이 풍요와 생산을 관장한다고 믿었다. 온 가족이 대동단결하여 '하늘의 여왕'의 모습을 담은 빵을 만드는 장면을 상상해보라. 그들은 또한 다른 신들에게 전제(다른 제물에 곁들여 부어 바치는 제물)를 바쳤다. 진노하신 하나님이 말씀하신다.

보라 나의 진노와 분노를 이 곳과 사람과 짐승과 들나무와 땅의
소산에 부으리니 불 같이 살라지고 꺼지지 아니하리라(7:20).

'진노'와 '분노'라는 유사한 의미의 단어를 나란히 사용한 것
은 하나님의 노여움이 얼마나 큰가를 보여주기 위함이다. '부
으리니'라는 단어는 앞에서 등장한 '전제를 부음으로'라는 구
절과 어울려 아이러니를 빚어내고 있다.

하나님이 그 백성에게 요구하는 것은 제사가 아니다. 하나님
은 인간의 헌신 없이는 곤경에 빠지는 그런 분이 아니다. 하나
님은 출애굽 공동체에게 번제나 희생을 요구하지 않으셨다. 하
나님이 명하신 것은 "너희는 내 목소리를 들으라"는 것뿐이었
다. 진정한 '들음'은 청각기관을 스쳐 지나가는 소리를 포착하
는 것이 아니라 마음을 열고 하나님의 뜻을 가슴에 새기는 것
이다. 하나님과 그 백성 사이에 맺어진 언약은 오직 '들음'을
통해 지속된다. 하지만 그들은 말씀에 순종하지도 않았고 귀를
기울이지도 않았다. 완악한 마음에 사로잡힌 그들은 오히려 하
나님께 등을 돌렸다. 선지자들의 말도 들은 체 만 체 하고 말았
다. '들음'은 변화를 향해 자기를 개방하는 행위이다. 신앙이란
순간순간 우리 삶에 육박해오시며 말을 건네시는 주님의 음성
에 귀를 기울이는 것이다.

너는 그들에게 말하기를 너희는 너희 하나님 여호와의 목소리
를 순종하지 아니하며 교훈을 받지 아니하는 민족이라 진실이
없어져 너의 입에서 끊어졌다 할지니라(7:28).

참으로 두려운 선고이다. 타락한 백성들은 심지어 성전에 더
러운 우상을 세우기도 했고(요시야의 할아버지인 므낫세는 성전에 아세
라 목상을 세웠다. 참고. 열왕기하 21:7), 힌놈의 골짜기(예루살렘 남서쪽 골
짜기)에 도벳 사당을 건축하고 그들의 자녀를 불에 사르기도 했
다. 잔인하고 맹목적인 이교의 풍습이 자행되면서 약속의 땅은
살육의 땅으로 변하고 말았다. 가인의 피가 땅에서 부르짖듯
이 억울하게 죽임 당한 이들의 피가 또 다른 피를 부른다. 폭력
으로 인해 황폐해진 땅, 그곳에서는 일상성이 파괴되고 죽음의
기운만이 감돈다.

슬프다, 나의 근심이여

예레미야 8:1-22

후회는 언제나 너무 늦게 찾아온다

하나님을 떠난 백성들이 감내해야 할 참담한 고통은 마침내 참담한 죽음으로 막을 내린다. 그 운명의 날이 오면 사람들이 왕들과 지도자들, 제사장들과 선지자들, 그리고 주민들의 뼈를 무덤에서 끌어내는 일이 벌어질 것이다. 변형된 형태의 부관참시인 셈이다. 지하 세계에 내려가 있던 시신까지도 모독하는 일은 생각만 해도 끔찍스럽다. 그 뼈들은 "그들이 사랑하며 섬기며 뒤따르며 구하며 경배하던 해와 달과 하늘의 뭇 별 아래에서 펼쳐지게" 될 것이다. 그렇지만 그 뼈들을 거두거나 묻어 줄 사람이 나타나지 않을 것이다. 그들이 따르던 우상들 역시 무력하기만 하다. 우상을 숭배하던 이들은 땅바닥에 흩어진 거름처럼 되고 말 것이다. 살아남은 자의 운명 또한 참혹하기는 마찬가지이다. 그들은 유배지에서 치욕을 겪으며 살 것이고, 죽음보다도 더한 고통을 겪게 될 것이다.

  이런 모든 일은 돌이킬 줄 모르는 완악함 때문에 빚어진다. 넘어지면 일어나고, 떠난 후에는 돌아오게 마련이건만 예루살렘 사람들은 여호와를 떠날 줄만 알뿐 돌아올 줄은 모른다. 그들은 진실한 말을 버렸고, 자신의 악행을 뉘우치지도 않으며, 각자 자기 소견에 옳은 대로 살 뿐이었다. 그 길, 자기를 중심에 놓고 사는 그 길은 어긋난 길, 그릇된 길이었다. 철새들도 때가 되면 돌아올 줄 알지만 하나님의 백성으로 부름 받은 이들은 주의 법도에 대해 까막눈이다. 암담하다.

그런데도 그들은 "우리는 지혜가 있고 우리에게는 여호와의 율법이 있다"(8:8)고 말한다. 서기관들의 거짓된 붓이 율법을 거짓말로 바꾸어놓은 탓이다. 서기관뿐이 아니다. 선지자나 제사장이나 다 한 통속이 되어 말씀을 자기들의 입맛에 맞게 왜곡하고 적용함으로써 사람들을 오도했다. 백성들이 상처를 입어 앓고 있을 때에도 그들은 '괜찮다'고 말하며 진실과 대면하는 시간을 늦추었다. 오늘의 종교인들은 어떠한가? 신자유주의 경제질서라는 거대한 파도에 떠밀린 채 숨을 허덕이며 살아가는 이들에게 '다른 삶'이 가능하다는 사실을 가르치지 못하고 있는 것은 아닌가? 우상들의 유혹에 정신이 팔린 채 욕망의 벌판을 질주하고 있는 이들에게 '돌아오라'고 외치는 일조차 포기한 것은 아닌가? 오히려 돈과 권력의 단맛에 취한 채 비틀거리고 있는 것은 아닌가? 하나님은 예레미야 시대의 지도자들이 역겨운 일을 하면서도 부끄러운 줄도 모른다고 꾸짖으신다. 과도한 욕망은 영적인 무감각을 낳게 마련이다. 돌이킬 줄 모르는 이들에게 주어지는 보상은 진멸이다.

내가 그들을 진멸하리니 포도나무에 포도가 없을 것이며 무화
과나무에 무화과가 없을 것이며 그 잎사귀가 마를 것이라 내가
그들에게 준 것이 없어지리라(8:13).

늦게야 사태를 파악한 이들은 살아남기 위해 안간힘을 써보
지만 돌이키기에는 너무 늦었다. 죽더라도 견고한 성읍에 들어
가서 버틸 때까지 버텨보자고 서로 독려하지만 그들의 가슴에
돋는 절망감을 뿌리칠 수는 없다. 하나님께서 자기들에게 독한
물을 마시게 하시는 것이니 피할 수 없다는 것이다. 마침내 그
들은 이런 탄식을 내뱉는다.

우리가 평강을 바라나 좋은 것이 없으며 고침을 입을 때를 바라
나 놀라움뿐이로다(8:15).

아우구스티누스는 자기 삶을 돌아보면서 '진리를 피하면서
찾고 있었다'고 말했다. 아이러니이다. 평강을 바란다는 이들
이 그동안 노정해온 삶은 평강과는 거리가 멀었다. 제 욕심을
우주의 중심에 놓는 삶에 평강이 있을 수 없지 않겠는가? 그들
은 단에서부터 몰려오는 말의 부르짖음을 듣는다. 거대한 폭력
이 쓰나미처럼 몰려온다.

예언자의 아픔

현실은 냉정하다. 옛사람은 '천지불인天地不仁'이라 했다. 하늘과
땅은 사람을 편벽되이 가르지 않는다는 말일 것이다. 죄가 누
적되면 운명이 된다. 하나님을 떠난 백성들의 삶이 평안할 수
는 없다. 예언자는 그런 사실을 누구보다 앞서 보는 자이다. 그
렇기에 다른 이들보다 먼저 그 운명을 슬퍼한다.

> 슬프다 나의 근심이여 어떻게 위로를 받을 수 있을까 내 마음이
> 병들었도다(8:18).

예언자는 이국땅에서부터 들려오는 백성들의 울부짖음을
듣는다.

> 여호와께서 시온에 계시지 아니한가, 그의 왕이 그 가운데 계시
> 지 아니한가(8:19a).

그런데 또 다른 소리가 들려온다.

> 그들이 어찌하여 그 조각한 신상과 이방의 헛된 것들로 나를 격
> 노하게 하였는고(8:19b).

백성들의 울부짖음이 그치지 않는다. 추수할 때가 지나고 여

름이 다하였으나 우리는 구원을 얻지 못한다(8:20). 이제나 저
제나 혹시 거둘 것이 있을까 하고 살펴보지만 여름이 다 지나
가도록 그들은 빈손일 수밖에 없다. 물론 여기서 '추수'는 구원
의 은유이다. 구원의 가능성이 점점 줄어드는 반면 절망의 어
둠은 더욱 짙어진다.

  예레미야는 심드렁하게 그 현실을 받아들일 수가 없다. 그는
하나님의 말씀을 전하는 사람이지만 누구보다 영혼이 민감한
사람이다. 동족들이 겪는 고통을 초연한 자리에서 바라볼 수
없다. 높은 자리에 앉아 감 놔라 배 놔라 하는 사람이 아니다.
치료받지 못하는 백성들을 바라보며 그는 아파한다. 슬픔과 놀
라움이 그를 확고히 사로잡는다. 예언자는 백성과 운명을 같이
하는 자이다.

message 4

우리가 자랑할 것

"나 주가 말한다. 지혜 있는 사람은 자기의 지혜를 자랑하지 말
아라. 용사는 자기의 힘을 자랑하지 말아라. 부자는 자기의 재산
을 자랑하지 말아라. 오직 자랑하고 싶은 사람은, 이것을 자랑하
여라. 나를 아는 것과, 나 주가 긍휼과 공평과 공의를 세상에 실
현하는 하나님인 것과, 내가 이런 일 하기를 좋아한다는 것을 깨
달아 알 만한 지혜를 가지게 되었음을 자랑하여라. 나 주의 말이
다"(예레미야 9:23-24).

우리 사회의 한 풍경

낙화처여실落花處餘實이라는 말이 있습니다. 꽃이 진 자리에
열매가 맺힌다는 말입니다. 도로변의 은행나무에 주렁주렁 매
달린 열매, 싱그러운 잎 사이에서 수줍게 자라고 있는 포도송
이는 만물에 숨결을 불어넣고 계신 주님을 떠올리게 합니다.

무더위에 정신이 몽롱해질 때 나무 묵상을 하노라면 마음이 절로 넉넉해지고 평안해집니다. 그럴 때면 해야 할 일들에 대한 부담감도 줄어듭니다. 마음이 넉넉해지면 일을 대하는 태도나 다른 사람들과의 관계도 달라집니다.

생각해보면 우리 마음은 아름다운 것들이 깃들어 살 수 없는 불모의 공간이 되었습니다. 세상 풍조는 우리로 하여금 삶을 성찰할 수 없도록 만듭니다. 해야 할 일과 하고 싶은 일들로 늘 분주한 우리 마음에는 안식이 없습니다. 초등학교 1학년인 아들 친구가 처음으로 놀러 와서는 '아줌마, 이 집 몇 평이에요?' 하고 묻더라는 교우의 말을 듣고 놀랐습니다. 요즘 아이들이라고 다 그런 것은 아니겠지만, 아이들조차 부모들이 누리고 사는 공간의 넓이나 경제력을 가지고 사람을 평가하는 세상은 정상적인 세상이라 할 수 없을 겁니다. 전반적으로 볼 때 지금은 위기의 때입니다. 한반도를 둘러싼 긴장이 고조되고 있고, 우리 마음을 암울하게 만드는 사건 사고들이 연일 벌어지고 있습니다. 우리 사회가 내부에서부터 붕괴되고 있는 징조처럼 보입니다.

자랑하지 말라

조국의 멸망을 예감하며 고통스러워했던 예레미야는 넘어지는 담을 받치려는 절박함으로 백성들에게 주님께로 돌이키자고 권면합니다. 하나님을 믿는다는 것은 하나님이 기뻐하시

는 일을 행하는 것입니다. 그런데 그렇게 살지 못합니다. 하나
님의 뜻이 아닌 다른 것이 우리 마음을 지배하고 있기 때문입
니다. 예레미야는 사람들의 마음을 온통 지배하고 있는 것들이
무엇인지를 예민한 감성으로 분별해내고 있습니다. 그러면서
모든 사람들이 꼭 손에 쥐고 싶어하는 것을 가졌다 해도 그것
을 자랑하지 말라고 말합니다.

> 지혜 있는 사람은 자기의 지혜를 자랑하지 말아라. 용사는 자기
> 의 힘을 자랑하지 말아라. 부자는 자기의 재산을 자랑하지 말아
> 라(예레미야 9:23).

'지혜', '힘', '재산'은 좋은 것입니다. 문제는 그것이 참다운
사람이 되기 위한 수단이 아니라, 그것 자체가 목적이 되는 순
간 발생합니다. 자랑은 다른 사람들의 마음에 시기심과 경쟁의
식을 불러일으킵니다. 자랑하는 사람이 있는 곳에는 평화가 없
습니다. 제가 만나기 싫어하는 사람들은 대개 자기 과시욕이
강한 사람들입니다. 세상에 모르는 것이 없는 것처럼 모든 대
화를 주도하려는 이들과 만나면 피곤합니다. 그들은 남들의 말
에 귀를 기울이지 않습니다. 가르칠 것만 있고 배울 것이 없는
사람들과는 될 수 있으면 만나고 싶지 않습니다. 일전에 인사
동 길을 가다가 실소를 금할 수 없는 광경을 보았습니다. 어떤
40대의 건장한 사내가 비릿한 미소를 지은 채 걸어오고 있었

습니다. 그는 가슴을 다 드러낸 옷을 입고 있었는데, 오른쪽 왼쪽 번갈아가며 가슴 근육을 부풀리며 걸었습니다. 왠지 안쓰러운 마음이 들었습니다. 아무도 그의 근육에 눈길을 주지 않는다면 그는 살맛을 잃을지도 모릅니다. 근육을 만드느라고 수고는 했겠지만, 저는 그에게서 멋진 근육이 아니라 허영심과 조바심만 보았습니다. '재산'도 마찬가지입니다. 부유한 이들의 과시적인 소비가 사람들에게 얼마나 큰 위화감을 조성하는지는 말하지 않아도 다 압니다.

남이 갖지 못한 것을 가지면 자랑하고픈 마음이 생깁니다. 그런데 자랑하는 마음의 뿌리는 열등감에 닿아 있는 경우가 많습니다. 자랑하는 이들은 대개 다른 이들의 칭찬이나 인정을 통해 자기 정체성을 확인받고 싶어 하는 약자들입니다. 사람들은 자기가 중요한 사람이라는 것을 증명하기 위해서라도 지혜와 힘과 재산을 구합니다. 자기 내면에 힘이 있는 이들은 굳이 다른 이들 앞에 자기를 과시적으로 내보일 까닭이 없습니다. 르네 지라르라는 학자는 인간의 욕망은 실체가 있는 것이 아니라 언제나 매개되어 있다mimetic desire고 말합니다. 말은 어렵지만 뜻은 분명합니다. 무엇을 가지고 싶다, 무엇을 하고 싶다, 무엇이 되고 싶다고 말할 때 그 마음의 뿌리에는 그것을 가진 사람이나 하는 사람에 대한 선망의 감정이 작용하고 있다는 말입니다. 다른 사람이 무관심한 것에 대해서는 욕망이 일어나지 않는 법입니다.

하나님 인식

사람들은 자기와 같은 옷을 입은 사람을 보면 불편해 합니다. 사람들은 남과 구별되기를 원합니다. 명품을 선호하는 것도 구별되고 싶은 욕구의 발현입니다. 그런데 더 파고 들어가 보면 사람들은 남과 같아지기 위해 안간힘을 다 씁니다. '남들 하는 만큼은 하고 살아야 한다'는 말을 생각해보면 알 수 있습니다. '남들 하는 만큼'이라는 말처럼 모호한 말이 없습니다. 그 기준이 되는 '남'이 누구냐에 따라 삶은 천차만별이 됩니다. 그런데 그 기준이 높을수록 삶의 만족감은 줄어들게 마련입니다. 신앙이란 다른 기준을 가지고 사는 것입니다. 선망의 대상이 된 사람이나 가치에 자기를 조율하며 사는 것이 아니라, 하나님의 뜻에 자기를 조율하며 사는 것입니다. 신앙인들에게 가장 중요한 것은 하나님을 아는 것이고, 그 하나님을 닮기 위해 노력하는 것입니다.

예레미야는 우리가 삶을 통해 경험하는 하나님의 모습을 세 가지 단어로 요약하고 있습니다. '긍휼, 공평, 공의'가 그것입니다. 긍휼은 몸으로 표현되는 사랑입니다. 사랑으로 가득 찬 친절함 혹은 관대함이 긍휼입니다. 하나님이 우리를 사랑하시는 것은 우리가 사랑받을 만한 구석이 있기 때문이 아닙니다. 하나님은 우리의 연약함과 흠까지 품어 안는 사랑으로 우리를 돌보십니다. 이 사랑을 경험한 사람은 사랑의 빚진 자가 되어 살아갑니다. 우리가 하나님께 사랑을 돌려드리는 방법은 무엇입니까? 지금 누군가의 도움이 절실한 사람을 돕는 것 아니겠습니까? 어느 유대교 신비주의자는 "누군가의 육체적인/물리적인 필요는 나의 영적인 의무 Someone else's physical needs are my spiritual obligation"라고 말했습니다.

하나님은 또한 공평하신 분이십니다. '공평tzedakah'이란 '치우침이 없는 공정함'을 일컫는 말이지만, 성경에서 이 말은 하나님의 분배적 정의를 이르는 말입니다. 사람이 모여 사는 곳에는 어디나 굴곡이 있게 마련입니다. 부자도 있고 가난한 사람도 있습니다. 건강한 사람도 있고 병약한 사람도 있습니다. 똑똑한 사람도 있고 그렇지 못한 사람도 있습니다. 그러다보니 알게 모르게 사람들 사이에 계층적·계급적 차이가 생깁니다.

그 차이는 좀처럼 좁혀지기 어렵습니다. 오히려 점점 더 벌어집니다. 그런 세상은 하나님 보시기에 좋은 세상이 아닙니다. 그래서 하나님은 그의 백성들이 그 차이를 해소할 수 있는 장치를 마련하셨습니다. 추수할 때에 밭의 한 모퉁이를 남겨두라든지, 떨어진 이삭을 줍지 말라든지, 포도를 수확할 때도 일부는 남겨두라는 것을 예로 들 수 있습니다. 안식년이나 희년은 그런 일상적 규정을 제도화한 것이라 할 수 있겠습니다. 땅의 주인이신 주님은 우리가 자기 힘만으로는 살아갈 수 없는 사람들을 도와야 한다고 말씀하십니다.

하나님은 또한 '공의mishpat'의 하나님이십니다. 그때나 지금이나 인간 세상을 지배하는 원리는 공의가 아닙니다. '옳음'이 아니라 '힘'이 지배하는 세상입니다. 플라톤의 《국가》에 나오는 트라시마코스는 '정의는 강자의 이익'이라고 말합니다. '이익'이라는 말은 '편의'라고 바꾸어도 됩니다. 돈 있고, 힘 있는 이들은 법을 자기들의 구미에 맞게 적용합니다. 탈옥수였던 지강헌은 인질극을 벌이다가 무정한 바깥세상을 향해 '유전무죄, 무전유죄'라고 외쳤습니다. 하나님은 이처럼 공의가 무너진 세상을 바로잡으려 하십니다. 우리는 그러한 하나님의 일에 초대를 받았습니다. 우리는 좋은 게 좋은 게 아니라, 옳은 게 좋은 거라고 말합니다. 기독교인들은 그런 의미에서 원칙주의자가되어야 합니다. 공의가 바로 서지 않는 한 모든 사람이 똑같이 인간적 존엄을 누리며 사는 세상은 오지 않을 겁니다.

하나님은 어떤 사람도 굴욕감을 느끼지 않아도 되는 세상을 기뻐하십니다. 얼마 전 우리는 베트남 여성이 한국으로 시집온지 일주일 만에 정신병 이력이 있는 남편에게 살해되었다는 소식을 들었습니다. 공주의 어떤 마을에서는 지적 장애를 가진 여중생을 다양한 연령대의 동네 사람들이 지속적으로 성폭행했다고 합니다. 어제는 결혼을 허락하지 않는다고 여자 친구의 어머니를 살해하고 인질극을 벌인 사건도 있었습니다.

이게 도대체 어떻게 된 세상입니까? 우리 사회가 지금 어디를 향해 가고 있는 것입니까? 부자 나라가 아니라, 모든 사람이 인간적 존엄을 누리며 살 수 있는 세상이야말로 우리가 가야 할 길이 아닙니까? 유대 전통에서 절기 축제에 참여하는 부유한 집안의 소녀들은 누군가에게 옷을 빌려 입는 게 관례였다고 합니다. 옷차림에서 차별이 느껴지면 이미 축제가 축제일 수 없음을 알기 때문입니다. 가난한 집 아이들이 굴욕감을 느끼지 않도록 배려하는 것이지요. 이런 마음 씀이 우리 사이에 자리 잡을 때 비로소 샬롬의 세상이 열릴 겁니다.

하나님의 일에 동참하다

여러분, 하나님이 긍휼과 공평과 공의를 세상에 실현하는 분이라는 것을 믿으십니까? 신앙에 있어서 '서술법은 명령법을 포함한다'는 말이 있습니다. 하나님이 '~~한 분'이라는 고백에는, 고백자들도 그렇게 살아야 한다는 명령이 내포되어 있습니다. 하나님을 믿는다는 것은 결국 그분의 일을 내 일로 여기고 살아간다는 뜻입니다. 예수님은 "내 아버지께서 이제까지 일하고 계시니, 나도 일한다"(요한복음 5:17)고 말씀하셨습니다. 지금 우리는 하나님의 일에 어떻게 동참하고 있습니까? 가정에서, 직장에서, 혹은 우리가 속한 단체에서 하나님의 뜻을 구현하기 위해 어떤 노력을 하고 계십니까?

12세기 사람인 모제스 마이모니데스Moses Maimonides는 중세 최고의 철학자이자 랍비였습니다. 그는 《당황하는 이들을 위한 지침》The Guide for the Perplexed이라는 책에서 하나님의 존재, 인간 인식의 한계, 악의 문제 등을 다룹니다. 주제가 어려운 만큼, 내용도 어렵습니다. 그런데 그 책의 말미에 그는 자기의 가르침을 요약하는 성경구절을 인용합니다. 그게 바로 오늘의 본문입니다. 고도의 지적인 사색을 거쳐 소박하기 이를 데 없는 결론에 이른 것입니다. 그 책을 쓴 후 그의 삶은 크게 달라졌습니다. 그는 우리가 하나님을 다 알 수는 없지만 하나님처럼 행동할 수는 있다고 믿었습니다. 인간의 지혜는 하늘을 향한 발돋움이지만, 결국 그것은 땅에서 바로 살기 위한 것이라고 믿었습니다. 그는 의학을 공부해 병든 이들을 고쳐 주었고, 고민에 빠진 사람들의 이야기를 들어주고 또 해결책을 제시했습니다. 또 사람들과 함께 공부하고 기도하는 것을 즐겼습니다. 그는 머리가 아니라 몸으로 사는 길을 택했던 것입니다.

기쁨의 수확

우리 시대에 하나님의 꿈을 품고 살아가기란 쉬운 일이 아닙니다. 시대의 흐름을 거스르지 않을 수 없기 때문입니다. 낮잠을 자다가 사과 떨어지는 소리에 깨어 세상이 무너진 줄 알고 달아나는 토끼 이야기를 아시지요? 동물들은 영문도 모른 채 토끼 뒤를 따라갔습니다. 우화에 등장하는 동물들의 모습과 현대인의 모습이 다르지 않습니다. 깊이 생각할 여유도 없이 우리는 소비주의 세상이 제시하는 삶을 향해 전력 질주합니다. 행복이 거기에 있다고 생각하기 때문입니다. 그렇게 달리다보니 풀꽃도 눈에 들어오지 않고, 이웃들의 신음소리도 들리지 않습니다. 그래서 성공의 사다리 꼭대기에 올라서면 행복한가요? 꼭 그런 것 같지는 않습니다.

　행복은 쾌락과 달리 삶을 잘 사는 데서 얻어지는 만족감입니다. 과학자들의 연구에 의하면 이타적인 행동은 이기적인 행동에 비해 만족감을 24% 이상 증대시킨다고 합니다. 다른 이를 도울 수 있는 기회를 많이 가지는 사람은 그렇지 않은 이들에 비해 행복감을 11% 가량 더 느낀다고 합니다. "주는 것이 받는 것보다 더 복이 있다"(사도행전 20:35b)는 말씀도 같은 진실을 말하고 있습니다. 삶에 만족이 없다면 삶의 방향을 바꿔 볼 필요가 있습니다. 물질과 시간을 다른 이들의 행복을 위해 바칠 때, 우리 삶의 비애는 줄어듭니다. 하나님은 인간의 가장 깊은 행복감을 가장 연약한 이들 속에 숨겨두셨습니다. 그들을 만지고, 그들을 돕기 위해 몸을 굽힐 때, 우리는 자기로부터 해방되어 참 기쁨을 맛보게 됩니다. '심하simhah'는 즐거움 혹은 기쁨으로 번역되는 말입니다. 그런데 그 말은 나눔을 통해 얻는 행복을 일컫는 말입니다.

　행복을 갈구하면서도 우리는 그 행복의 길을 외면합니다. '진리를 피하면서 찾았다'는 아우구스티누스의 고백을 빌어 말하자면 우리는 행복을 피하면서 찾고 있는지도 모릅니다. 인생에는 정말 중요한important 일과 시급한urgent 일이 있습니다. 우리는 당장 급한 일들에 집중하며 사느라, 정말 중요한 일들은 소홀히 할 때가 많습니다. 돈벌이에 몰두하느라 가족들과 대화할 시간을 마련하지 못하고 삽니다. 자식들 성적 올리는

일에 몰두하느라 그들에게 심어주어야 할 인간적 가치를 소
홀히 합니다. 예를 들자면 참 많습니다. '중요한 일'과 '시급한
일'을 구별할 수만 있어도 인생이 깊어집니다. 시편을 읽다가
이런 구절과 만났습니다.

나는 떳떳하게 주님의 얼굴을 뵙겠습니다. 깨어나서 주님의 모
습 뵈올 때에 주님과 함께 있는 것만으로도 내게 기쁨이 넘칠 것
입니다(시편 17:15).

'떳떳하게'라는 말이 사무치게 다가왔습니다. 한비야 씨는
훗날 하나님 앞에 섰을 때 '애썼다'는 말 한 마디를 들을 수 있
으면 좋겠다고 말했습니다. 어떻게 해야 할까요? 지혜와 힘과
재산에 대한 집착을 버려야 합니다. 긍휼과 공평과 공의의 하
나님을 섬기며, 사람들이 서로를 존중하는 세상, 공평과 공의
가 살아 있는 세상을 만들기 위해 진력해야 합니다. 한꺼번에
그런 삶으로 전환하지는 못한다 해도 포기하면 안 됩니다. 하
루 한 순간만이라도 하나님의 꿈을 이루기 위해 마음을 집중
하며 살아야 합니다. 그때 우리는 하늘 길을 닦는 사람이 누리
는 기쁨을 맛보게 될 것입니다. 주님의 영이 우리 마음에 불어
와, 하늘 군대로 거듭나는 우리가 되기를 기원합니다.

무엇을 자랑하려는가

예레미야 9:1-26

녹이고 연단하리라

사람들은 흔히 예레미야를 눈물의 예언자라 부른다. 그는 어느 다른 예언자들보다 많은 눈물을 흘렸다. 하나님께 선택받은 백성이라는 자부심을 가지고 살았던 남왕국 유다가 속절없이 유린되는 현실을 목도하면서 그는 울고 또 울었다.

> 어찌하면 내 머리는 물이 되고 내 눈은 눈물 근원이 될꼬 죽임을 당한 딸 내 백성을 위하여 주야로 울리로다(9:1).

어둠이 중첩된 상황 속에 오래 머물다 보면 현실로부터 벗어나 이 꼴 저 꼴 보지 않고 살고 싶어진다. 예레미야도 간음하는 자요 반역한 자의 무리를 떠나 광야로 숨어들고 싶었다. 그러나 예언자는 자기 운명을 스스로 선택할 수 없다. 그는 하나님의 손아귀에 확고히 사로잡힌 자이기 때문이다. 예언자는 자기 슬픔에 겨워 우는 자가 아니라, 하나님의 마음 아픔에 공명하여 운다.

하나님의 백성이라 자부하는 이들이 혀를 놀려 거짓을 일삼고, 서슴없이 폭력을 행사하고, 가까운 이웃끼리 서로 비방하고 속인다. 하나님을 알려는 열정조차 보이지 않는다. 입으로는 이웃에게 평화를 말하지만 마음으로는 해를 꾸미는 이들을 보며 하나님은 탄식하신다.

보라 내가 내 딸 백성을 어떻게 처치할꼬(9:7a).

놀랍지 않은가? 염증이 날만도 한데 하나님은 그들을 여전히 '내 딸 백성'이라 부르신다. 죄를 지어 때가 묻기는 했지만 딸을 버릴 수는 없는 노릇이다. 그렇다고 하여 징계를 하지 않을 수도 없다. 꾸짖는 동시에 그를 새로 빚어야 한다.

그들을 녹이고 연단하리라(9:7).

용광로 속에 넣어 불순한 것은 걸러내고, 불과 물 사이를 오가며 연단해야 새로워질 수 있다. 하지만 그 과정은 녹록하지 않다. 예레미야는 그 아픈 연단의 시간을 내다보며 운다.

내가 산들을 위하여 울며 부르짖으며 광야 목장을 위하여 슬퍼하나니 이는 그것들이 불에 탔으므로 지나는 자가 없으며 거기서 가축의 소리가 들리지 아니하며 공중의 새도 짐승도 다 도망하여 없어졌음이라(9:10).

마을과 성읍은 황무지로 변하고 불이 휩쓸고 지나간 산과 들에는 초목조차 자라지 못하고, 초목에 깃들어 살던 새와 짐승도 다 사라진 세상, 마치 묵시록적 풍경을 보는 듯하다. 노자는 노덕경 30장에서 전쟁이 지나간 땅의 참상을 이렇게 표현하고 있다. "군사를 일으켰던 곳에서는 가시덤불이 자라고 큰 군대가 지나간 뒤에는 반드시 흉년이 든다師之所處, 荊棘生焉, 大軍之後, 必有凶年《도덕경》30장." 이것은 아마도 춘추전국시대의 적나라한 현실이었을 것이다.

예언자는 대체 땅이 그 지경이 된 까닭을 뭐라 말하나? 간단하고 명료하다. 하나님과 맺은 언약을 저버리고 선물로 주신 율법을 버렸기 때문이다. 그들은 자기들의 완악한 마음을 따라 바알을 따르는 이들이 되고 말았다. '다산과 풍요'를 즉물적으로 약속하는 바알은 그들에게 매우 매력적인 신이었을 것이다. 매혹이 곧 미혹임을 알아차리지 못했기에 그들은 지싯지싯 여호와를 등지고 말았다. 하나님은 그들에게 쑥과 독을 보내시고, 그들이 알지 못하던 여러 나라에 그들을 흩어 버리셨다.

누가 지혜로운 자인가

17절부터 22절까지는 하나님의 말씀과 예언자의 말이 구분하기 어려울 정도로 뒤섞여있다. 내용은 곡하는 여인, 지혜로운

여인(장송곡을 부를 여인)을 불러 그 백성이 겪어내야 할 운명을 슬
퍼하며 울게 하라는 것이다. 눈물은 눈물을 부르는 법. 그들의
애곡 소리를 듣고 갑각류처럼 단단한 백성들의 마음이 깨어나
기를 바란 것일까? 하나님이 애곡하는 여인들에게서 기대하시
는 바는 백성들 속에서 슬픔에 대한 감수성을 일깨우는 것이
다. 자기의 죄와 연약함으로 인해 슬피 울 때야말로 하나님의
마음과 접속할 수 있는 기회이다. 애곡하는 여인들은 억지 울
음을 울지 않아도 된다. 죽음이 창문을 통하여 각 집과 궁실에
들어가고, 거리에는 청년들의 시신이 널부러져 있을 터이니 어
찌 울지 않을 수 있겠는가?

　이런 참담한 현실 앞에 설 때 인간은 자기의 작음을 절감하
지 않을 수 없다. 《인간의 조건》으로 잘 알려진 작가 앙드레 말
로는 인생 가운데 가장 기뻤던 때는 자기가 얼마나 작은지를
알게 되었을 때라고 말했다. 역설적인 이야기이지만 그 말은
진실일 것이다. 하나님은 우리가 자랑해야 할 것이 무엇인지를
일깨워주신다.

　지혜로운 자는 그의 지혜를 자랑하지 말라 용사는 그의 용맹을
　자랑하지 말라 자랑하는 자는 이것으로 자랑할지니 곧 명철하
　여 나를 아는 것과 나 여호와는 사랑과 정의와 공의를 땅에 행하
　는 자인 줄 깨닫는 것이라 나는 이 일을 기뻐하노라(9:23-24).

흔히 우리를 타자들보다 우월한 자리에 세워주는 지혜와 용맹은 자랑할 만한 것이 못된다. 그것은 한순간에 무너질 수 있는 것이기 때문이다. 우리가 자랑해야 하는 것은 하나님을 아는 것이다. 물론 성경에서 '안다'는 말은 물론 어떤 대상에 대한 정보 습득을 가리키는 말이 아니다. 그와 깊이 연루됨을 이르는 말이다. 하나님이 기뻐하시는 사랑, 정의, 공의를 역사 속에서 행할 때 비로소 우리는 하나님을 아는 자라 할 수 있을 것이다. 하나님께 중요한 것은 종족이나 종교나 몸에 받은 할례가 아니다. 우리는 과연 하나님의 뜻을 아는 사람인가?

우상의 유혹에서 벗어나라

예레미야 10:1-25

_____ 아비투스habitus는 프랑스 사회학자 브르디외가 제창한 개념으로 인간의 구조화된 성향체계를 가리킨다. 개인의 문화적 취향이나 소비의 근간이 되는 '성향'은 타고난 것이 아니라 후천적으로 길러진다는 것이 그의 논지이다. 음악에 대한 취향, 옷을 입는 방식, 타자를 바라보는 방식 등은 살아가면서 만나는 이들과의 관계를 통해 형성되게 마련이다. 즐겨 보는 것, 즐겨 듣는 것이 곧 우리의 성향이 되기 쉽다.

우상을 넘어

하나님은 당신의 백성들에게 "여러 나라의 길을 배우지 말라"(10:2a) 이르신다. 여기서 '길'은 생활방식 혹은 습속을 이르는 말로 보아야 할 것이다. 우리에게 익숙한 삶의 방식이 타자들에게는 낯설 수도 있다. 삶을 돌아보고 타자들과 관계를 맺는 방식이 다르기 때문이다. '여러 나라의 길'을 배우지 말라는 말이 매우 배타적으로 들릴 수도 있다. 하지만 이것은 타자의 존재나 문화를 전적으로 부정하라는 말이라기보다는 신앙적 정체성이 심히 흔들리는 상황 가운데서 자기를 지키라는 명령으로 보아야 할 것이다. 하늘의 징조를 보고 인간의 운명을 가늠한다든지, 우상을 만들어 세우고는 그 앞에 엎드려 경배하는 일 따위는 사람을 실답게 만들지 못한다. 불안의 숙명을 타고난 인간은 뭔가 가시적인 존재물을 통해 자기 삶의 안전을 확보하려 한다. 우상을 만드는 마음은 경외심 때문이 아니라 두려움 때문이다. 하지만 우상은 사람에게 재앙을 내릴 수도, 복을 내릴 수도 없다.

예레미야는 우상과 대별되는 하나님의 위대하심을 노래한다.

여호와여 주와 같은 이 없나이다 주는 크시니 주의 이름이 그 권능으로 말미암아 크시니이다(10:6).

여호와는 세상의 어떤 것과도 비교 불가능한 존재이다. 세상을 창조하신 분이시니 세상보다 크시고, 세상의 압제를 깨뜨리고 곤고한 이들을 구원하시는 분이시니 권능이 크신 분 아닌가?

오직 여호와는 참 하나님이시요 살아 계신 하나님이시요 영원한 왕이시라 그 진노하심에 땅이 진동하며 그 분노하심을 이방이 능히 당하지 못하느니라(10:10).

하나님은 참되시고, 살아 계신 분이시다. 그리고 영원히 다스리시는 왕이시다. 하나님은 힘으로 누르는 것이 아니라 당신의 존재를 증여하심을 통해 세상을 다스리신다.

여호와께서 그의 권능으로 땅을 지으셨고 그의 지혜로 세계를 세우셨고 그의 명철로 하늘을 펴셨으며(10:12).

연속되는 세 개의 동사인 '짓다', '세우다', '펴다'를 통해 예레미야는 하나님의 세계를 장엄하게 펼쳐 보인다.

그러나 사람은 어리석어서 그 놀라운 세상의 신비를 깨닫지 못한다. 신비를 볼 눈이 없는 사람들은 스스로 창조주가 되려 한다. 그들은 신조차 만들어 섬긴다. 하지만 우상을 만드는 은장이들은 자기가 조각한 신상으로 인해 수치를 당할 것이다. 우상은 생기가 없다. 헛 것이다. 하지만 '야곱의 분깃'인 여호와는 만물의 조성자(10:16)이시다.

'야곱의 분깃'이라는 표현은 아론에게 주신 말씀과 연결된다. 하나님은 땅을 유업으로 받지 못하는 그에게 "너는 이스라엘 자손의 땅에 기업도 없겠고 그들 중에 아무 분깃도 없을 것이나 내가 이스라엘 자손 중에 네 분깃이요 네 기업이니라"(민수기 18:20) 하고 말씀하셨다. 죄 가운데서 헤매고 있기는 하지만 그 백성은 아주 버림받지는 않았다.

백성의 탄식

희망이 아주 사라진 것은 아니지만 고난조차 면제된 것은 아니다. 예레미야는 적들에게 포위된 백성들을 향해 정든 땅을 떠날 준비를 하라 이른다. 하나님은 그 백성을 먼 곳으로 내던지시려 한다. 그 내던져짐을 통해 백성들이 자기들의 불신앙과 내적 빈곤을 돌이켜 볼 수 있기를 바라는 것이다.

> 슬프다 내 상처여 내가 중상을 당하였도다 그러나 내가 말하노라 이는 참으로 고난이라 내가 참아야 하리로다(10:19).

버림받았다는 사실에 대한 자각처럼 씁쓸한 게 또 있을까? 몸으로 겪는 고통도 견디기 어렵지만 마음으로 겪는 고통은 더욱 견디기 어렵다.

고난의 시간을 자기 갱신의 계기로 삼을 줄 아는 이들은 복되다. 현실은 암담하다. 장막이 무너지고, 그를 지탱해주던 모든 줄이 끊어지고, 자녀들은 알지 못하는 곳으로 떠나간다. 어리석은 목자로 인해 양떼가 흩어졌다. 그들은 어리석어 여호와를 찾지 않는 이들이다(10:21). 그들은 자기들에게 위임된 권한을 사람들을 돌보고 살리는 데 활용하지 않았다. 오직 자기 배를 채우는 데만 열중했다. 이제 곧 북방으로부터 밀려오는 적들이 유다 성읍을 황폐하게 만들 것이다. 그 땅은 인적이 드문 곳, 곧 승냥이의 스산한 울음소리만 들려오는 곳이 될 것이다.

이러한 때 예언자가 할 수 있는 일은 아무 것도 없다. 오직 그 백성을 위해 기도할 뿐이다.

여호와여 내가 알거니와 사람의 길이 자신에게 있지 아니하니 걸음을 지도함이 걷는 자에게 있지 아니하니이다(10:23).

유한한 인간은 자기 운명의 궁극적인 주인이 될 수 없다. 주어진 한계 안에서 선택할 수는 있지만 생의 조건 자체를 바꿀 수는 없다. 예언자는 바로 그런 사실을 절감한다. 아무 것도 할 수 없다는 무력감이 그를 확고히 사로잡을 때 그는 하나님의 엄위하심 앞에 엎드릴 수밖에 없다.

여호와여 나를 징계하옵시되 너그러이 하시고 진노로 하지 마옵소서 주께서 내가 없어지게 하실까 두려워하나이다(10:24).

'나'라고 말하고 있지만 실은 그가 염두에 두고 있는 것은 '우리'이다. 예레미야는 하나님의 진노가 하나님을 알지 못하는 이들에게 부어지기를 소망한다. 가련한 안간힘이다.

언약을 상기시키라

예레미야 11:1-23

언약을 파기한 자들의 운명

언약은 말로 한 약속이다. 말로 했기에 언제든 파기될 수도 있다. 그렇기에 언약은 상호간의 신뢰와 존중을 필요로 한다. 성경은 하나님과 이스라엘 사이에 맺어진 언약을 근간으로 하여 전개되는 구원의 이야기이다. 결혼도 서약에 의해 신성해진다. 약속을 '지키겠다'는 성실한 다짐이 무너지는 순간 결혼생활은 위기에 빠진다.

예언자들은 하나님과 이스라엘이 맺은 언약을 결혼관계에 빗대 설명하곤 했다. 하나님은 언제나 성실하셨지만 이스라엘은 그렇게 못했다. 정부들의 달콤한 유혹에 마음이 흔들리기가 부지기수이고, 정부들을 따라간 적도 많았다. 하나님의 인내가 없었다면 그 언약은 일찌감치 중도폐기 되었을 것이다. 거듭되는 이스라엘의 배신에 하나님께서 역정을 내신다.

언약의 말을 따르지 않는 자는 저주를 받을 것이니라(11:3).

하나님은 그 백성들에게 쇠풀무 애굽 땅에서 그 조상들을 이끌어내던 날 명령한 바를 상기시키신다.

> 내가 이르기를 너희는 내 목소리를 순종하고 나의 모든 명령을 따라 행하라 그리하면 너희는 내 백성이 되겠고 나는 너희의 하나님이 되리라(11:4b).

하나님의 위대하심은 무한하신 분께서 유한한 이들의 구원을 위해 당신의 자유를 제한하시는 데 동의했다는 것이다. 그것이 언약의 신비이다. 언약을 맺은 이들이 해야 할 일은 '순종'이다. 순종은 굴종이 아니다. 하나님께 매인 해방이다.

한용운은 〈복종〉이라는 시에서 "남들은 자유를 사랑한다지마는/나는 복종을 좋아하여요./자유를 모르는 것은 아니지만/당신에게는 복종만 하고 싶어요."라고 노래한다.

그러나 그런 화자가 도저히 복종할 수 없는 것이 있다. 그것은 "다른 사람을 복종하라"는 요구이다. 그 요구에 응하는 순간 "당신에게 복종할 수가 없는 까닭"이다. 순종하는 자가 얻은 기쁨은 젖과 꿀이 흐르는 땅에 당도하는 것이다.

예레미야는 하나님의 명에 따라 유다 성읍과 예루살렘 거리에서 "이 언약의 말을 듣고 지키라"(11:6b)고 외쳤다. 그러나 거듭되는 경고에도 불구하고 이스라엘은 그 말을 듣지도 않았고, 악한 마음에서 나오는 고집대로 살았다. 예레미야는 오늘 이스라엘에 닥친 재앙은 우연히 다가온 것이 아니라 언약을 파기한 데 따른 보응이라고 말한다. 재앙의 쓰라림을 견디지 못하여 사람들이 부르짖겠지만 하나님은 듣지 않겠다고 말씀하신다. 그러면 유다 성읍과 예루살렘 주민들이 자기들이 섬기던 우상들에게 부르짖겠지만, 우상들은 사람들을 돕거나 구원할 능력이 애초에 없다. 고난은 가중될 것이다. 자업자득이다. 하나님은 그들의 죄를 낱낱이 폭로하신다.

> 유다야 네 신들이 네 성읍의 수와 같도다 너희가 예루살렘 거리의 수대로 그 수치스러운 물건의 제단 곧 바알에게 분향하는 제단을 쌓았도다(11:13).

'설마' 하겠지만 이게 현실이다. 우리도 마찬가지이다. 현대인들은 이미 마음에 우상을 모시고 살지 않던가. 가시적인 신상을 세우지는 않았다 하더라도 하나님 아닌 다른 것을 마음의 지성소에 모시고 산다면 우리는 우상숭배자들이라고 말하지 않을 수 없다. 하나님은 예레미야에게 그 백성을 위하여 기도하지도 부르짖지도 구하지도 말라 이르신다. 좋은 열매를 맺는 아름다운 푸른 감람나무 가지는 꺾였고 그 나무에는 이미 불이 붙었다(11:16). 아무도 그 불을 끄지 못한다.

예언자의 수난

18절부터는 갑자기 맥락이 바뀐다. 예레미야는 자기 고향 땅 아나돗 사람들이 자기를 죽이려 한다는 사실을 깨닫는다. 예언자는 여호와께서 그런 음모를 알게 하셨다고 말한다.

> 나는 끌려서 도살 당하러 가는 순한 어린 양과 같으므로 그들이 나를 해하려고 꾀하기를 우리가 그 나무와 열매를 함께 박멸하자 그를 살아 있는 자의 땅에서 끊어서 그의 이름이 다시 기억되지 못하게 하자 함을 내가 알지 못하였나이다(11:19).

고향 사람들은 왜 예레미야에게 이런 적개심을 보이는 것일까? 예수님은 "선지자가 자기 고향과 자기 친척과 자기 집 외에서는 존경을 받지 못함이 없느니라"(마가복음 6:4)고 말씀하셨다. 사실은 어떠했나? 참 예언자는 어느 곳에서나 환영받지 못했다. 그럼에도 불구하고 이런 말씀을 하신 까닭은 자기들이 설정해놓은 경계선을 무너뜨리고 해체하는 존재를 받아들일 수 없는 향촌 사회의 폐쇄성을 가리킨 것일까?

안온한 평화를 구하는 이들은 예언자를 평지풍파를 일으키는 존재로 인식했다. 예언자의 존재 자체가 부담이었던 것이다. 아나돗 사람들은 예레미야에게 "너는 여호와의 이름으로 예언하지 말라 두렵건대 우리 손에 죽을까 하노라"(11:21b)고 말했다. 불길한 예언을 하는 예언자로 인해 자기들이 입을

해가 두려웠기 때문일 것이다. 지금도 '아나돗'은 도처에 있
다. 하늘로부터 오는 메시지를 틀어막으려는 이들이 얼마나
많던가.

　그러나 그들의 계획은 좌절될 수밖에 없다. 하나님의 말씀은
가로막는다고 하여 막히지 않기 때문이다. 말씀을 가로막으려
는 이들에게 준엄한 심판이 예고된다.

　보라 내가 그들을 벌하리니 청년들은 칼에 죽으며 자녀들은 기
　근에 죽고 남는 자가 없으리라 내가 아나돗 사람에게 재앙을 내
　리리니 곧 그들을 벌할 해에니라(11:22b-23).

　사람들이 인위적으로 만들어놓은 둑은 큰물이 지면 다 무너
진다. 물은 수천 년, 수만 년 동안 흐르고 또 흘렀던 길을 찾아
가곤 한다. 하나님의 말씀도 그러하다.

  message 5

우리를 버리지 마소서

"주님, 비록 우리의 죄악이 우리를 고발하더라도, 주님의 이름을 생각하셔서 선처해 주십시오. 우리는 수없이 반역해서, 주님께 죄를 지었습니다. 주님은 이스라엘의 희망이십니다. 이스라엘이 환난을 당할 때에 구하여 주시는 분이십니다. 그런데 어찌하여 이 땅에서 나그네처럼 행하시고, 하룻밤을 묵으러 들른 행인처럼 행하십니까? 어찌하여, 놀라서 어쩔 줄을 모르는 사람처럼 되시고, 구해 줄 힘을 잃은 용사처럼 되셨습니까? 주님, 그래도 주님은 우리들 한가운데에 계시고, 우리는 주님의 이름으로 불리는 백성이 아닙니까? 우리를 그냥 버려 두지 마십시오"(예레미야 14:7-9).

위기 앞에서

주님의 은총과 평화를 기원합니다. 우수 절기를 맞으면서 날이 거짓말처럼 풀렸습니다. 매화나무에는 이미 꽃봉오리가 예쁘게 맺혔습니다. 이제부터는 화단을 무심히 지나칠 수 없을 것 같습니다. 대지를 뚫고 돋아나는 작은 싹들을 만나는 것은 마치 하늘의 소식을 듣는 것처럼 설레는 일입니다. 꽃샘추위가 남아있다고는 해도 오는 봄을 막을 장사는 어디에도 없습니다. 마음이 저절로 흥겨워집니다.

그러나 세상일에 눈길을 돌리는 순간 한숨이 절로 나옵니다. 이 민족의 봄은 여전히 멀기만 합니다. 오히려 냉랭한 겨울로 되돌아가고 있는 것 같습니다. 남과 북 사이를 잇는 소통의 다리들이 하나 둘 끊어지더니, 개성공단의 폐쇄와 더불어 우리는 새로운 위기 속으로 빠져들고 있습니다. 한반도를 둘러싼 강대국들의 이해관계가 첨예하게 대립되면서 이 땅은 정말 위험한 곳으로 변해가고 있습니다. 세계 최고를 자랑하는 첨단 무기들이 한반도에 집결되고 있습니다.

이런 때에 우리는 성경을 열어 하나님의 뜻을 여쭙지 않을 수 없습니다. 제국들의 팽창정책으로 고대 근동세계가 전란에 휩쓸리고 있을 때 예언자들은 어처구니없는 꿈을 꾸었습니다. 주전 8세기의 예언자인 미가는 "나라마다 칼을 쳐서 보습을 만들고 창을 쳐서 낫을 만들 것이며, 나라와 나라가 칼을 들고 서로를 치지 않을 것이며, 다시는 군사 훈련도 하지 않을 것"(미가 4:3)이라고 선언했습니다.

사람들마다 아무런 위협을 받지 않고 사는 세상의 꿈, 그것은 인류의 오랜 꿈인 동시에 하나님의 꿈이기도 합니다. 그런데 이런 꿈은 호전적인 이들로 인해 산산조각나곤 합니다. 가끔 우리는 하나님을 원망하기도 합니다. 왜 악인들이 제멋대로 선한 사람들의 꿈을 짓밟도록 허용하시냐고 항변하기도 합니다. 하나님은 늘 너무 굼뜨신 것 같습니다. 그 옛날 애굽의 병거와 기병들을 바다 속에 수장시켰던 것처럼 악한 일을 도모하는 이들을 모개로 다 없애주셨으면 얼마나 좋을까 생각하기도 합니다. 하지만 하나님의 방법은 우리의 방법과 다른 것 같습니다.

예수님도 비유를 통해 말씀하셨습니다. '곡식 사이에서 자라고 있는 가라지를 뽑아낼까요?' 하고 묻는 종들에게 주인은 내버려두라고 말합니다. 가라지를 뽑다가 곡식까지 뽑을까 염려했기 때문입니다. 사실 선과 악은 그렇게 선명하게 구별되지 않습니다. 뿌리가 얽혀있는 경우도 많습니다. 할리우드 영화는 마피아와 경찰의 불의한 커넥션을 다룰 때가 많습니다. 정말 그런가 싶기도 하지만 실제로 그런 일이 없을 수 없습니다. 선의 얼굴을 한 자가 악의 화신인 경우도 많고, 악마인 줄 알았던 사람이 자기 나름의 아픔을 가진 사람인 경우도 많습니다. 그렇기에 믿는 이들에게 요구되는 것은 분별력과 어떤 경우에도 선을 택하려는 굳은 결의입니다.

어둠을 직시하다

세상이 왜 이 지경인가요? 빛의 자녀들보다 어둠의 자녀들이 지혜롭기 때문입니다. 그들은 더 부지런하고 끈질기고 교묘합니다. 욥기에서 주님은 사탄에게 "어디를 갔다가 오는 길이냐?" 하고 물으십니다. 사탄은 "땅을 이리저리 돌아다니다가 오는 길입니다"(욥기 1:7) 하고 대답합니다. 슬쩍 지나가는 말인 것 같지만 이 대목이 참 중요합니다. 사탄은 땅의 구석구석 모르는 것이 없습니다. 선한 이들은 늘 그들의 밥이 되곤 합니다.

그렇기에 예수님은 제자들을 세상에 파송하시면서 "보아라, 내가 너희를 내보내는 것이, 마치 양을 이리 떼 가운데로 보내는 것과 같다. 그러므로 너희는 뱀과 같이 슬기롭고, 비둘기와 같이 순진해져라"(마태복음 10:16) 말씀하셨던 것입니다. 이리가 사는 세상에서 양으로 살아가기 위해서는 슬기로워야 합니다. 악한 자들의 감언이설이나 위협에 속아 넘어가지 말아야 합니다. 그리고 세상의 악에 물들지 않을 수 있어야 합니다. 눈물의 예언자인 예레미야는 자기 시대의 어둠을 직시하고 있었습니다. 그는 자기 시대를 향한 하나님의 탄식을 듣습니다.

나의 백성은 참으로 어리석구나. 그들은 나를 알지 못한다. 그들은 모두 어리석은 자식들이요, 전혀 깨달을 줄 모르는 자식들이다. 악한 일을 하는 데에는 슬기로우면서도, 좋은 일을 할 줄 모른다(예레미야 4:22).

예레미야는 악한 일에는 비상한 재능을 보이지만 선을 행하는 일에는 미숙한 사람이 많은 세태를 탄식하고 있습니다. 그는 흉악한 사람들이 득세하는 세상 풍경을 이렇게 묘사하고 있습니다.

조롱에 새를 가득히 잡아넣듯이, 그들은 남을 속여서 빼앗은 재물로 자기들의 집을 가득 채워 놓았다. 그렇게 해서, 그들은 세도를 부리고, 벼락부자가 되었다. 그들은 피둥피둥 살이 찌고, 살에서 윤기가 돈다. 악한 짓은 어느 것 하나 못하는 것이 없고, 자기들의 잇속만 채운다. 고아의 억울한 사정을 올바르게 재판하지도 않고, 가난한 사람들의 권리를 지켜 주는 공정한 판결도 하지 않는다(예레미야 5:27-28).

불의한 세상의 모습은 어느 시대에나 거의 유사합니다. 자기 이익을 확보하기 위해 함께 살아가야 할 이웃들을 수단으로 삼거나, 그들의 고통스러운 처지를 철저히 외면합니다. 2016년에 노벨 문학상을 받은 벨라루스의 작가 스베틀라나 알렉시예비치는 구 소련이 무너진 후 자본주의에 편입된 러시아 사회를 가리켜 이렇게 말합니다.

"예전에는 모두가 단순하게 살았어요. 그런데 지금은 어떤가요? 인간이 위로 변했어요, 동물들의 위장으로요. 이것도 원해! 저것도 원해!"《세컨드핸드 타임》, 스베틀라나 알렉시예비치, 김하은 옮

김, 이야기가 있는 집, 362쪽)

위장으로 변한 사람이라는 상징이 섬뜩합니다. 이것은 바울이 멸망하는 자의 특색으로 지적한 '배를 하나님으로 삼는다'(빌립보서 3:19)는 말의 변형인 셈입니다.

우리는 '고통' 혹은 '슬픔'이 세상의 중심이라고 믿는 사람들입니다. 우리가 믿는 하나님은 애굽의 전제정치 하에서 신음하는 노예들의 신음소리를 듣고 그 불의한 현실을 바로잡기 위해 역사에 개입하신 분이십니다. 누군가가 도와주지 않으면 스스로 일어서기 어려운 사람들의 버팀목이 되기로 작정하신 분이십니다. 그런 하나님이 아닌 다른 하나님을 믿는 이들이 많습니다. 신앙을 자기 욕망을 채우기 위한 수단으로 생각하는 이들 말입니다.

종교인의 책무는 그런 불의한 현실을 불의로 드러내고, 위선을 위선으로 드러내면서 사람들로 하여금 마땅히 걸어야 할 길을 가르치는 데 있습니다. 그러나 타락한 종교인들은 권력의 편에 확고히 가담합니다. 그들이 섬기는 것은 하나님이 아니라 자기 배일 뿐입니다. 우리가 살고 있는 이 땅에서 정의와 공평이 사라지고 인애와 자비가 스러질 때 하나님은 분노하십니다. 예언자는 누구보다도 하나님의 분노에 예민한 사람들입니다. 예레미야는 하나님의 무서운 음성을 듣습니다.

나 주 하나님이 말한다. 나의 무서운 분노가 바로 이 땅으로 쏟아져서, 사람과 짐승과 들의 나무와 땅의 열매 위로 쏟아져서, 꺼지지 않고 탈 것이다(예레미야 7:20).

내 백성의 혀는 독이 묻은 화살이다. 입에서 나오는 말은 거짓말 뿐이다. 입으로는 서로 평화를 이야기하지만, 마음 속에서는 서로 해칠 생각을 품고 있다. 이러한 자들을 내가 벌하지 않을 수가 있겠느냐? 나 주의 말이다. 이러한 백성에게 내가 보복하지 않을 수가 있겠느냐?(예레미야 9:8-9)

우정의 세상을 열기 위해

하나님은 인간을 공동체로 부르셨습니다. 하나님은 "남자가 혼자 있는 것이 좋지 않으니, 그를 돕는 사람, 곧 그에게 알맞은 짝을 만들어 주겠다"(창세기 2:18) 하시며 여자를 만드셨습니다. 인간의 인간됨은 누군가의 벗이 되는 데 있습니다. 벗이 된다는 것은 상대방의 필요에 응답하는 사람이 되는 것입니다. 벗은 기쁨의 순간뿐 아니라 고통의 때에도 함께 있어 주는 사람입니다. 시인 정현종 선생은 〈비스듬히〉라는 시에서 이렇게 노래합니다.

생명은 그래요/어디 기대지 않으면 살아갈 수 있나요?/공기에 기대고 서 있는 나무들 좀 보세요./우리는 기대는 데가 많은데/기대는 게 맑기도 하고 흐리기도 하니/우리 또한 맑기도 하고 흐리기도 하지요/비스듬히 다른 비스듬히를 받치고 있는 이여 내가 누군가를 기대고 있는 것과 마찬가지로 다른 이들 또한 우리를 비스듬히 기댄 채 살아갑니다. 기대는 게 맑아야 우리 또한 맑아집니다. 우리가 맑아야 우리를 기대는 이들이 맑아집니다. 우리가 함부로 살 수 없는 것은 그 때문입니다. 바로 그런 섬세한 마음 씀이야말로 우정의 전제조건입니다. 그러나 과도한 욕심은 모든 우정을 조각냅니다. 입으로는 평화를 말하면서도 마음으로는 서로 해칠 생각을 품습니다. 우리 혀는 독이 묻은 화살입니다. 이것은 벗에 대한 배신인 동시에 우리를 창조하신 하나님에 대한 반역입니다. 우리가 돌이키지 않으면 하나님도 우리를 버리실 것입니다.

> 나는 내 집을 버렸다. 내 소유로 택한 내 백성을 포기하였다. 내가 진정으로 사랑한 백성을 바로 그들의 원수에게 넘겨주었다 (예레미야 12:7).

하나님이 우리를 버리실 수도 있다는 사실을 우리는 두렵게 인식해야 합니다. 우리는 늘 하나님의 사랑에 대해 말하면서도 하나님의 심판에 대해서는 말하지 않습니다. 이게 우리를 영적인 위기로 몰아넣고 있습니다.

오늘의 본문은 하나님을 등지고 우상들에게로 달려가기에 바빴던 이스라엘에 내린 재앙 이야기와 연결되고 있습니다. 하나님은 당신의 말씀을 경청하지 않고 제 고집대로 살던 백성

들, 죄악에 익숙해져서 선을 행할 줄 모르는 백성들에게 경고
의 의미로 극심한 가뭄을 내리셨습니다. 백성들은 기력을 잃
은 채 땅바닥에 쓰러져 탄식하고, 땅은 거북이 등처럼 갈라지
고, 땅에서는 풀조차 돋아나지 않았습니다. 그제서야 사람들은
자기들이 한갓 유한한 인간임을 자각했습니다. 못할 일이 없는
것처럼 도도하게 살아왔지만, 하나님이 잠시 은총을 거두시면
아무 것도 할 수 없는 무력한 자들임을 절감했던 것입니다. 그
렇기에 그들은 하나님 앞에 엎드려 기도했습니다.

주님, 비록 우리의 죄악이 우리를 고발하더라도, 주님의 이름을
생각하셔서 선처해 주십시오. 우리는 수없이 반역해서, 주님께
죄를 지었습니다(예레미야 14:7).

절실한 기도입니다. 하지만 이 기도가 진실한 것이 되기 위
해서는 삶이 먼저 갱신되어야 합니다. 이웃에게 무정했던 죄
를 참회해야 합니다. 고아와 과부와 나그네로 상징되는 사회적
약자들의 살 권리를 마구 짓밟았던 죄를 회개해야 합니다. 마
음이 찢어지는 고통을 겪고 있는 이들의 마음을 헤아리지 못
한 채 함부로 말했던 죄를 눈물로 씻어야 합니다. 남의 골수를
마르게 했던 죄에서 돌이켜야 합니다. 이스라엘 백성의 기도에
다시 귀를 기울여 보겠습니다.

십자가를 든든히 붙잡고

주님은 이스라엘의 희망이십니다. 이스라엘이 환난을 당할 때에
구하여 주시는 분이십니다. 그런데 어찌하여 이 땅에서 나그네
처럼 행하시고, 하룻밤을 묵으러 들른 행인처럼 행하십니까? 어
찌하여, 놀라서 어쩔 줄을 모르는 사람처럼 되시고, 구해 줄 힘
을 잃은 용사처럼 되셨습니까?(예레미야 14:8-9a)

고통은 사람을 본래의 자리로 되돌려 놓습니다. 고통과 슬픔
이 없다면 인간은 자만심에 빠져 익사하고 말 겁니다. 버티기
힘든 고통을 겪고 보니 백성들은 비로소 하나님의 은총이 아
니고는 살 수 없는 자기의 한계를 직시하지 않을 수 없었습니
다. 그리고 민족사의 어려운 고비마다 지키시고 건져주신 은
혜를 떠올리게 되었습니다. 하지만 하나님은 마치 나그네처럼,
하룻밤 묵으러 들른 행인처럼 행하시는 것 같습니다. 구해 줄
힘을 잃은 용사처럼 보입니다. 절망입니다. 하나님은 이전처럼
강한 팔과 어깨로 그들을 구해주실 생각이 없는 것처럼 보입
니다. 하지만 백성들은 여전히 하나님을 바라보지 않을 수 없
습니다.

주님, 그래도 주님은 우리들 한 가운데에 계시고, 우리는 주님의
이름으로 불리는 백성이 아닙니까? 우리를 그냥 버려두지 마십
시오(예레미야 14:9b).

"우리를 그냥 버려두지 마십시오." 절박한 탄원입니다. 하나님의 은총이 아니고는 살 수 없는 존재임을 절감한 이들의 기도입니다. 삶이 아무리 곤고하다 해도 하나님이 여전히 우리들 가운데 계시다는 확신이야말로 우리를 일으켜 세우는 힘입니다. 우리에게는 미쁨이 없지만 하나님은 신실하십니다. 우리 사랑은 변덕스럽지만 하나님의 사랑은 한결같으십니다. 그 사랑을 덧입기 위해 지금 우리가 해야 할 일은 하나님이 머무실 공간을 마련하는 일입니다. 우리들의 마음속에, 우리들이 맺는 관계 속에, 우리들이 섞여 살고 있는 사회 속에 하나님의 자리를 마련해 드리는 일입니다. 하나님을 소외시킨 죄를 참회하고, 하나님을 우리 삶의 중심에 모셔야 합니다.

하나님의 눈으로 이웃을 보면 우리가 마땅히 해야 할 일이 보입니다. 불화와 분쟁을 만드는 호전적인 말들을 그쳐야 합니다. 누군가를 없앰으로 평화를 만들 수 있다는 망상을 떨쳐버려야 합니다. 우리는 주님의 십자가 사랑이 우리를 구원한다고 고백합니다. 십자가는 너를 위해 나를 희생하는 것입니다. 우리는 용기를 내 십자가를 굳게 붙들어야 합니다. 자연의 봄은 우리가 노력하지 않아도 때가 되면 다가오지만 역사의 봄은 노력하지 않는 한 오지 않습니다. 시인 윤동주의 〈눈 감고 간다〉를 들려드리고 싶습니다.

태양을 사모하는 아이들아
별을 사랑하는 아이들아

밤이 어두웠는데
눈 감고 가거라.

가진 바 씨앗을
뿌리면서 가거라.

발뿌리에 돌이 채이거든
감았던 눈을 와짝 떠라.

(1941년 5월 31일)

사순절 순례 길을 걷는 동안 주님이 우리에게 맡기신 생명
과 평화의 씨를 뿌리며 사십시오. 발뿌리에 돌이 채이거든 그
때는 눈을 와짝 뜨고 걸어가십시오. 그 길 위에서 우리를 기다
리고 계신 주님과 만나는 기쁨을 누리십시오.

<h1 align="center">하나님의 정의는 어디에 있습니까?</h1>

예레미야 12:1-17

악한 자가 형통한 세상

감수성이 예민한 시인은 세상이 삭아버렸다고 말한다. 삭을 대로 삭는 것이 세계라는 것이다(최승자). 세상을 삭게 만드는 것, 그것은 인간의 욕망이다. 사람들은 저마다 세계의 중심이다. 각각의 중심들은 자기를 중심으로 세계가 돌기를 바란다. 이런 욕망들이 부딪칠 때 세상은 소란스럽다. 선한 이들은 자기가 유일한 중심이 아님을 알기에 다른 이들을 배려하며 산다. 그러나 악인들은 자기 욕망을 중심으로 세계를 재구성하려 한다.

　악인들은 번성하고 선한 이들은 언제나 힘겹게 살아간다. 공평함이 없는 세상의 풍경이다. 선한 자는 선한 보응을 받고 악한 자는 악한 보응을 받아야 할 것 같지만 세상은 그렇지 않다. 이런 일이 반복될 때 사람들은 하나님의 존재를 의심하거나, 이해할 수 없는 하나님의 뜻 앞에서 흔들린다.

여호와여 내가 주와 변론할 때에는 주께서 의로우시니이다 그러나 내가 주께 질문하옵나니 악한 자의 길이 형통하며 반역한 자가 다 평안함은 무슨 까닭이니이까(12:1).

전형적인 신정론의 문제이다. 악인들은 마치 하나님이 심으신 것처럼 뿌리가 든든하고 줄기 또한 청청하여 많은 열매를 맺는 것처럼 보인다. 그들의 입은 주님께 가깝지만 그들의 마음은 멀다. 그들의 행태를 보면 알 수 있다. 예레미야는 자기를 속속들이 잘 알고 계시는 주님께서 그런 악인들을 심판해달라고 청한다.

언제까지 이 땅이 슬퍼하며 온 지방의 채소가 마르리이까 짐승과 새들도 멸절하게 되었사오니 이는 이 땅 주민이 악하여 스스로 말하기를 그가 우리의 나중 일을 보지 못하리라 함이니이다(12:4).

하나님은 안중에도 없는 이들로 인해 세상은 황폐하게 변했고 예언자는 지쳤다. 주님의 위로가 절실하다. 그러나 하나님은 따뜻한 말로 예언자를 위로하지 않으신다. 오히려 냉정하게 현실을 직시하라 이르신다. 세상이 온통 혼돈에 빠진 것처럼 보일 때에도 지레 낙심하거나 비명을 지르지 말라는 것이다. 작은 시련 앞에서 비틀거리거나 정신이 혼미해지면 더 큰 시련이 다가올 때 어찌할 것이냐는 것이다. 가까운 이들이 건네는 다정한 말 속에도 이미 배신의 씨가 들어있는 경우가 많다

(12:6). 아프지만 그게 현실이다. 하나님의 일을 하는 사람은 그 사실을 잊지 말아야 한다.

배신당한 것은 예언자만이 아니다. 하나님도 오쟁이 진 남편 신세가 되었다. 그래서 하나님은 당신의 원수들의 손에 넘겨주셨다. 7절부터 9절 사이에는 '내 소유'라는 단어가 반복적으로 등장한다. 동일한 단어의 반복은 하나님이 느끼시는 아픔을 도드라지게 만든다. 굳게 맺었던 언약을 저버리고 제 욕망의 길로 달려간 그 백성을 하나님은 버리실 수밖에 없었다. 자기의 소유를 포기한다는 것은 쉬운 일이 아니다. 당신의 소유였던 백성이 속절없이 유린당하는 모습을 지켜보는 심정이 어떠했겠는가?

많은 목자가 내 포도원을 헐며 내 몫을 짓밟아서 내가 기뻐하는 땅을 황무지로 만들었도다 그들이 이를 황폐하게 하였으므로 그 황무지가 나를 향하여 슬퍼하는도다 온 땅이 황폐함은 이를 마음에 두는 자가 없음이로다(12:10-11).

아벨의 피가 땅에서 부르짖었던 것처럼 황무지로 변한 땅이 하나님을 바라보며 슬퍼한다. 예언자는 땅의 슬픔을 온몸으로 느낀다. 대체 왜 이 지경이 된 것일까? 하나님을 등지고 살아온 삶의 결과이다. 하나님이 아닌 자기 욕망을 신으로 삼고 살아가는 이들은 세상을 조금씩 묵정밭으로 만드는 법이다. 그러나 그것을 아프게 자각하는 사람은 드물다. 일단 사나운 매와 들짐승이 휩쓸고 지나가고(12:9), 이방 통치자들이 침입하여 노략질을 하고 지나가면(12:10) 땅은 황무하게 변할 수밖에 없다. 그때는 사람들이 밀을 심어도 가시를 거두고 수고하여도 소득이 없다. 여호와의 분노 때문이다.

이방 민족들에게 주어지는 기회

하나님의 채찍이 되어 그 백성을 징계한 이방 나라들의 운명은 어떠한가? 그들도 악하기는 마찬가지이다. 예언자의 눈에는 그들이 하나님의 징계의 도구이지만 그들은 자기들의 욕심에 이끌려 이스라엘을 침공했다. 그렇기에 그들은 '악한 이웃'이다. 하나님은 그들의 죄를 묵과하지 않으신다.

보라 내가 그들을 그 땅에서 뽑아 버리겠고 유다 집을 그들 가운데서 뽑아내리라(12:14b).

앞 단락에서는 이방 땅으로 사로잡혀가는 상황은 상정하지 않았지만 이 대목에서는 포로기를 염두에 두고 있음을 알 수 있다. 제국주의적인 야욕을 드러내며 고대 근동세계를 피로 물들이던 세력들도 하나님의 심판을 면할 수 없다. '힘' 혹은 '권세'를 가진 이들은 자기를 절대화하려는 유혹을 떨치지 못한다. 정현종 선생은 이것을 〈權座〉라는 시를 통해 통렬하게 지적했다.

權座는 저주의 수렁이요/權座는 치욕의 원천이며/權座는 강력
한 汚點이다.

　자기의 한계를 아는 권력은 어쩌면 형용모순인지도 모르겠
다.
　하나님은 유다 백성들을 그들의 손아귀에서 구해내실 것이
다. 잠시 동안 그들을 징계하셨지만 아주 버리신 것은 아니기
때문이다. 그런데 예레미야는 한 걸음 더 나아간다. 하나님은
이방 나라에게도 구원의 길을 열어놓고 계시다는 것이다. 선택
은 그들의 몫이다. 그들이 하나님의 도를 배우고 그 도에 순종
하면 구원을 얻을 것이고 순종하지 아니하면 뽑힘을 당할 것
이다(12:16-17). 여호와의 도는 영원하다.

너무 늦기 전에 돌이키라

예레미야 13:1-27

_____ 예언자가 하나님의 메시지를 전하는 가장 중요한 도구는 말이다. 그는 말씀을 위탁받은 자이기에 하나님의 권위를 가지고 말한다. 그는 말로 세우기도 하고 허물기도 한다. 그러나 예언자는 상징 행위를 통해서도 말한다. 그들은 사람들의 통념을 깨뜨리는 행동을 함으로써 임박한 하나님의 심판을 미리 보여준다. 물론 그들의 행동은 임의로 선택된 행동이 아니라 하나님의 지시에 따라 행한 것이었다.

상징 행동

어느 날 여호와께서 예레미야에게 이르셨다.

너는 가서 베 띠를 사서 네 허리에 띠고 물에 적시지 말라(13:1).

물에 적시지 말라는 말은 빨지 말라는 말이다. 몸에서 나는 땀과 때를 그대로 두면 직물은 쉬이 상한다. 며칠 후 주님의 말씀이 다시 임했다.

너는 사서 네 허리에 띤 띠를 가지고 일어나 유브라데로 가서 거
기서 그것을 바위 틈에 감추라(13:4).

'유브라데'의 히브리어 원문은 '퍼랏'인데 이 단어는 일반적
으로는 메소포타미아 땅에 있는 유프라테스 강을 가리킨다. 하
지만 여기서는 아나돗에서 한 시간 정도 떨어진 곳에 있는 파
라 와디를 가리키는 것으로 보아야 할 것이다. 예레미야는 물
론 말씀에 순종했다. 주님의 말씀이 다시 임했다.

일어나 유브라데로 가서 내가 네게 명령하여 거기 감추게 한 띠
를 가져오라(13:6).

예레미야가 보니 그 띠는 썩어서 쓸 수 없게 되었다. 마침내
하나님은 이 상징 행동의 의미를 밝히 드러내신다.

내가 유다의 교만과 예루살렘의 큰 교만을 이같이 썩게 하리라
(13:9).

썩어 버린 띠는 하나님과의 친밀한 관계를 저버리고 다른
신들을 섬겼던 유다와 예루살렘의 교만이 빚어낸 참상을 가리
키는 상징물이었다. 하나님의 명예와 영광을 드러내야 할 그들
이 오히려 하나님의 이름을 욕되게 만들었던 것이다.

포도주 가죽부대(새번역은 '항아리'로 번역함, 13:12-14)의 비유는 더욱 직접적이다. "모든 가죽부대가 포도주로 차리라"는 예언자의 말을 들은 사람들은 "모든 가죽부대가 포도주로 찰 줄을 우리가 어찌 알지 못하리요"(13:12) 하고 대꾸한다. 들을 귀가 없는 탓이다. 주님은 왕들과 제사장들과 선지자들과 예루살렘 모든 주민들이 잔뜩 취하게 할 것이고, 그들이 다투다가 서로를 상하게 할 것이라 이르신다. 취함, 다툼, 폭력의 연쇄반응을 통해 친밀한 공동체는 해체되고 만다. 하나님은 그들을 불쌍히 여기지도, 사랑하지도, 아끼지도 않으실 것이고 오히려 멸하실 것이다.

기회는 없는가? 있다. 예언은 불가역적인 사태를 통고하는 행위가 아니다. 돌이키라는 부름이다. 돌이키기 위해서는 먼저 귀를 기울여 들어야 한다. 그러면 무엇을 해야 할지 알게 된다.

그가 어둠을 일으키시기 전, 너희 발이 어두운 산에 거치기 전, 너희 바라는 빛이 사망의 그늘로 변하여 침침한 어둠이 되게 하시기 전에 너희 하나님 여호와께 영광을 돌리라(13:16).

예언자는 절박하다. 유다의 백성들은 다가오는 재앙을 예민하게 감지하지 못하기에 태평하지만, 예언자는 두려움으로 그 현실을 목도하고 있다. 그들이 귀 기울여 듣지 않는다면 예언자가 할 수 있는 일은 없다. 다만 눈물을 흘릴 뿐이다.

네 수치를 드러내리라

여호와는 예레미야를 왕(여호야긴)과 왕후(느후스다, 열왕기하 24:8)에게 보낸다. 사태를 정확하게 인지하지 못하는 그들에게 전달된 메시지는 단순하다.

스스로 낮추어 앉으라 관 곧 영광의 면류관이 내려졌다(13:18).

군건하던 성읍은 봉쇄되었고, 백성들은 잡혀가고 있다. 그런데도 그들은 통회자복하지 않는다.

너는 눈을 들어 북방에서 오는 자들을 보라 네게 맡겼던 양 떼,
네 아름다운 양 떼는 어디 있느냐(13:20).

왕은 지배하는 자가 아니라 책임을 지는 자라야 한다. 위임된 권한이 클수록 책임도 크다. 백성들에 대한 책임은 소홀히 하면서 강압적 지배에 맛들인 이들이 독재자이다. 그러나 운명의 날이 온다. 산고를 겪는 여인처럼 고통에 사로잡히는 때 말이다. "어찌하여 이런 일이 내게 닥쳤는고"(13:22) 하겠지만 현실을 돌이킬 수는 없을 것이다. 고통을 겪고 수치를 당하면서도 그들은 자기들의 죄를 자각하지 못한다. 권력에 중독된 자들의 불치병이다.

구스인이 그의 피부를, 표범이 그의 반점을 변하게 할 수 있느
냐 할 수 있을진대 악에 익숙한 너희도 선을 행할 수 있으리라
(13:23).

오랜 세월 동안 몸과 마음에 밴 죄는 웬만해서는 벗겨지지
않는다. 몸에 새긴 문신처럼 지울 수도 없다. 악에 물든 이들은
그렇게 자기 죄로 인해 몰락한다. 하나님은 그들을 사막 바람
에 불려가는 검불 같이 흩으시려 한다. 바로 그것이 하나님을
망각하고 거짓을 신뢰하는 이들에게 주어지는 보응이다. 여기
서 말하는 거짓은 '바알'을 비롯한 '우상'을 가리키는 말이다.
하나님은 그들의 죄를 적나라하게 드러내신다. 수치심이라도
좀 느끼라고.

내가 네 치마를 네 얼굴에까지 들춰서 네 수치를 드러내리라
(13:26).

수치심 혹은 부끄러움을 모르는 이들은 돌이킬 수도 없지
않던가.

내가 너의 간음과 사악한 소리와 들의 작은 산 위에서 네가 행한
음란과 음행과 가증한 것을 보았노라 화 있을진저 예루살렘이
여 네가 얼마나 오랜 후에야 정결하게 되겠느냐(13:27).

우상숭배에 정신이 팔린 이들로 인해 하나님은 탄식하신다. 그들을 향한 하나님의 징계는 분풀이가 아니다. 더럽혀진 백성들을 '정결하게' 하려는 것이다.

message 6

주님의 손에 붙들려

주님, 주님께서는 저를 아시니, 저를 잊지 말고 돌보아 주십시 오. 저를 핍박하는 사람들에게 원수를 갚아 주십시오! 주님께서 진노를 오래 참으시다가 그만, 저를 잡혀 죽게 하시는 일은 없게 하여 주십시오. 제가 주님 때문에 이렇게 수모를 당하는 줄을, 주님께서 알아주십시오. 만군의 주 하나님, 저는 주님의 이름으 로 불리는 사람입니다. 주님께서 저에게 말씀을 주셨을 때에, 저 는 그 말씀을 받아먹었습니다. 주님의 말씀은 저에게 기쁨이 되 었고, 제 마음에 즐거움이 되었습니다. 저는, 웃으며 떠들어대는 사람들과 함께 어울려 즐거워하지도 않습니다. 주님께서 채우 신 분노를 가득 안은 채로, 주님의 손에 붙들려 외롭게 앉아 있 습니다. 어찌하여 저의 고통은 그치지 않습니까? 어찌하여 저의 상처는 낫지 않습니까? 주님께서는, 흐르다가도 마르고 마르다 가도 흐르는 여름철의 시냇물처럼, 도무지 믿을 수 없는 분이 되 셨습니다(예레미야 15:15-18).

등을 돌린 백성

저는 남에게 싫은 소리를 잘 못합니다. 그러니 카리스마 있
는 지도자가 되기는 애당초 글렀습니다. 주변머리도 없습니다.
살아오는 동안 굶은 적은 있지만, 외상으로 뭔가를 산 적은 없
습니다. 구차하게 굴기보다는 차라리 굶는 게 낫다는 생각을
어릴 때부터 했던 것 같습니다. 그래서 늘 칭얼거리며 사는 사
람을 만나면 딱 질색이었습니다. 왜 저리 엄살인가 하는 생각
이 먼저 들기 때문입니다. 내색을 안 하려 해도 얼굴빛은 숨기
기 어렵습니다.

저는 가끔 차갑다는 말을 듣습니다. 그것은 어린 시절부터
고통을 객관화시켜 바라보아야 했던 삶의 경험과 관련이 있
을 겁니다. 분명히 어려움을 겪고 있는데도 담담하게 그 상황
을 견뎌내는 이들을 보면 절로 마음이 짠해집니다. 물론 지금
은 사람마다 견딜 수 있는 생의 무게가 다르다는 사실을 잘 알
기에 아무도 함부로 평가하지는 않습니다. 내가 선 자리를 조
금도 벗어나려 하지 않으면서 다른 이들에 대해 이러쿵저러쿵
하는 것은 폭력적인 태도임을 압니다. 영혼의 성숙이란 다른
이들의 자리에 자신을 세우는 능력임도 압니다.

누군가를 칭찬하는 일은 즐겁습니다. 하지만 꾸짖는 일은 힘
겹습니다. 내가 그를 꾸짖을 수 있는 자격이 있는가는 차치하
고라도, 상대방과의 정신적인 대립을 피할 수 없기 때문입니
다. 사실 꾸짖음은 관심과 사랑에서 나옵니다. 미로와 같은 인

생길에서 나를 꾸짖어 줄 수 있는 사람을 만난다는 것은 복입니다. 허세부리는 사람, 자기의 편견을 진리인양 포장하는 사람, 경탄하고 감사할 줄 모르는 사람을 꾸짖음으로 우리는 그를 참 사람의 길로 안내합니다. 물론 그 방법은 지혜로워야 합니다. 예언자들은 자기들의 감정을 거슬러 누군가를 꾸짖도록 부름 받은 사람입니다. 물론 그들은 넘어지고 비틀거리고 낙심한 사람들을 위로하는 역할도 감당해야 하지만, 그들의 주된 임무는 사람들을 하나님의 뜻 앞에 세우는 것입니다.

주전 7세기와 6세기 사이에 하나님의 부름을 받았던 예레미야는 유다가 하나님의 보호라는 특혜를 상실했다고 선언했습니다. 특혜의 상실은 곧 심판으로 이어집니다. 예언자는 '보는 사람'입니다. 모두에게 가려진 일들이 그들의 눈에는 보입니다. 하나님의 눈으로 세상을 보고, 하나님의 마음으로 현실을 경험하기 때문입니다. 예레미야가 보는 유다의 현실은 이렇습니다.

조롱에 새를 가득히 잡아넣듯이, 그들은 남을 속여서 빼앗은 재물로 자기들의 집을 가득 채워 놓았다. 그렇게 해서, 그들은 세도를 부리고, 벼락부자가 되었다. 그들은 피둥피둥 살이 찌고, 살에서 윤기가 돈다. 악한 짓은 어느 것 하나 못하는 것이 없고, 자기들의 잇속만 채운다. 고아의 억울한 사정을 올바르게 재판하지도 않고, 가난한 사람들의 권리를 지켜 주는 공정한 판결도 하지 않는다(예레미야 5:27-28).

하나님의 임박한 심판을 내다보며 예언자는 마음이 아픕니다. 뉘우치고 회개할 것을 권고했지만 백성들은 벽창호일 뿐입니다.

홀로 깨어 있는 자

재난을 선포하는 이가 사람들의 사랑을 받기는 어려운 법입니다. 사람들은 그게 빈 말이라 해도 칭찬하고 추켜세우는 사람을 편안하게 느낍니다. 칭찬은 고래도 춤추게 한다지만, 칭찬이 사람을 망치는 경우도 허다합니다. 히브리의 지혜자는 "칭찬으로 사람됨을 달아본다"(잠언 27:21)고 말합니다. 예언자는 하나님의 말씀을 받은 자입니다. 하나님을 등진 백성들에게 선포되는 하나님의 말씀은 쓴 소리일 수밖에 없습니다. 아브라함 조슈아 헤셸은 예언자들이 선포하는 말의 특색을 이렇게 설명합니다.

그들의 말은 맹렬한 공격이요 거짓 평안의 환상에 구멍을 뚫는 것이며, 책임 회피에 대한 도전이요 믿음을 회복하라는 촉구요 과연 분별력이 있으며 치우치지 않는가를 따지는 물음표다(《예언자들》, 아브라함 조슈아 헤셸, 이현주 옮김, 삼인, 24-25쪽).

하나님을 믿는 자로 산다는 것은 찌르고, 아프게 하고, 끌어 올려주는 그 말씀에 귀를 기울이며 사는 것입니다. 하지만 예언자들의 운명을 우리는 잘 압니다. 그들의 말은 경청되지 않았습니다. 그들은 외면당하고, 수모를 당하고, 위협 당하고, 죽음으로 내몰렸습니다. 아무리 하나님의 뜻을 위해 삶을 바친 이들이라 해도 어려움이 계속되면 하나님의 말씀은 무거운 짐이 됩니다. 달고 오묘하던 말씀, 기쁨과 즐거움이 되었던 말씀이 쓴 쑥과 같이 느껴집니다. 요한계시록의 저자도 하나님의 말씀이 "입에는 꿀 같이 달겠지만 배에는 쓰다"(10:9)고 말합니다.

이때 예언자를 엄습하는 감정은 고독입니다. 이해받지 못한다는 느낌처럼 암담한 것이 없습니다. 하나님의 도움과 위로가 있다 하나 사람은 역시 사람인지라 동료들의 지지와 연대가 없이는 살기 어렵습니다. 내가 혼자라는 사실을 절감할 때 엘리야의 탄식이 나오는 법입니다. "나의 목숨을 거두어 주십시오"(열왕기상 19:4). 그러나 고독이야말로 하나님을 만나는 자리입니다. 외아들 이삭을 바치라는 하나님의 명령을 받았을 때 아브라함이 느꼈을 고독을 생각해보십시오. 성경은 모리아 산까지 사흘 길을 걸어가는 동안의 이야기는 전혀 들려주지 않습니다. 언어도단의 상황에서 무슨 말을 할 수 있겠습니까? 그는 죽음과도 같은 고독 속에서 홀로 결단해야 했습니다. 광야 생활에 지쳐 애굽을 그리워하는 백성들과 마주 선 모세의 고

독을 생각해보십시오. 그는 하나님께 이렇게 항변합니다.

> 이 모든 백성을 제가 배기라도 했습니까? 제가 그들을 낳기라도
> 했습니까? 어찌하여 저더러, 주님께서 그들의 조상에게 맹세하
> 신 땅으로, 마치 유모가 젖먹이를 품듯이, 그들을 품에 품고 가
> 라고 하십니까?(민수기 11:12)

겟세마네 동산, 생과 사의 갈림길에서 피땀 흘리며 기도하시
던 예수님의 고독을 생각해보십시오. 사위는 조용하고, 가까운
제자들조차 무심히 잠들어 있습니다. 그 고독의 순간은 하나님
조차 멀리 계신 것처럼 여겨집니다. 홀로 선택하고 홀로 책임져
야 하는 자리에서 우리가 만나는 것은 자신의 약함입니다. 신앙
이란 이해할 수 없는 하나님의 침묵 앞에서, 두렵고 떨리는 가
운데 하나님의 뜻을 수행하기 위해 자기를 바치는 것입니다. 나
를 죽여 하나님의 뜻을 살리는 것이 믿음이란 말입니다.

숨어 계신 하나님

히브리 성경의 지상 명령은 "너 자신을 하나님의 형상으로
대하라"는 것입니다. 우리는 흙에서부터 온 존재이지만 하나
님의 거룩하심을 닮은 사람이 될 수 있고, 또 되어야 합니다.
하나님께 영광을 돌린다는 말은 육체의 버릇대로 살기를 그치
고 우리를 지으신 주님의 뜻에 맞추어 살아가는 것을 의미합

니다. 하지만 주님의 뜻에 따라 산다는 것은 늘 어려움을 동반
하게 마련입니다. 하나님으로부터의 위로조차 없는 경우도 있
습니다. 예레미야의 질문은 우리의 질문이기도 합니다.

> 어찌하여 저의 고통은 그치지 않습니까? 어찌하여 저의 상처는
> 낫지 않습니까? 주님께서는 흐르다가도 마르고 마르다가도 흐
> 르는 여름철의 시냇물처럼, 도무지 믿을 수 없는 분이 되셨습니
> 다(예레미야 15:18).

　참 딱한 노릇입니다. 하나님을 믿는 사람들의 삶이 만사형통
이면 좋겠는데 실상은 그렇지 못합니다. 하나님을 잘 믿어도
여전히 가난하고, 여전히 병약하고, 여전히 곤경에서 벗어나지
못할 수도 있습니다. 당장 먹을 것이 없는 사람들, 생존의 벼랑
으로 내몰린 사람들, 보증금조차 떼일 형편에 처한 세입자들을
보면 가끔은 강한 힘에 대한 욕구를 느낄 때가 있습니다. 할 수
만 있다면 돌을 밥으로 바꾸고 싶고, 세상의 권세를 얻기 위해
악과 타협하고 싶을 때도 있습니다. 하지만 그럴 수는 없습니
다. 그래서도 안 됩니다.
　참된 신앙이란 보상이 있기 때문에 하나님을 믿는 것이 아
닙니다. 보상이 있든 없든 그것이 하나님의 뜻이기에 울면서라
도 그 뜻을 수행하는 것입니다. 하나님은 우리에게서 모든 어
려움과 고통을 제거해주는 분이 아닙니다. 고통은 견디기 어려

운 것임은 분명합니다. 하지만 하나님 안에서 겪는 고통은 우리로 하여금 자신을 발견하게 하고, 정신적으로 성장시켜주는 계기가 되기도 합니다. 도무지 고마워할 수 없는 일들, 우리에게 고통을 안겨주고 부정적인 생각을 불러일으켰던 일들이 우리의 스승이 될 때가 많다는 말입니다. 그런 고통은 나 자신조차 알지 못하는 나 자신에 대해 더 잘 알도록 해주기 때문입니다. 최악에 처한 사람이 세상에서 할 수 있는 최선은 결코 좌절하지 않음을 보여주는 것입니다. 좌절하지 않을 뿐 아니라, 그 모든 삶의 계기를 온전함을 향한 디딤돌로 삼는 것입니다. 하나님은 우리에게 그럴 수 있는 능력을 주십니다.

약속하신 말씀 위에 서라

물론 어려울 때 우리는 비명을 지를 수 있습니다. 예레미야도 고통을 견딜 수 없을 때 하나님께 "저를 핍박하는 사람들에게 원수를 갚아 주십시오!"(15:15) 하고 하소연하였습니다. 하나님이 믿을 수 없는 분이 되었다고도 말합니다. 불경스럽지만 속은 후련합니다. 우리도 그런 생각을 할 때가 있기 때문입니다. 그런데도 하나님은 예레미야에게 다정한 말로 응대하지 않습니다. 위로하지도 않습니다. 그를 본래의 소명의 자리로 부르실 따름입니다.

나 주가 말한다. 네가 돌아오면, 내가 너를 다시 맞아들여 나를 섬기게 하겠다. 또 네가 천박한 것을 말하지 않고, 귀한 말을 선

포하면, 너는 다시 나의 대변자가 될 것이다. 너에게로 돌아와야
할 사람들은 그들이다(예레미야 15:19).

원수를 갚아달라느니 하는 시시한 소리를 집어치우고, 하나
님이 들려주신 말을 선포하라는 것입니다. "너에게로 돌아와
야 할 사람들은 그들"이라는 말은 매우 강렬합니다. 우리는 이
사실을 잊을 때가 많습니다. 사도 바울은 주님의 은총을 경험
한 성도들에게 "여러분은 이 시대의 풍조를 본받지 말라"(로마
서 12:2)고 말합니다. 헛된 욕망을 부추기는 세상, 우리가 영적
인 존재임을 망각하도록 하는 피상적이고 타락한 문화, 돈벌이
를 위해 자기 양심을 파는 것을 부끄럽게 여기지 않는 세상…
이런 세상은 극복되어야 할 세상이지 추종해야 할 세상이 아
닙니다.

지금 한국교회의 현실을 생각할 때마다 비행사들이 겪는다
는 비행착각vertigo이 떠오릅니다. 비행사들이 고속으로 비행하
다 보면 가속도로 인해 인체평형기관의 감각에 이상이 생기
는 때가 있는데, 그 감각을 그대로 받아들일 때 매우 위험한 일
이 벌어집니다. 예컨대 바다 위를 비행할 때 자신과 비행기의
자세를 착각해서 바다를 하늘로 알고 거꾸로 날아가는 경우가
있다고 합니다. 그 결과는 끔찍합니다. 저는 이상하게도 이런
불길한 예감에 사로잡혀 있습니다. 하나님의 뜻을 향해 날아가
야 할 교회가 지금 세속의 가치관을 향해 곤두박질치고 있는

것은 아닌가 하는 생각이 들기 때문입니다. 교회의 존재 이유를 다시 돌아보아야 할 때입니다.

며칠 전 런던에서 영국인 교회를 맡아 목회를 하는 후배 목사가 가족들과 함께 다녀갔습니다. 목회에 대한 이야기, 한국교회의 현실에 대한 이야기를 하다 보니 아이들이 무료하겠다는 생각이 들었습니다. 함께 식사를 하러 가는 데, 17살짜리 형과 12살짜리 동생이 어른들이 나눈 이야기를 되새기면서 이런 말을 주고 받았습니다. "교회는 세상보다 조금은 진보적이어야 하는 게 아닐까?" "교회가 세상의 빛이라면 그래야겠지." 놀랍지 않습니까? 하지만 이건 상식입니다. 교회는 욕망에 바탕을 둔 문화가 얼마나 허약한 것인지를 고발하고, 사람들이 거룩한 삶을 살 수 있다는 사실을 증언해야 할 책임이 있습니다.

아브라함이 99세 되었을 때 하나님이 그에게 나타나셔서 말씀하셨습니다. "나는 전능한 하나님이다. 나에게 순종하며, 흠 없이 살아라"(창세기 17:1). 순종하라는 말은 하나님 앞에서 살라는 말입니다. 문제는 '흠 없이'라고 번역된 '타밈tamim'입니다. 이 단어는 '완전한' 혹은 '죄 없는'이라고 번역될 수도 있습니다. 만약 그렇다면 이것은 참 무거운 요청입니다. 하지만 이 단어는 '온전한' 혹은 '마음을 다하는'이라는 뜻도 있습니다. 하나님이 아브라함에게 원하시는 것은 완벽함이 아니라 성실성integrity입니다. 살다보면 넘어지기도 하고, 상처를 입기도 합니다. 하지만 그때마다 다시 일어나 꾸준히 하나님께로 향할 때,

하나님이 우리를 지켜주실 것입니다. 세상이 필요로 하는 사람이 되려 하기보다는 내면의 진실에 귀를 기울이며 사는 것, 바로 이것이 온전함의 길입니다.

예레미야에게 새로운 소명을 주신 주님은 그를 튼튼한 놋쇠 성벽으로 만들겠다고 말씀하십니다. 하나님의 뜻을 자신의 길로 삼은 사람은 이미 아무도 흔들거나 정복할 수 없는 놋쇠 성벽입니다. 우리는 주님의 손에 붙들린 사람들입니다. 이런저런 위안이나 보상에만 마음을 빼앗기지 마십시오. 오히려 새로운 세상을 이루려는 주님의 꿈에 우리를 동참시켜 주신 주님께 감사하십시오. 확신을 가지고 당당하게 그 길을 걸으십시오. 하지만 상처를 입어 절뚝거리더라도 앞을 향해 나아가십시오. 하나님의 뜻을 거역하는 이들에게 고개를 숙이지 마십시오. 이여름, 한 줄기 소나기가 더위를 식혀주듯 우리의 존재가 곧 이웃들에게 희망의 소식이 되게 하십시오.

평강을 기다렸으나

예레미야 14:1-22

_____ 압도적인 자연 재해를 만날 때마다 인간은 자신의 작음을 절감하지 않을 수 없다. 파스칼은 "저 무한한 공간의 영원한 침묵이 나를 두렵게 한다"고 말했다. 인간은 유정하지만 자연은 무정해 보인다. 인간은 삶을 기획하고 그 뜻을 이루기 위해 노력하지만 그런 노력의 결과가 속절없이 무너지는 것을 경험하기도 한다. 무정한 세상에 지친 이들은 차라리 저 무한한 우주 속으로 사라지기를 소망하기도 한다.

고통 앞에서 부르짖다

극심한 가뭄이 유다를 덮쳤다. 그때가 언제인지를 특정할 수는 없다. 2절부터 6절까지는 가뭄으로 인해 겪는 그 땅의 어려움이 생생하게 묘사되고 있다. 유다가 슬퍼하고 성읍들은 쇠약해져 간다. 땅에 쓰러져 통곡하는 사람들의 소리가 드높다. 비틀걸음으로 물을 구하러 갔던 종들은 빈 그릇만 가지고 돌아오고, 거북등처럼 갈라진 땅을 보며 농부들의 애가 탄다. 새끼를 낳은 들의 암사슴도 더는 어쩔 수 없어 새끼를 포기하고, 들나귀도 헐떡이고 그 눈이 흐려진다. 단순한 자연재해가 아니다. 옛 사람들은 가뭄을 인간의 죄에 대한 하늘의 징계로 인식하곤 했다. 그렇기에 조선조의 왕들도 극심한 가뭄이 찾아오면 자기의 통치가 하늘 뜻을 거스린 것은 아닌지 여섯 가지 항목을 돌아보며六事自責 하늘 앞에 엎드렸다.

가뭄으로 삶의 터전이 무너지자 사람들은 하나님께 참회와 탄원의 기도를 올린다.

> 여호와여 우리의 죄악이 우리에게 대하여 증언할지라도 주는 주의 이름을 위하여 일하소서 우리의 타락함이 많으니이다 우리가 주께 범죄하였나이다(14:7).

두루 평안할 때에는 하나님이 보이지 않는다. 생의 위기 앞에 설 때 사람들은 화들짝 놀라 자신이 한갓 인간에 지나지 않는다는 사실을 시인한다. 자신들의 죄가 무엇인지 구체적으로 언급하지는 않았지만 그들은 이 모든 사단이 자기들의 죄로부터 시작된 것임을 인정한다. 그리고 '주의 이름을 위하여' 일해 달라고 청한다. 백성들은 하나님을 '이스라엘의 소망', '고난 당한 때의 구원자'라 칭한다. 그런 하나님께서 마치 '땅에서 거류하는 자' 같이 '하룻밤을 유숙하는 나그네 같이' 연약한 지경에 처한 것인가? '땅에서 거류하는 자'는 '게르'의 번역어인데, 게르는 이스라엘 땅에 들어와 살고 있는 나그네들을 일컫는 말이다. 땅의 주인이신 하나님이 마치 누군가의 도움과 돌봄 없이는 살 수 없는 처지에 빠진 것처럼 보인다는 것이다. 내친 김에 그들은 하나님에게 더욱 도발적으로 말한다. 하나님은 마치 '놀란 자' 같으시고, '구원하지 못하는 용사' 같아 보인다고 말한다. 하나님을 조롱하기 위한 말이 아니라 자기들 마음속에 깃든 두려움과 당혹감을 그리 표현한 것이다. 그럼에도 불구하고 하나님에 대한 신뢰까지 버린 것은 아니다.

> 여호와여 주는 그래도 우리 가운데 계시고 우리는 주의 이름으로 일컬음을 받는 자이오니 우리를 버리지 마옵소서(14:9).

백성들은 이렇게 절박하지만 하나님의 노여움은 여전히 사그라들지 않았다. 여호와는 예레미야에게 그 백성을 위한 중보기도를 올리지 말라 이르신다. 가뭄이라는 극한의 고통을 겪으면서도 그들은 여전히 어그러진 길에서 돌아서지 않았다는 것이다. 백성들이 아무리 금식하며 부르짖고 번제와 소제를 드릴지라도, 그 악한 행실을 버리지 않는 한 하나님의 도움을 받을 수 없다. 오히려 칼과 기근과 전염병이 그들을 더 괴롭힐 것이다.

예언자의 슬픔

예레미야는 깊은 슬픔 속에 잠긴다. 하나님과 그 백성 사이에

드리운 불통의 장벽 때문이다. 백성들이 하나님의 뜻을 경외심을 품고 받아들이지 않은 것은 마땅히 전해야 할 말을 전하지 않은 선지자들의 죄 때문이다. 꾸짖고 경계하는 말보다는 사람들이 듣고 싶은 말만 전한 선지자들 때문에 모두가 함께 몰락을 향해 질주하고 있다. 선지자라는 자들이 백성들에게 '두루 잘 될 것'이라고 말함으로써 백성들의 악행을 방조했다. 하나님은 그들을 거짓 예언자라 단언하신다. 하나님은 그들에게 말씀을 위탁한 적이 없다. 그런데도 그들은 "거짓 계시와 점술과 헛된 것과 자기 마음의 거짓으로"(14:14) 백성들에게 예언을 했다.

하나님의 이름을 망령되이 일컫는다는 게 바로 이런 것이 아닐까. 거짓 예언자들은 칼과 기근에 멸망할 것이다. 그들의 말을 믿고 따른 이들의 운명도 마찬가지이다. 하지만 하나님도 좋아서 이런 말을 하는 것은 아니다. 하나님은 당신의 백성들이 당할 혹은 당한 일 때문에 비통해 하신다.

내 눈이 밤낮으로 그치지 아니하고 눈물을 흘리리니 이는 처녀 딸 내 백성이 큰 파멸, 중한 상처로 말미암아 망함이라(14:17).

이 눈물은 하나님의 눈물인 동시에 예언자의 눈물이기도 하다. 예언자는 하나님의 마음을 함께 느끼는 자가 아니던가. 압도적인 재난 앞에서 백성들의 지도자를 자처하던 이들도 어쩔 줄을 모른다. 백성들은 다시금 절규하듯 하나님 앞에 엎드린다.

주께서 유다를 온전히 버리시나이까 주의 심령이 시온을 싫어
하시나이까 어찌하여 우리를 치시고 치료하지 아니하시나이까
우리가 평강을 바라도 좋은 것이 없고 치료 받기를 기다리나 두
려움만 보나이다(14:19).

백성들은 마침내 자기들과 조상들의 악을 인정한다. 그리고
주의 이름을 위하여 자기들을 미워하지 말아 달라고, 맺은 언
약을 기억하여 달라고 청한다. 매를 맞기 전에 이런 깨달음을
얻을 수는 없는 것일까? 진정한 참회는 변화의 문지방이다. 참
회로부터 새로운 삶이 시작된다.

견고한 놋 성벽처럼 되리라

예레미야 15:1-21

＿＿＿＿＿ 윤동주가 〈참회록〉을 쓴 것은 1942년 1월 24일, 만 24년 하고도 1개월을 더 산 때였다. 그는 "파란 녹이 낀 구리거울" 속에 비친 자기 얼굴을 욕되게 여겼다. 식민지 청년의 자의식 탓일까? 그는 욕된 삶을 계속할 수밖에 없었지만 "밤이면 밤마다 나의 거울을/손바닥으로 발바닥으로 닦아보자"고 다짐한다. 이런 엄정한 자기 응시와 결단조차 없다면 삶은 습관이 될 뿐이다. 하나님은 이스라엘 백성들의 죄가 일시적인 참회로 스러질 수 있는 것이 아니라고 여기신다. 제2의 천성처럼 되어버린 죄의 인력에서 그들을 구해내기 위해서는 특단의 대책이 필요하다. 이스라엘 역사를 대표하는 모세와 사무엘이 중재기도를 드린다 해도 하나님은 뜻을 돌이키실 생각이 없으시다. 지금 백성에게 필요한 것은 존재론적 충격이다. 죄의 유혹에 넘어간 아담과 하와가 에덴 동산에서 쫓겨났듯이 그들도 낯선 땅, 남의 나라로 유배를 떠날 수밖에 없다. 어디로 가야 하냐고 묻는 이들에게 하나님은 냉정하게 이르신다.

죽을 자는 죽음으로 나아가고 칼을 받을 자는 칼로 나아가고 기
근을 당할 자는 기근으로 나아가고 포로 될 자는 포로 됨으로 나
아갈지니라(15:2).

이런 재앙은 전쟁과 밀접하게 연관되어 있다. 하나님은 왜
이리도 화가 나신 것일까?

유다 왕 히스기야의 아들 므낫세가 예루살렘에 행한 것으로 말
미암아 내가 그들을 세계 여러 민족 가운데에 흩으리라(15:4).

므낫세는 열두 살에 왕이 되어 예루살렘에서 쉰다섯 해 동
안 다스렸다. 그는 아버지 히스기야가 헐어 버린 산당들을 다
시 세우고, 바알의 제단을 쌓고, 아세라 목상도 만들었고, 하늘
의 별을 숭배하기도 하였다(열왕기하 21:1-3). 므낫세 시대에 급
속하게 퍼진 우상숭배의 흐름이 백성들을 휩쓸었고, 이제는 돌
이킬 수 없는 지경에 이르렀다는 것이다. 예루살렘은 하나님
을 버렸고, 그래서 하나님으로부터 멀어졌다. 하나님은 늘 뜻
을 돌이키는 분이시지만 백성들에게 그만 염증이 나고 말았다.
돌이킬 줄 모르는 백성에게 주어지는 것은 파멸이다. 놀람과
두려움이 그들을 사로잡을 것이고, 일곱 아들을 낳은 어머니도
기력이 다하여 숨을 헐떡일 것이다.
예레미야는 백성들에게 이런 참담한 사실을 전해야 한다는

사실을 받아들이고 싶지 않다. 하나님의 발길에 채여 사는 것이 예언자라지만 정말 전하고 싶지 않은 말도 있는 법이다. 그렇기에 그는 자기를 낳아주신 어머니를 원망한다. 온 세상을 상대로 다투고 싸워야 한다는 것은 얼마나 고단한 일인가. 사람들은 마치 그가 재앙을 가져온 것처럼 예언자를 저주한다. 하나님은 탄식하는 예언자를 격려하신다.

> 내가 진실로 너를 강하게 할 것이요 너에게 복을 받게 할 것이며
> 내가 진실로 네 원수로 재앙과 환난의 때에 네게 간구하게 하리
> 라(15:11).

하나님의 이런 말씀이 예언자에게 위로가 되었을까? 그럴 수도 있고 아닐 수도 있다. 가장 가까운 이들로부터 분리되는 고통과 외로움은 여전히 남기 때문이다.

12절부터 14절까지는 하나님의 심판 의지가 확고하다는 사실을 다시 한 번 보여준다. "북방의 철과 놋"은 침입자들의 위세를 가리킨다. 남왕국 유다는 그들의 기세를 당해낼 수 없다. 그들이 소중히 여기던 것들이 속절없이 약탈당하고, 그들은 적들의 손에 이끌려 낯선 땅으로 끌려갈 것이다. 이 모든 것이 불처럼 타오르는 하나님의 분노로 말미암은 것이다.

악에게 져선 안 된다

예레미야도 고통스럽기는 마찬가지이다. '속에 근심, 밖에 걱정'이 그를 에워싸고 있다. 그는 어디에도 속하지 못한 사람, 하나님의 엄중한 메시지와 백성들의 적대감 사이에서 오도가도 못하는 신세이다. 그렇기에 그는 하나님께 기도를 올린다.

여호와여 주께서 아시오니 원하건대 주는 나를 기억하시며 돌보시사 나를 박해하는 자에게 보복하시고 주의 오래 참으심으로 말미암아 나로 멸망하지 아니하게 하옵시며 주를 위하여 내가 부끄러움 당하는 줄을 아시옵소서(15:15).

예레미야는 하나님 앞에 선 존재로서의 자기 자신을 돌아본다. 그는 자신이 하나님의 이름으로 불리우는 사람, 하나님의 말씀을 받은 사람, 하나님의 마음으로 세상을 바라보는 사람, 하나님의 말씀으로 인해 기뻐하고 즐거움을 누린 사람이라고 말한다. 어김없는 진실이다. 그는 여느 사람들처럼 개인의 안일한 행복을 구하지 않았고, 하나님의 분노를 가슴에 품고 살았다. 그래서 그는 따돌림 받았고 죽음의 위협을 당하기도 했다. 그렇기에 하나님께 항변한다.

나의 고통이 계속하며 상처가 중하여 낫지 아니함은 어찌 됨이니이까 주께서는 내게 대하여 물이 말라서 속이는 시내 같으시리이까(15:18).

감히 하나님을 향하여 이렇게 말해도 되는 것일까? 하나님께서 여름철의 시냇물처럼 종잡을 수 없는 분이라니.

하나님은 예언자의 고통을 잘 아신다. 그래서 그의 말이 거칠다는 사실도 잘 아신다. 그렇기에 그런 천박한 말을 그치고 오직 하나님만 바라보라 이르신다. 시절이 수상하다고 하여 악한 이들을 돌이키게 해야 할 사람이 그들에게 오히려 동화되어서는 안 된다는 것이다. 하나님은 예레미야를 백성들 앞에서 '견고한 놋 성벽'이 되게 하실 것이라 이르신다. 하나님의 말씀을 위탁받은 이들은 이 약속을 굳게 붙들어야 한다. 그래야 무너지지 않는다.

예언자적 상징행위

예레미야 16:1-21

_____ 예언자는 말 뿐만 아니라 삶 자체가 메시지인 사람이다. 그들은 메시지를 충격적으로 또 가시적으로 드러내기 위해 상징 행동을 하기도 했다. 이사야는 3년 동안 벗은 몸과 맨발로 지냈고(이사야 20:3), 호세아는 음란한 고멜과 결혼생활을 유지했다. 에스겔은 예리한 칼로 머리카락과 수염을 잘라 일부는 불태우고, 일부는 칼로 내려치고, 일부는 바람에 날려 흩어지게 했다(에스겔 5:1-2). 물론 그들의 행동은 미구에 닥쳐올 재난을 예고하기 위한 것이었다.

세 가지 금지

오늘 본문에서 여호와는 예레미야에게 세 가지를 금지하신다.

첫째, 아내를 맞아들이지도 말고, 자녀를 두지도 말라는 것이다. 죄로 가득 찬 그 땅에서 태어난 아이들은 물론이고 그들의 부모까지도 칼과 기근에 망하게 될 것이고, 그보다 더 비극적인 것은 그들의 죽음을 애도하는 이도 없고 주검을 땅에 묻어줄 사람도 없어 결국은 새와 짐승의 밥이 되고 말 것이라는 것이다(16:2-4).

둘째, 초상집에 들어가지도 통곡하지도 말라는 것이다. 그들
이 그 지경이 된 것은 여호와께서 평강을 빼앗고, 인자와 사랑
을 제거했기 때문이다. 이 말은 여호와와 그 백성 사이에 맺어
진 언약이 파기되었음을 뜻한다.

셋째, 잔칫집에 가지 말라는 것이다. 하나님의 보호하심이
철회되면 사람들이 당연한 것으로 생각하던 모든 것들이 무너
지게 마련이다. 기뻐하는 소리, 즐거워하는 소리, 신랑과 신부
의 소리가 끊어진 세상, 조금 더 보태자면 아이들의 재잘거리
는 소리가 들려오지 않는 세상은 디스토피아가 아닌가?

레이첼 카슨은 농약의 과다 사용으로 인해 빚어질 환경재앙
을 《침묵의 봄》이라는 책 속에 담아냈다. 레이첼은 봄이 되어
도 새들의 울음소리가 들려오지 않는 세상을 묵시록적으로 그
려냈다. 예레미야가 그려 보이는 세상과 별반 다르지 않다.

깨달음은 언제나 너무 늦게 온다. 예언자의 말씀을 듣고도
백성들은 자기들의 죄를 자각하지 못한 채 묻는다.

여호와께서 우리에게 이 모든 큰 재앙을 선포하심은 어찌 됨이
며 우리의 죄악은 무엇이며 우리가 우리 하나님 여호와께 범한
죄는 무엇이냐?(16:10)

죄는 무지함과 연결되어 있다. 배우지 못한 무지함보다 더

심각한 것은 배우려 하지 않는 무지함이다. 욕망에 취해 살아가는 이들은 자기가 취했다는 사실을 알지 못한다. 예언자의 대답은 간명하다.

> 여호와께서 말씀하시되 너희 조상들이 나를 버리고 다른 신들을 따라서 그들을 섬기며 그들에게 절하고 나를 버려 내 율법을 지키지 아니하였음이라(16:11).

문제는 우상숭배이다. 사람들이 우상을 쫓는 까닭은 무엇인가? 우상이 더 매력적으로 보이기 때문이다. 사람들을 매혹하는 우상들은 대개 풍요와 다산과 깊이 관련되어 있었다. 우상들은 공익을 위한 자기 증여 혹은 자기 부정, 더 나아가 도덕적인 삶을 요구하지도 않는다. 우상의 길은 쉽다. 자기 삶의 방식을 바꾸지 않아도 괜찮기 때문이다.

우상을 숭배하는 이들은 자기 뜻을 관철시키기 위해 신들을 동원한다. 하지만 참 신앙은 하나님의 뜻에 대한 아멘이 되기 위해 자기를 내려놓는다. "보라 너희가 각기 악한 마음의 완악함을 따라 행하고 나에게 순종하지 아니하였으므로"(12b)라는 구절 속에 우상숭배자들의 문제가 고스란히 담겨 있다. 우상숭배자들의 운명은 어떠한가? 자기 땅에서 뿌리 뽑혀 낯선 땅으로 옮겨질 것이고, 거기에 다른 신들을 섬기도록 강제될 것이다.

절망과 희망 사이에서

여호와께서 그 백성을 징계하시는 것은 징계 자체를 목적으로 하지 않는다. 징계를 통한 정화 혹은 정상화를 지향한다. 하지만 재앙이 그렇게 쉽게 철회되지는 않는다. 여호와는 많은 어부들을 불러 그 백성을 낚게 할 것이고, 많은 포수를 불러다가 그 백성을 사냥하게 하실 것이다. 물론 이 대목은 힘센 이방 민족들의 침략을 예고하는 말씀이다. 하나님의 택함 받은 백성임에도 불구하고 악을 부끄러워하지 않는 이들, 하나님이 머무시는 거룩한 땅을 불결하게 만드는 이들을 심판하기 위해 하나님은 이방 민족들을 끌어들이신다. 그들의 죄와 악에 상응하는 벌을 내리시는 것이다.

그러나 그것으로 희망이 완전히 소진된 것은 아니다. 인간의 희망이 끝난 곳에서 하나님의 희망이 시작된다. 절망의 어둠 속에서 예언자는 실낱같은 희망의 빛을 본다. 그 빛이 마침내 점점 커져 온 누리를 밝힐 것이다. 예레미야는 하나님이 미구에 일으키실 새로운 해방의 역사를 예고한다. '해방' 하면 누구나 출애굽 사건을 떠올리게 마련이지만 이제는 더 이상 그 일이 아니라 북방 땅에서 백성을 인도하신 하나님 이야기를 떠올릴 때가 올 것이라는 것이다(16:14-15).

현실은 절망적이다. 하지만 삶이 지속되는 한 희망을 온전히 버릴 수도 없다. 절망과 희망 사이에서 예언자는 새로운 비전을 본다.

여호와 나의 힘, 나의 요새, 환난날의 피난처시여 민족들이 땅 끝에서 주께 이르러 말하기를 우리 조상들의 계승한 바는 허망하고 거짓되고 무익한 것뿐이라 사람이 어찌 신 아닌 것을 자기의 신으로 삼겠나이까 하리이다(16:19-20).

지금은 비록 영락한 신세이지만, 땅이 온통 황폐하게 되는 날이 오겠지만, 때가 이르면 민족들이 주께 나아와 주님의 주권을 찬양하는 때가 반드시 온다. 하나님의 주권에 대한 절대적인 신뢰가 없다면 우리는 이 어둠의 시대를 헤쳐 나갈 수 없다.

message 7

마음의 자취를 따라

"만물보다 더 거짓되고 아주 썩은 것은 사람의 마음이니, 누가 그 속을 알 수 있습니까?" "각 사람의 마음을 살피고, 심장을 감찰하며, 각 사람의 행실과 행동에 따라 보상하는 이는 바로 나 주다." 불의로 재산을 모은 사람은 자기가 낳지 않은 알을 품는 자고새와 같아서, 인생의 한창때에 그 재산을 잃을 것이며, 말년에는 어리석은 사람의 신세가 될 것이다. 우리의 성전은 영광스러운 보좌와 같다. 처음부터 높은 산 위에 자리를 잡았다. 주님, 이스라엘의 희망은 주님이십니다. 주님을 버리는 사람마다 수치를 당하고, 주님에게서 떠나간 사람마다 생수의 근원이신 주님을 버리고 떠나간 것이므로, 그들은 땅바닥에 쓴 이름처럼 지워지고 맙니다(예레미야 17:9-13).

무상심無常心

"여자의 마음은 갈대와 같이 항상 변하는 여자의 마음…" 주세페 베르디의 오페라「리골레토Rigoletto」의 제3막에서 만토바 공작이 부르는 유명한 아리아 중의 한 대목입니다. 하지만 이 가사는 그리 적절하지 않은 것 같습니다. 변하기 쉬운 게 어디 여자의 마음뿐이겠습니까? 바람에 나부끼는 갈대와 같은 것은 남녀를 떠나서 바로 인간이라는 종의 모습이 아닐까요? 마음은 그리 믿을 만한 게 못됩니다. 사도 바울은 본래의 자기와 현실의 자신이 얼마나 다른가를 소름끼치게 자각한 후에 이렇게 말합니다.

> 나는 내가 하는 일을 도무지 알 수가 없습니다. 내가 해야겠다고 생각하는 일은 하지 않고, 도리어 해서는 안 되겠다고 생각하는 일을 하고 있으니 말입니다(로마서 7:15).

마음으로는 하루에도 집을 수 십 채씩 지었다 허뭅니다. 가장 거룩한 성자가 되기도 하고, 천하에 없이 타락한 인간이 되기도 합니다. 아무 일에도 매이지 않은 사람처럼 당당하다가도, 사소한 일에도 전전긍긍합니다. 거대한 바위는 곧잘 넘으면서도 작은 돌뿌리에 걸려 넘어지기도 합니다. 무책임해 보이기는 하지만 그래도 내 마음 나도 모른다는 말이 어쩌면 가장 정직한 고백인지도 모르겠습니다. 옛 사람들은 무상심無常心이라 했습니다. 마음은 덧없다는 말일 겁니다. 그러니까 마음대로 살아서는 안 됩니다. 무상한 마음이 이끄는 대로 살다가는 우왕좌왕 흔들리게 마련입니다.

불교에서는 인간의 마음을 삼독三毒이 지배한다고 말합니다. 탐욕貪慾, 진에瞋恚, 치정癡情이 그것입니다. 인간의 욕심은 밑 빠진 독과 같습니다. 아무리 부어도 차지 않습니다. 차지 않는 그릇을 채우느라 우리는 늘 긴장상태에서 분주하게 삽니다. 진에는 눈을 부릅뜨고 성을 내는 것을 뜻합니다. 다른 이들과의 경쟁 속에서 살아가는 우리들은 자주 이런 상태에 빠지곤 합니다. 야곱은 형 에서의 발목을 잡고 이 세상에 나왔다지요? 어쩌면 우리도 다 '잠재적인 야곱'인지도 모르겠습니다. 남을 덜 미워하고 화내는 일이 적은 사람이 성숙한 사람입니다.

우리를 사로잡고 있는 또 다른 독은 '치정'입니다. '치癡'는 어리석음인데 여기에 '정情'이 결합되면 '옳지 못한 관계로 맺어진 남녀간의 애정'을 뜻하게 됩니다. 이 문제도 참 해결하기 어려운 문제임이 분명합니다. 인간은 참 어리석어서 향락에 즐겨 빠집니다. 인간이 정신인 것을 알지 못한 채 몸이 되어 살아갑니다.

얼마 전 텔레비전에서 췌장암 말기 환자의 잔잔한 마무리를 지켜봤습니다. 그에게 남은 세월은 기껏해야 한 두 달이라는데 그는 참 평온한 표정이었습니다. 왜 늘 웃느냐는 물음에 그는 이제 얼마 후에 자기가 떠나더라도 남겨진 아이들은 아빠를 늘 웃던 사람으로 기억할 수 있게 하기 위해서라고 대답하더군요. 그의 얼굴에 떠오른 평온함이 참 좋았습니다. 그런 얼굴은 삼독의 독기가 다 빠진 이에게만 허락되는 것이 아닌가 했습니다. 그 얼굴은 우리들이 회복해야 할 천진한 얼굴이었습니다.

잃어버린 마음

만물보다 더 거짓되고 아주 썩은 것은 사람의 마음이라(예레미야 17:9).

우리는 이 사실을 별로 인정하고 싶어 하지 않습니다. 내 마음은 바르다고 믿고 싶어 하는 것이 우리입니다. '죄인 괴수 날 위해 십자가를 지신 주', '영원히 죽게 될 내 영혼 구하려 주께서 십자가 지셨네' 하고 은혜스럽게 찬송을 부르다가도 누군가가 나를 가리켜 나쁜 사람이라고 하면 싸우자고 덤비는 게 우리입니다. 찬송은 찬송이고 기분 나쁜 건 기분 나쁜 거다, 이런 이야기입니다.

다산 정약용은 「수오재기守吾齋記」(자아를 지키는 서재의 이야기)라는 글에서 무릇 지킬 만한 것 가운데 으뜸은 마음이라 했습니다. 밭이나 집, 나무는 누가 훔쳐갈 수 없고, 책이나 곡식을 훔쳐갔다 해도 크게 문제될 것이 없지만 "마음이라는 것은 그 성

품이 달아나기를 잘하여 드나듦이 일정하지가 않고··· 잠깐이
라도 살피지 않으면 어느 곳이든 가지 않는 데가 없다"는 것이
지요.

이익과 녹봉이 유혹하면 그리로 가고, 위엄과 재화가 위협하면
그리로 간다. 질탕한 상조商調나 경쾌한 우조羽調의 흥겹고 고운
소리를 들으면 그리로 가고, 새까만 눈썹에 흰 이를 가진 아름다
운 미인을 보면 그리로 간다. 그리고 한번 가면 되돌아 올 줄을
몰라 붙잡아도 만류할 수가 없다. 그러니 끈으로 잡아매고 빗장
과 자물쇠로 잠가 굳게 지켜야 하지 않겠는가.

조정에 출사했다가 모함을 받아 강진에 귀양살이를 가서야
비로소 그는 자기가 마음을 잘못 간직하여 잃어버린 채 살아
왔음을 깨달았습니다. 그는 마음의 자취를 되짚어가며 자기 마
음을 찾아가 가만히 그의 곁에 머물렀다고 술회하고 있습니다.
지금까지 그가 살아온 세월이 본딧마음을 잃어버린 세월이었
다는 것입니다.

잠언 4장 23절은 "그 무엇보다도 너는 네 마음을 지켜라. 그
마음이 바로 생명의 근원이기 때문이다"라고 권고합니다. 자
기의 본딧마음을 지켜야 사람입니다. 그러기 위해서는 자꾸 자
꾸 마음을 돌아보아야 합니다. 우리가 우리 마음을 돌아보는
것을 가리켜서 반성, 혹은 성찰이라고 하지요? 자기를 성찰하

는 사람은 교만할 수 없습니다. 남을 함부로 재단할 수 없습니다. 그런데 그런 반성이나 성찰은 하나님 앞에서 이루어져야 합니다. 하나님의 자비하심과 도우심이 없이는 우리가 새로운 존재로 거듭날 수 없기 때문입니다. 우리를 있는 그대로 받아들이시고, 자비를 베푸시는 하나님에 대한 무조건적인 신뢰가 없다면 우리는 자신에 대한 절망감에서 벗어날 수가 없습니다.

심장과 콩팥

> 나 여호와는 심장을 살피며 폐부를 시험하고 각각 그의 행위와 그의 행실대로 보응하나니(개역개정. 17:10).

하나님의 눈길은 우리 속을 꿰뚫어 보십니다. 우리의 말솜씨에 넘어가시는 법도 없고, 우리가 짓는 불쌍한 표정에도 넘어가시지 않습니다. 하나님은 우리의 중심을 보십니다.

주중에 모처럼 병원에 갔습니다. 환자 심방은 많이 해보았지만 스스로 진료를 받으려니 좀 긴장이 되었습니다. 초음파검사와 내시경검사를 받으려고 대기하는 동안 저는 씁쓰레한 미소를 금할 수가 없었습니다. 마치 제가 지금까지 살아온 삶에 대한 중간평가를 받는 자리인 것 같았습니다. 자신이 없었습니다. 눈에 보이지는 않아도 나의 장기는 내가 살아온 자취를 고스란히 보여줄 것이기 때문이었습니다. 이것도 부담스러운 데,

하물며 하나님의 눈길은 어떠하겠습니까?

여호와는 '심장'을 살피신다 하는데, 히브리인들은 심장이 '정서적 감각의 원천'이고, '지성적이고 이성적인 기능'을 관장한다고 생각했습니다. 심장은 삶의 결단이 일어나는 곳입니다. 그러니까 하나님이 '심장을 살피신다'는 말은 우리의 가장 내밀한 중심을 지배하고 있는 것이 무엇인가를 보신다는 말입니다. 그게 돈인지, 명예인지, 권력인지, 쾌락인지 아니면 하나님인지를 말입니다. 여러분의 심장에 하나님이 좌정하여 계신지 한번 살펴보세요.

'폐부를 시험하신다' 할 때의 '폐부'는 '콩팥'을 뜻하는 겁니다. 히브리인들에게 '콩팥'은 양심의 소재지입니다. 예레미야 12장 2절은 악인의 특징을 이렇게 말합니다.

그들의 입은 주께 가까우나 그 마음은 멀다.

여기서 '마음'으로 번역된 것이 바로 '콩팥'입니다. 악인들은 비록 하나님에 대해서 제 아무리 그럴싸하게 그리고 빈번히 말한다 해도, 그들의 내적인 결단에 하나님이 아무런 힘도 발휘하지 못하는 형편이라는 말입니다. 우리 신앙생활이 이 지경이 아닌가 싶습니다. 하나님 없이, 자기 마음 내키는 대로 살아가는 사람의 어리석음을 예레미야는 자고새에 견주어 설명하고 있습니다.

청정심淸淨心

불의로 치부하는 자는 자고새가 낳지 아니한 알을 품음 같아
서 그 중년에 그것이 떠나겠고 필경은 어리석은 자가 되리라
(17:11).

얼핏 붉은머리오목눈이의 둥지에 알을 낳아 알을 품게 하
고 포육시키도록 하는 뻐꾸기의 탁란托卵(deposition, brood
parasitism) 과정이 떠오릅니다. 제 몸집보다 더 큰 뻐꾸기 새끼
에게 먹을 것을 물어다주고, 나중에는 뻐꾸기가 미련 없이 떠
나는 걸 지켜보는 붉은머리오목눈이를 보면서 가슴이 찡했던
기억이 납니다.

본문의 교훈은 명백합니다. 하나님을 도외시한 채 얻는 세상
의 행복이라는 것은 속절없이 사라지고 만다는 말입니다. 이것
을 13절에서는 마음 내키는 대로 살다가 여호와를 떠나는 자
는 '흙에 기록'된다(개역개정 17:13)고 했습니다. 흙에 기록되었다
는 것은 무상함을 뜻하겠지요? 바닷가 모래 위에 쓴 글씨를 생
각하면 됩니다. 파도가 한 번 밀려오면 글씨는 흔적도 없이 사
라집니다. 지금 우리는 어디에 우리 삶의 자취를 새기고 있습
니까?

만물보다 심히 거짓되고 부패한 마음의 길은 탐·진·치를
쫓는 삶입니다. 그런데 그 결국은 사망입니다. 숨은 턱에 차오

르고, 눈에는 핏발이 서고, 얼굴은 일그러지고, 다리는 휘청거리면서 살아온 우리 삶은 과연 무엇을 쫓던 삶입니까? 이제 삶의 주권을 주님께 넘겨드립시다. 그분이 이끄는 대로 살아봅시다. 내 마음대로 살지 말고, 그분의 뜻을 따라 우리를 온전히 바치며 사십시다. 바로 그것이야말로 주님을 성소로 삼는 삶이요, 그분을 소망으로 삼는 삶입니다.

잠언 19장 21절의 말씀이 우리 가슴에 깊이 새겨졌으면 좋겠습니다.

사람의 마음에는 많은 계획이 있어도 오직 여호와의 뜻이 완전히 서리라.

이 사순절기에 잃어버렸던 우리 마음을 되찾기 위해 하나님 앞에서 자신을 철저히 돌아보고, 하나님이 주신 본래의 깨끗한 마음을 되찾기 위해 최선을 다하십시오. 돈을 잃는 것은 조금 잃는 것이고, 건강을 잃는 것은 전부를 잃는 것이라는 말을 보았습니다만, 본딧마음을 잃는 것보다 더 큰 손실은 없습니다. 우리의 순간순간이 깨끗한 마음을 되찾아가는 순례의 여정이 되기를 빕니다.

물 가 에 심 어 진 나 무 처 럼

예레미야 17:1-27

_____ 여호와께서 유다의 죄를 지적하신다.

> 유다의 죄는 금강석 끝 철필로 기록되되 그들의 마음 판과 그들
> 의 제단 뿔에 새겨졌거늘(17:1).

누구를 의지할 것인가?

이제는 어떻게 손을 써볼 수도 없을 정도의 고질병이 되었다
는 말이다. 죄가 내면화되어 죄인 줄도 인식하지 못하는 단계
이다. '제단 뿔'은 제단에서 가장 거룩한 곳으로 희생제물의 피
를 바르는 곳이다. 그곳에까지 죄가 새겨졌다는 것은 종교조차
되돌릴 수 없을 만큼 타락하였음을 나타낸다. 죄는 유전되는
것은 아니지만 다른 이들을 물들인다. 자녀들은 부모의 죄를
반복할 가능성이 많다. 예레미야는 그들의 자녀들이 산과 언덕
도처에 제단과 아세라 목상들을 세웠다고 말한다. 아세라는 가
나안 토착 종교에서 최고신인 '엘'의 아내로 소개되고 있다. 사
람들은 아세라가 풍요를 가져다준다고 믿었다. 그러나 우상숭

배가 초래하는 것은 풍요가 아니라 재앙이었다. 자기가 애집하고 있는 것들로부터 분리되고, 쫓겨나고, 끌려가고, 결국에는 원수를 섬기지 않을 수 없게 된다(17:3-4).

우상 앞에 절하는 사람만이 아니다. 사람을 믿고 육신으로 그의 힘을 삼는 사람, 마음이 여호와에게서 떠난 이들 역시 저주를 면할 수 없다(17:5). 그렇다고 하여 어떤 사람도 믿지 말라는 뜻이 아니다. 어떤 유력한 사람이나 집단 혹은 나라를 우상화함으로 자기 불안감을 잠재우려는 인간의 뿌리 깊은 경향성을 경계하는 말씀이다. 힘을 숭상하는 이들의 운명은 사막의 떨기나무와 같아서 사람이 살지 않는 건조하고 간간한 땅에 머무는 것처럼 고달플 수밖에 없다. 하지만 사람이 아니라 여호와를 의뢰하는 이의 삶은 다르다.

그는 물 가에 심어진 나무가 그 뿌리를 강변에 뻗치고 더위가 올지라도 두려워하지 아니하며 그 잎이 청청하며 가무는 해에도 걱정이 없고 결실이 그치지 아니함 같으리라(17:8).

떨기나무 같은 인생과는 매우 대조적이다. 여호와를 의뢰하는 사람이라 하여 고통과 시련이 없을 수는 없다. 하지만 그는 자기 속의 진액이 마르는 것 같은 절망감에 사로잡히지는 않는다. 자신의 생명이 하나님께 속해 있음을 신뢰하는 이들은 내면에 마르지 않는 샘 하나를 마련한 것과 마찬가지이다. 그러나 인간은 신뢰와 불신, 희망과 절망 사이에서 늘 흔들린다.
하나님은 인간이 얼마나 허약한 존재인지를 잘 아신다.

만물보다 거짓되고 심히 부패한 것은 마음이라 누가 능히 이를
알리요마는 나 여호와는 심장을 살피며 폐부를 시험하고 각각
그의 행위와 행실대로 보응하나니(17:9-10).

세상 만물은 영고성쇠榮枯盛衰의 순환 속에 있을 뿐 타락할 수
는 없다. 타락은 자유의지를 부여받은 인간에게만 일어날 수
있다. 뱀의 유혹 이후 하나님이 주신 선물로서의 자유는 오용
되는 일이 많았다. 인간의 마음은 신뢰하기 어렵다. 하나님은
'심장'과 '폐부'(실은 콩팥)를 살피신다. 옛 사람은 '심장'에 인간
의 지성이 머문다고 생각했고, 콩팥에 인간의 의지가 머문다고
생각했다. 하나님은 인간의 지성과 의지를 꿰뚫어보시고, 그의
행위와 행실에 따라 갚으신다. 불의한 자는 인생으로부터 허망
함을 거둘 뿐이다.

흙에 기록될 사람들

예레미야는 여호와께 무한한 신뢰를 보낸다. 여호와야말로 이
스라엘의 희망이시다. 그렇기에 그는 단호하게 말한다.

무릇 주를 버리는 자는 다 수치를 당할 것이라 무릇 여호와를 떠

나는 자는 흙에 기록이 되오리니 이는 생수의 근원이신 여호와
를 버림이니이다(17:13).

'흙에 기록된다'는 말은 '죽은 자들의 처소에 등록될 것'이라
는 말이다. "너희 이름이 하늘에 기록된 것으로 기뻐하라"(누가
복음 10:20)는 예수님의 말씀은 이와 정반대인 셈이다. 예레미야
는 분명히 하나님을 의뢰하는 사람이다. 하지만 그의 마음 역시
그늘이 없다 할 수 없다. 사방에서 비난을 받고, 죽음의 위협을
겪으며 살았기에 더욱 그러하다. 그렇기에 그는 기도한다.

여호와여 주는 나의 찬송이시오니 나를 고치소서 그리하시면
내가 낫겠나이다 나를 구원하소서 그리하시면 내가 구원을 얻
으리이다(17:14).

그는 상처난 자기 마음을 치유해주실 하나님께 들어올린다.
예레미야는 솔직하게 자기 속내를 털어놓는다.

그들이 내게 이르기를 여호와의 말씀이 어디 있느냐 이제 임하
게 할지어다 하나이다(17:15).

새번역은 이 대목을 더 직접적으로 번역해 놓았다.

백성이 저에게 빈정거리는 말을 들어 보십시오. '주님께서는 말
씀으로만 위협하시지, 별 것도 아니지 않으냐! 어디 위협한 대로
되게 해보시지!' 합니다(17:15).

백성들을 바른 길로 인도하기 위해 애쓰고 그들을 위해 중
보해 준 자신이 조롱받는 것도 견디기 어렵지만 예레미야를
고통스럽게 하는 것은 하나님의 말씀이 조롱받는 것이다. 그
렇기에 그는 조롱하는 자들과 박해하는 자들이 치욕을 당하고
재앙을 만나게 해달라고 기도한다(17:18).

성경을 읽다가 누군가를 저주하는 기도를 만나면 당황스럽
다. 원수까지도 사랑하라는 예수님의 말씀이 떠오르기 때문이
다. 하지만 시편 기자들이 그러한 것처럼 예언자는 자기 마음
에 떠오르는 부정적인 생각까지도 하나님 앞에 정직하게 내놓
는다. 스스로 보복의 주체가 되려 하지 않고 하나님께 그들을
맡김으로 그는 부자유에서 벗어나는 것이다.

내홍을 안으면서 그분의 일을 해야 하는 것이 예언자의 숙
명이다. 하나님은 예레미야에게 평민의 문[출입이 잦은 문]과
예루살렘 모든 문으로 들어오는 이들에게 '안식일을 거룩하게
지키라'고 전하라 이르신다. 안식일을 지키기 위해서는 이해득
실을 따지는 마음부터 내려놓아야 한다. '안식일 지킴'은 여호
와에 대한 신뢰 회복의 출발점이다.

토 기 장 이 의 집 에 서

예레미야 18:1-23

하나님의 절대 주권

예레미야는 여호와의 지시에 따라 토기장이의 집으로 간다. 말씀이 임하기 전에 그는 토기장이가 작업하는 광경을 유심히 바라본다. 그는 녹로 위에 진흙을 올린 후 물레를 돌리며 그릇을 만들다가 흠집이 생기면 그것을 다시 뭉쳐 새로운 그릇을 만들곤 했다. 예언자는 그때 여호와의 장엄한 선언을 듣는다.

> 이스라엘 족속아 진흙이 토기장이의 손에 있음 같이 너희가 내 손에 있느니라(18:6b).

짧지만 강력한 메시지이다. '토기장이'를 뜻하는 히브리어 '요체르'는 하나님이 흙으로 사람을 '지으셨다'고 할 때 사용된 단어 '야차르'에서 온 말이다. 이스라엘 백성의 운명이 창조주이신 주님께 달려 있다는 사실이 아주 구체적인 이미지로 전달된 것이다.

하나님은 어느 민족이나 국가를 뽑거나 부수거나 멸하려 하다가도 돌이키시고, 건설하거나 세우려 했다가도 뜻을 돌이키시는 분이시다. 그것은 하나님의 절대 주권에 속하는 것이지만 나름대로의 일관성이 없는 것은 아니다. 백성들이 악한 일에서 돌이키고 말씀을 청종하면 멸하시려던 뜻을 거두시고, 그들이 악에 빠지면 세우시려던 뜻을 거두신다. 마침내 백성들에게 전해야 할 메시지가 임한다.

> 너희는 각기 악한 길에서 돌이키며 너희의 길과 행위를 아름답게 하라 하셨다 하라(18:11b).

그러나 하나님은 백성들이 어떻게 반응할지도 이미 잘 아신다.

> 그들이 말하기를 이는 헛되니 우리는 우리의 계획대로 행하며 우리는 각기 악한 마음이 완악한 대로 행하리라 하느니라(18:12).

바른 말씀, 살리는 말씀, 쓴 소리는 경청되지 않는다. 죄와 멸망의 경사로에 선 사람들은 돌이킬 줄 모른다. 단절적인 파국이 닥쳐오기 전까지 그들은 안온한 일상이 지속될 거라는 허탄한 신화에 집착하기 때문이다. 시간이 자기에게 속한 것이 아니라는 사실을 인식하며 사는 이들은 드물다. 하나님은 그런 사람들의 반응을 답답해하신다. 하나님이 공들여 만드신 이스라엘은 가증한 일을 행하면서도 임박한 재난을 알아차리지 못한다. 예언자들이 전하는 말을 귀담아 듣지 않는다. 그렇기에 하나님은 탄식하신다.

레바논의 눈이 어찌 들의 바위를 떠나겠으며 먼 곳에서 흘러내리는 찬물이 어찌 마르겠느냐(18:14).

'들의 바위'라는 말이 지시하는 바가 무엇인지는 분명치 않다. '들의 바위'(사다이)를 헤르몬 산의 옛 이름인 '시르욘'으로 읽는 번역본도 있다. 그렇다면 이 구절은 헤르몬 산 위를 뒤덮고 있는 흰 눈과 거기서 발원한 물이 세차게 흘러내리는 장면을 그린 것으로 볼 수 있겠다.

척박한 땅에 사는 이들에게 흰 눈을 이고 있는 산과 거기서 흘러내리는 물은 신비 그 자체였을 것이다. 여호와는 늘 그곳에 계시면서 백성들을 사랑으로 돌보건만 사람들은 그 사랑에 등을 돌리기 일쑤이다. 이스라엘은 광야에서 맺은 굳은 언약을 저버리고 허무한 것을 따라 나서곤 했다.

옛부터 걸어온 바른길을 벗어나서 닦지 않은 길로 들어섰다. 욕망을 따르는 길은 이정표가 없는 길과 같다. 그 길은 휴식이 없는 길이요 이웃과의 따스한 교감이 없는 길이다. 하나님이 아니라 욕망이 추동하는 길로 나아간 이들에게 주어지는 것은 다른 이들의 비웃음뿐이다. 땅은 황량하게 변할 것이고, 그들은 마치 뜨겁고 세차게 불어오는 동풍에 흩날리는 낙엽처럼 원수들에게 쫓길 것이다.

> 내가 그들에게 등을 보이고 얼굴을 보이지 아니하리라(18:17b).

두려운 경고이다.

예레미야를 죽이려는 음모

여호와의 쓴 소리를 들을 생각이 없는 이들은 그 말씀을 전달하는 자를 없앰으로 말씀조차 없앨 수 있다고 생각한다.

> 제사장에게서 율법이, 지혜로운 자에게서 책략이, 선지자에게서 말씀이 끊어지지 아니할 것이니 오라 우리가 혀로 그를 치고 그의 어떤 말에도 주의하지 말자(18:18).

예레미야가 아니라도 자기들 곁에는 언제든 필요한 말을 전해 줄 제사장과 현자와 선지자가 있다는 것이다. 대중들이 듣고 싶어 하는 말을 전해주는 이들은 어디에나 있다. 가려운 데를 긁어주는 말, 욕망을 부추기는 말은 언제나 달콤하다. 하지만 달콤한 그 말에 취하는 순간 우리 속에 있는 하나님의 형상은 흐릿해진다.

　사람들은 예레미야를 죽이려고 구덩이를 팠다. 주님의 분노를 돌이키기 위해 그들 편에 서서 중재를 했건만 백성들은 그를 용납할 생각이 없다. 안온한 일상에 자꾸 파문을 일으키기 때문이다. 예언자들이 외면당하고 박해받는 것은 늘 있는 일이지만 이런 일이 지속되면 누구라도 지치게 마련이다.

　예레미야는 21절에서 자기 속에 일고 있는 거친 생각을 가감 없이 격정적으로 하나님께 아뢴다. 그들의 자녀는 기근과 폭력에 시달리고, 아내들은 자녀를 잃고 또 과부가 되며, 장정들은 전장에서 죽임을 당하게 해달라는 것이다. 폭언이고 망언이다. 어찌 이리도 신랄한 저주를 할 수 있단 말인가?

　예언자는 하나님의 분노를 내면화한 사람이다. 그는 하나님의 심정에 깊이 공감한다. 신실함이 없는 백성들에 대한 하나님의 분노가 고스란히 예언자의 가슴에 서려 있다. 예레미야는 분노를 가슴에 담아두지 않고 하나님 앞에 다 쏟아낸다. '표현된 분노'를 통해 예언자는 자기 가슴을 짓누르는 압박감에서 어느 정도 벗어난다. 보복은 하나님께 속한 것이기 때문이다.

　예레미야는 초인이 아니다. 세상의 모든 불의와 어둠을 자기 속으로 끌어들여 녹여내는 존재가 아니다. 그도 지치고 낙심할 때가 많다. 그래서 자기를 죽이려는 흉계를 꾸미는 이들의 죄악을 용서하지 말아달라고, 그들의 허물을 가볍게 다루지 말아달라고 청한다.

옹기를 깨뜨리다

예레미야 19:1-15

죽임의 골짜기

여호와는 예레미야에게 토기장이의 옹기를 사서 백성을 대표
하는 원로 몇 사람과 제사장 몇 사람을 대동하여 하시드 문[토
기 문]을 통해 '힌놈의 아들 골짜기'로 가서 당신의 말씀을 전
하라 이르셨다. 힌놈의 아들 골짜기는 '도벳 사당'이 있던 곳(예
레미야 7:31)이다. 도벳은 '화로' 또는 '제단'을 뜻하는 히브리어
'토프테'와 관련된 것으로 보이는데 그곳에서 유다 백성들은
자기들의 자녀를 불살라 신에게 바쳤다.

인신공희人身供犧 전통은 거의 모든 문화권마다 발견되는데,
수렵·목축시대를 거쳐 농경시대까지 이어져 온 악습이다. 가
장 귀중한 것을 바쳐야 신의 호의를 살 수 있다는 극단적 사고
에서 비롯된 것으로 보인다. '심청전'이나 '성덕대왕신종(에밀레
종) 이야기' 등도 일종의 인신공희 이야기라고 볼 수 있다. 어떤
이들은 아브라함의 이삭 번제 이야기(창세기 22장)를 인신공희의
악습과 결별한 사건으로 보기도 한다.

백성을 대표하는 이들과 예레미야가 함께 간 힌놈의 아들

골짜기는 바로 그런 끔찍한 폐습이 자행되던 현장이다. 바로
그곳에서 하나님의 말씀이 울린다. 듣는 자의 귀가 떨릴 정도
로 무서운 말씀이다. 유다의 왕들과 예루살렘 주민들은 하나님
을 버렸을 뿐만 아니라 정결해야 할 그곳을 불결하게 만들었
다는 것이다. 다른 신들에게 분향하고 무죄한 자들의 피로 그
곳을 채웠으며 바알 신당을 건축하여 자기 아들들을 번제로
불살라 드렸다. 이제 그곳은 '힌놈의 아들의 골짜기' 혹은 '도
벳'이라고 불리지 않고 '죽임의 골짜기'로 불리게 될 것이다.

'죽음'과 '죽임'은 다르다. 죽임은 생명의 폭력적 단절이다.
죽임을 당하는 이들은 대개 보복의 능력이 없는 약자들이다.
절박하다고 하여 누군가를 희생시킴으로 그 상황에서 벗어나
고자 하는 사람이나 사회는 불의하다. 하나님은 그런 행위를
용납하실 수가 없다. 하나님은 거룩한 땅을 피로 물들인 유다
와 예루살렘에 진노하신다. 하나님의 심판의 메시지가 장엄하
게 울려 퍼진다.

> 내가 이곳에서 유다와 예루살렘의 계획을 무너뜨려 그들로 그
> 대적 앞과 생명을 찾는 자의 손의 칼에 엎드러지게 하고 그 시체
> 를 공중의 새와 땅의 짐승의 밥이 되게 하며 이 성읍으로 놀람과
> 조롱거리가 되게 하리니 이 모든 재앙으로 말미암아 지나는 자
> 마다 놀라며 조롱할 것이며(19:7-8).

난공불락이라 여겼던 예루살렘, 놋 성벽처럼 든든하리라 여겼던 예루살렘, 하나님을 예배하는 성전이 있기에 무너질리 없다고 여겼던 예루살렘이 무너질 것이다. 하나님의 백성을 자처했던 이들이 속절없이 죽임을 당한다. 외적들이 침입하여 장기간 성읍을 에워쌀 때 성 안에서 벌어질 일은 참담하기 이를 데 없다. 먹을 것이 다 떨어져 죽음의 그림자가 모두를 감쌀 때, 인간을 인간답게 만드는 모든 가치관이 허물어지고 오로지 살아남아야 한다는 야수적 본능만이 남아 있을 때, 자식들을 잡아먹는 반인륜적인 일이 벌어질 것이라는 것이다.

최종적 심판 예고

이야기가 이 대목에 이를 때 여호와는 예레미야에게 토기장이에게서 사온 옹기를 깨뜨리라 말씀하신다. 바닥에 내던져져 산산조각 나는 옹기, 그것은 시각적 충격인 동시에 청각적인 충격이었을 것이다. 예언자의 이야기를 듣는 이들은 바로 파쇄된 옹기가 자신들임을 어렵지 않게 알아차렸을 것이다. 하나님의 심판은 그렇게 신속하고 최종적으로 이루어질 것이다. 쨍그랑 옹기 깨지는 소리가 들려와도 무덤덤한 사람, 조각난 옹기 조각을 보고도 깨닫지 못하는 사람에게는 희망이 없다.

사람이 토기장이의 그릇을 한 번 깨뜨리면 다시 완전하게 할 수 없나니 이와 같이 내가 이 백성과 이 성읍을 무너뜨리리니 도벳에 매장할 자리가 없을 만큼 매장하리라(19:11).

하나님은 예루살렘의 임박한 멸망을 예고하신다. '성읍'이 '도벳'처럼 변할 날이 온다. 도벳을 '화로'와 관련된 것으로 본다면 이 말은 전쟁으로 인해 성읍이 불탈 것임을 암시한다. 도벳이 죽임의 계곡이었던 것처럼 안전하리라 믿었던 예루살렘 성도 죽임의 자리가 될 것이다. 그 까닭은 명백하다. "예루살렘 집들과 유다 왕들의 집들이 그 집 위에서 하늘의 만상에 분향하고 다른 신들에게 전제를 부음으로 더러워"(19:13)졌기 때문이다.

예레미야는 이제 선포의 장소를 옮긴다. 도벳에서 돌아와 여호와의 집 뜰에 서서 모든 백성에게 외친다. 백성의 대표자들만이 아니라 모두가 들어야 하기 때문이다.

만군의 여호와 이스라엘의 하나님께서 이와 같이 말씀하시되 보라 내가 이 성읍에 대하여 선언한 모든 재앙을 이 성읍과 그 모든 촌락에 내리리니 이는 그들의 목을 곧게 하여 내 말을 듣지 아니함이라 하시니라(19:15).

이 모든 재앙의 뿌리를 거슬러 올라가보면 하나님의 말씀을 듣지 않으려는 완악한 마음과 자기에 대한 과신이 있다. 말씀에서 멀어지는 순간 이웃들과도 멀어진다. 대신 재앙이 다가온다.

message 8

삶의 기본 세우기

주님께서 나에게 이렇게 말씀하셨다. "너는 가서, 유다의 왕들이 출입하는 '백성의 문'과 예루살렘의 모든 성문에 서서, 그들에게 전하여라. '이 모든 성문으로 들어오는 유다의 왕들과 유다의 모든 백성과 예루살렘의 모든 주민아, 너희는 나 주의 말을 들어라. 나 주가 말한다. 너희가 생명을 잃지 않으려거든, 안식일에는 어떠한 짐도 옮기지 말고, 짐을 가지고 예루살렘의 성문 안으로 들어오지도 말아라. 안식일에는 너희의 집에서 짐도 내가지 말아라. 어떠한 일도 해서는 안 된다. 너희는, 내가 너희 조상에게 명한 대로, 안식일을 거룩하게 지켜야 한다'"(예레미야 17:19-22).

태풍을 예감하며

주님의 은총과 평강이 우리 가운데 계시기를 기원합니다. 우리는 지금 길고 긴 장마의 끝자락에 서있습니다만 제6호 태풍 망온이 북상하고 있다는 소식이 들려오고 있습니다. 도시에 사는 우리는 그저 좀 불편한 정도이지만 땅에 의지하여 살아가는 분들에게는 대단히 가혹한 시간이 아닐 수 없습니다. 남해안 바닷가에 사는 한 후배 목사로부터 그곳에 사는 것이 행복하지만 태풍이 다가올 때마다 느끼는 그 스산한 긴장감만은 싫다는 이야기를 들은 적이 있습니다. 그건 몸으로 겪어본 사람만 알 수 있는 느낌일 겁니다.

우리도 살아가면서 어떤 예감에 사로잡힐 때가 있습니다. 사람들은 불길한 예감은 왜 그리 꼭 들어맞는지 모르겠다고 탄식합니다. 대규모 자연 재해가 다가올 때는 동물들이 먼저 알아차린다고 합니다. 그래서 지혜자들은 자연 세계에서 감지되는 작은 변화를 통해 미구에 닥쳐올 일들을 가늠하기도 합니다. 똑같은 현실도 경험하는 주체에 따라 천양지차로 인식됩니다. 위기가 닥쳐오고 있는데도 그것을 전혀 감지하지 못하는 사람들도 있습니다. 둔감하다고 해야 할지 우둔하다고 해야 할지 모르겠습니다.

위기를 인식하기는 하지만 자기가 그 문제를 해결하기에는 역부족이라고 판단하는 이들도 있습니다. 그들은 나약한 사람이거나 숙명론자일 겁니다. 똑같이 위기를 인식해도 달리 반응하는 이들도 있습니다. 위기를 극복할 방안을 찾기보다는 그 위기의 원인을 누군가에게 뒤집어씌우는 사람들입니다. 일종의 마녀 사냥 혹은 희생양 만들기라고 할 수 있겠습니다. 하지만 위기의 본질을 예민하게 알아차리고 대안을 제시하는 이들이 있습니다. 예언자들입니다.

19세기 말까지만 해도 환기시설이 잘 안 되었던 광산은 늘가스 중독의 위험이 도사리고 있었다고 합니다. 광부들이 갱도에 들어갈 때 카나리아를 가지고 들어간 것은 그 때문입니다. 일산화탄소에 민감한 카나리아가 노래를 그치거나 죽으면 광부들은 즉시 갱도를 벗어나야 했습니다. 잠수함 수부들은 잠수함에 남은 산소를 측정하기 위해 토끼를 가지고 들어갔다고 합니다. 토끼 행동에 이상이 생기면 수부들은 산소가 얼마 남지 않았음을 알아차리고는 즉시 물 위로 떠오르곤 했다 합니다. 카나리아나 토끼는 위험을 예고하는 나팔수들인 셈입니다.

예언자들은 하나님의 나팔수들이었습니다. 위험을 남보다먼저 감지하고 사람들에게 경고하여 위험에 대처하도록 하는것이지요. 하지만 그들의 말이 경청되는 경우는 많지 않았습니다. 예언자는 카나리아나 토끼의 운명을 살던 이들이었는지도모릅니다.

예언자로 부름 받은 예레미야가 맨 먼저 본 것은 두 가지 환상이었습니다. 하나는 살구나무 가지였고, 다른 하나는 물이 끓는 솥이 북쪽에서부터 넘쳐흐르는 광경이었습니다. 살구나무 가지를 뜻하는 히브리어 '샤케드'는 '지켜보다'는 뜻과 연관되니까 그것은 예레미야의 소명을 나타내는 환상인 것 같습니다. 예언자는 '보는 사람seer'입니다. 물이 끓는 솥은 자기 확장의 욕망에 사로잡힌 바벨론 제국의 상징이었습니다. 예레미야는 미구에 닥쳐올 위기를 내다보면서 백성들에게 경고의 나팔을 울렸습니다. 그릇된 삶의 방식을 버리고 주님께로 돌아오라는 것이었습니다.

터전이 흔들릴 때

그는 이스라엘의 죄상을 아주 냉정하게 폭로했습니다. 그리고 그 다양한 죄의 뿌리가 무엇인지를 아주 간명하게 요약했습니다.

> 나는 이 백성에게 나의 율법을 주면서 지키라고 하였다. 그러나 그들이 그것을 버리고, 나의 말을 순종하지 않고, 실천하지 않았다. 그들은 오히려 자기들의 고집대로 살고, 조상이 섬기라고 가르쳐 준 바알 신들을 따라다녔다(9:13-14).

죄의 뿌리는 두 가지로 요약됩니다. 첫째는 주님의 말씀을 따라 살지 않는 것입니다. 율법은 거룩한 백성이 되는 길을 가르쳐주고 있습니다. 거룩한 백성이 되기 위해서는 하나님을 경외할 줄 알아야 하고, 가난하고 소외된 이웃들을 진심으로 사랑해야 합니다. 하나님 사랑과 이웃 사랑은 사실은 하나입니다. 하나님에 대한 사랑은 피조물에 대한 사랑을 통해서만 표현될 수 있기 때문입니다. 고아와 과부와 나그네로 표현되고 있는 사회적 약자들을 무시하지 않고, 오히려 그들의 살 권리를 인정하고 또 보살피는 것이야말로 하나님을 경외하는 길입니다.

집 없는 이들의 쉼터를 제공해주는 엠마우스 운동을 전개했던 피에르 신부가 들려주는 아름다운 이야기가 있습니다. 어느 날 엠마우스의 한 소년이 그에게 물었습니다. "'사랑이신 하나님'이라는 말은 무슨 뜻이요?" 피에르는 그에게 친절하게 대답했습니다. "몇 주 전, 네가 춥고 배고프고 땀에 젖은 채 지쳐서 돌아오던 날을 생각해보렴. 너는 종일 일하느라고 배가 고팠지만 한 할머니의 살림을 돌봐주었지. 저녁에 기진맥진하여 돌아온 너는 내게 '신부님, 오늘 하루 일은 매우 만족스러웠습니다'라고 말했지. 그래서 나는 네게 말했어. '그런 즐거움을 절대로 잊지 말거라. 너의 가슴속을 즐거운 노래로 가득 채우는 이 순간은 다른 어떤 것과도 비교할 수 없단다. 너는 누군가를 사랑한다는 것이 얼마나 감미로운지를 맛본 거야. 내가 언젠가 말했지? 세상의 모든 도서관을 뒤져 신학을 통째로 안다 해도 하나님을 알지는 못한다고 말이야. 하지만 오늘 너는 하나님에 대해 아무 것도 모른다고 생각하지만, 사랑하는 것이 얼마나 좋은 것인지를 맛볼 수 있었다면 너는 벌써 하나님을 만난 거야.'"(아베 피에르, 《당신의 사랑은 어디에 있습니까》, 바다출판사, 128쪽을 풀어 옮김)

　죄의 두 번째 뿌리는 자기 고집대로 살아가는 것입니다. 이것은 하나님의 명령을 거역하는 삶의 이면이라 할 수 있습니다.

　너희는 너희 조상들보다도 더 악한 일을 하였다. 너희는 각자 자신의 악한 마음에서 나오는 고집대로 살아가며, 내 명령을 따라 순종하지 않았다(예레미야 16:12).

　이기심과 과도한 욕망으로 얼룩진 '자아'의 명령에 따라 살아가는 것이 '고집'입니다. 우리 마음이 하나님의 말씀을 따라 조율되지 않으면 우리는 자아의 감옥에서 벗어날 수 없습니다. 인간의 본능이나 욕구 그 자체가 나쁜 것은 아닙니다. 하지만 그것이 오직 자신에게만 집중될 때는 악이 됩니다.

　자아의 감옥에 갇힌 사람들을 만나면 참 피곤합니다. 그들은 다른 이들에게 늘 무엇을 요구하기만 할 뿐 나누고 양보할 줄은 모릅니다. 오히려 피해의식이 많습니다. 우리가 인욕으로부터 벗어나기 위해서는 인간관계에서 자꾸만 계산기를 두드리지 말고 흔쾌하게 양보할 줄 알아야 합니다. 그런 배려심을 이용하는 이들이 있어 속상할 때도 있지만, 그래도 그것이 자기로부터 해방되는 길임은 분명합니다.

　예레미야가 살던 시대는 하나님에 대한 경외감도 무너지고, 이웃에 대한 배려도 무너진 시대였습니다. 기둥은 기울고, 지붕은 새고, 구들장은 주저앉은 형국입니다. 서로를 사랑하지도

아끼지도 신뢰하지도 않으니 함께 힘을 합해 집을 고칠 생각
도 없습니다. 파멸은 예정된 거나 마찬가지입니다. 예레미야는
무너지는 그 집을 어떻게든 지탱해보려 안간힘을 다합니다. 그
는 하나님께 어떻게 해야 할지를 여쭙습니다. 그런데 정말 이
상한 대답을 듣습니다. 안식일을 거룩히 지키라는 것입니다.

뜬금없는 명령

정말 뜬금없는 명령입니다. 지금 위기가 목전인데 한가하게
안식일을 지키라니요? 성경에서 우리는 이런 상황과 만날 때
가 많습니다. 출애굽 공동체가 요단강을 건너 이제 막 여리고
성 앞에 이르렀을 때, 그 일촉즉발의 위기 상황 가운데서 하나
님이 그 백성들에게 요구하신 것은 무엇이었습니까? '할례를
베풀라'는 것이었습니다. 전술적으로 보면 있을 수 없는 일이
었습니다. 막강한 적을 앞에 두고 할례를 베풀라니요? 하지만
그 의례를 통해 그들은 하나님의 백성으로서의 정체성을 확고
히 할 수 있었습니다. 그것이 전쟁의 승리로 이어졌음을 우리
는 압니다.

'이 백성이 다 죽게 생겼습니다. 하나님, 우리가 무엇을 해야
합니까?' '안식일을 지켜라.' 여전히 쉽게 풀이가 안 되는 명령
입니다. 곰곰이 생각하다가 저는 이것을 생의 중심을 꼭 붙잡
으라는 명령으로 들었습니다. 이제부터 설명을 해보겠습니다.
안식일은 금요일 해질 무렵부터 시작되어 토요일 해질 무렵까

지의 시간입니다. 그날은 아무 일도 해서는 안 됩니다. 출애굽기는 백성들이 안식일을 지켜야 하는 까닭은 천지를 창조하신 하나님도 이렛날 쉬셨기 때문이라고 말합니다. 신명기는 애굽의 종살이에서 벗어나게 해주신 하나님의 명령이라고 말합니다. 그렇다 해도 일을 쉬는 것과 구원이 무슨 상관이 있다는 말입니까?

안식일 계명은 유대인들이 인류에게 전해 준 가장 귀한 선물입니다. 유대인이나 기독교인이 아니라 해도 온 세계 사람들은 일주일 중에 하루를 쉽니다. 안식일이 보편화된 것이라고 할 수 있습니다. 물론 일주일 중 하루를 쉬는 것이 유대인들의 발명품이라고 말할 수는 없습니다. 고대 바벨론 사람들도 일주일 중 하루를 시간과 죽음의 신인 새턴Saturn을 기리기 위해 노동을 중단했습니다. 그날은 슬픔과 자책의 날이었습니다. 하지만 유대인들의 안식일은 성격이 좀 다릅니다. 그날은 먹고 마시고 사랑하면서 생을 경축하는 날입니다.

출애굽기 31장 17절은 안식일을 거룩히 지켜야 할 이유를 흥미롭게 제시합니다. "나 주가 엿새 동안 하늘과 땅을 만들고 이렛날에는 쉬면서 숨을 돌렸기 때문이다." 여기서 우리가 주목해야 할 것은 '숨을 돌리다yinafash'라는 동사입니다. 이 말을 의역하자면 '그는 그의 영혼을 되찾았다'입니다. 하나님도 쉼을 통해 영혼을 되찾았다는 말을 문자 그대로 받아들이면 당혹스럽지만, 그것을 은유적으로 받아들이면 상당히 강력한 메시지임을 알 수 있습니다.

하나님께서 그러하시다면 인간이야 더 말해 무엇하겠습니까? 쉴 줄 모르는 사람은 자기 영혼을 상실하고 있는 것인지도 모릅니다. 영혼을 상실했다는 말은 인간의 도리가 무엇인지 망각하고 산다는 말일 겁니다. 그렇다면 안식일을 지키라는 말은 인간의 도리가 무엇인지를 깊이 생각하고 그에 따라 살라는 말입니다. 더 직접적으로 말하자면 소유와 누림을 최고의 가치로 생각하지 말고 어떤 존재로 살 것인지를 생각하며 살라는 말입니다.

안식일의 확장

안식일은 사람됨을 회복하는 날입니다. 우리는 안식일 계명이 안식년과 희년으로 확장되었음을 잘 압니다. 안식년에 땅을 경작하지 말라고 하신 것은 땅의 지력을 회복시키기 위한 뜻도 있지만, 그보다는 그 땅에서 나는 것을 가난한 이들과 짐승들의 몫으로 인정하라는 요구입니다(출애굽기 23:10-11). 희년이 되면 빚에 몰려 땅과 집을 남에게 넘길 수밖에 없었던 사람들이 그것을 돌려받게 됩니다. 종으로 살던 사람들도 자유인으로 회복됩니다. 안식일의 확장이라 할 수 있는 안식년과 희년은 소수에게 부가 집중되는 현실을 갱신하기 위해 하나님이 인간에게 내리신 엄중한 명령입니다. 그 명령을 따르지 않을 때 인간 세상은 힘이 지배하는 정글이 되고 맙니다.

정치권에서 첨예하게 대립하고 있는 여러 사안들, 즉 복지 증대, 무상 급식, 반값 등록금 문제를 정파 간의 이해관계를 넘어 신앙의 눈으로 보면 답은 분명합니다. 누구를 지지하고 말고의 문제가 아닙니다. 어쩌면 지금 사람들이 요구하고 있는 바는 성경이 지시하고 있는 바의 세속적 번역이라 해도 과언이 아닐 것입니다. 그런 목표에 도달하기까지는 아직 거쳐 가야 하는 과정이 많지만 할 수 있는 일부터 시작해야 합니다.

위기에 처한 백성들에게 하나님은 아무 일도 없을 거라고 말씀하시지 않습니다. 안식일을 지킨다고 하여 모든 문제가 해결될 거라고도 하지 않으십니다. 세상 문제에 마술적인 해결책은 없습니다. 저는 만병통치약을 믿지 않습니다. 겪어야 할 일은 겪어야 합니다. 하지만 고통 속에서도 새로운 미래를 준비해야 합니다. 안식일을 지키라는 명령의 속뜻은 이것일 겁니다. 지금 인생의 곤경에 빠진 분들이 계십니까? 하나님께서 일시에 문제를 해결해 주시지 않는다고 원망하지 마십시오. 하나님은 직접 세상에 개입해서 문제를 푸실 때도 있지만, 대개의 경우는 우리 속에 힘을 불어넣으시어 스스로 일어서도록 하실 때가 더 많습니다. 그것이 하나님의 사랑법입니다.

안식일을 지킨다고 모든 문제가 해결되는 것은 아닙니다. 그것은 마치 전지 작업과 같습니다. 뿌리를 튼튼히 하기 위해 거름을 주는 것과 같습니다. 주님은 예레미야에게 유다의 왕들이 출입하는 '백성의 문'과 예루살렘의 모든 성문에 서서, 생명을 잃지 않으려거든 안식일을 거룩히 지키라는 명령을 전하라고 하셨습니다. 그 요구가 제게는 지금까지와는 다른 터전 위에 인생의 집을 지으라는 요구로 들립니다. 어렵습니다. 세상은 우리에게 끊임없이 휘황한 소유의 낙원을 보여줍니다. 하지만 기실 알고 보면 그것은 낙원이 아니라 쉼이 없는 지옥입니다. 안식일을 지키라는 말은 삶의 근본을 바로 세우라는 요구입니다. 생명이 여기에서 비롯됩니다.

교우 여러분, 이제 장마가 그치고 무더위가 찾아오면 사람들은 쉴 곳을 찾아 떠나기 시작합니다. 참 쉼은 하나님 안에 있을 때 주어지는 선물임을 잊지 마십시오. 이 무더운 여름날, 여러분 모두의 가슴에 하나님을 모시는 성소가 마련되기를 기원합니다.

마음이 불붙는 것 같아서

예레미야 20:1-18

예레미야에 대한 신체적 폭력이 시작된다. 성전의 총감독인 제사장 바스훌은 예레미야가 여호와의 집 뜰에서 예루살렘에 임할 재앙을 선포했다는 말을 듣고 그를 붙잡아 베냐민 문 위층에 묶어 두었다. 그곳은 누구라도 볼 수 있는 공공장소였다. 대중들 앞에서 예레미야에게 모욕을 가함으로 그가 전하는 말의 신빙성을 훼손하려는 계책이었을 것이다. 다음 날 바스훌이 다시 등장해 예레미야를 풀어준다. 그만하면 본때를 보여주었다고 생각했던 것일까? 예레미야는 전혀 주눅들지 않은 목소리로 그에게 여호와의 말씀을 전한다.

여호와께서 네 이름을 바스훌이라 아니하시고 마골밋사빕이라 하시느니라(20:3b).

마골밋사빕은 '사방으로 두려움'이라는 뜻이다. 중의적 의미를 지닌 호칭이다. 그의 이름 자체가 사람들에게 공포와 더불어 기억될 것이라는 뜻과 아울러 그 또한 공포에 둘러싸이게 될 것이라는 뜻 말이다. 바스훌은 가까운 친구들이 원수들의 칼에 엎드러지는 모습을 목도하게 될 것이다. 유다 사람들이 바벨론에 포로로 잡혀갈 때 그의 집 식솔들도 다 포로로 잡혀가 거기서 죽게 될 것이다. 하나님의 말씀을 힘으로 누르려는 자와 그에게 속한 이들의 비참한 말로이다.

7절부터는 예언자의 탄식이 이어진다. 적대자들 앞에서는 당당하게 할 말을 다하지만 그의 가슴에도 모욕당한 상처의 흔적은 남아 있을 수밖에 없다. 그렇기에 하나님께 불평을 털어놓는다.

여호와여 주께서 나를 권유하시므로 내가 그 권유를 받았사오며 주께서 나보다 강하사 이기셨으므로 내가 조롱 거리가 되니 사람마다 종일토록 나를 조롱하나이다(20:7).

'권유하셨다'와 '이기셨다'는 표현은 지나칠 정도로 순화시킨 번역이다. 권유하셨다고 번역된 '파타 patah'는 "성경에서 여자에게 결혼 전에 성행위를 승낙하도록 설득, 유도하는 것을 의미할 때 사용된다." 그리고 '이기셨다'고 번역된 '하자크 hazak'는 "여자에게 혼외정사를 강요하는 것으로서, 그녀의 의사에 반하여 이루어지는 것을 뜻할 때 사용된다"(아브라함 J. 헤셸,《예언자들》, 이현주 옮김, 삼인, 196쪽). 헤셸은 이 대목에 주목하면서 예언자의 소명을 이렇게 설명한다.

예언자가 되라는 소명은 단순한 초청 이상이다. 그것은 무엇보다도 유혹받고 승낙하는 혹은 기꺼이 몸을 허락하는 그런 것이다. 그러나 이런 매력있는 부분은 예언자가 경험한 것의 한쪽일 뿐이다. 이번에는 폭력에 의하여 강탈을 당하고 자신의 의사에 반하여 막강한 힘 앞에 무릎을 꿇고 마는 그런 국면이 있다(앞의 책. 196쪽).

달콤한 시간은 지나갔고 소태처럼 쓴 시간이 다가왔다. 그렇기에 예레미야는 하나님께 자기 괴로움을 토로한다.

내가 말할 때마다 외치며 파멸과 멸망을 선포하므로 여호와의 말씀으로 말미암아 내가 종일토록 치욕과 모욕 거리가 됨이니이다(20:8).

대중들의 귀에 단 말을 했더라면 이런 괴로움은 없었을 것이다. '파멸'과 '멸망'을 예고하자 사람들은 벌떼처럼 일어나 그를 조롱하고 박해했다. 예레미야는 그래서 속으로 다짐한다.

다시는 여호와를 선포하지 아니하며 그의 이름으로 말하지 아니하리라(20:9a).

여호와의 말로 인해 빚어진 현실이니 그 말을 더 이상 입에 담지 않으면 괴로움의 시간도 지나가지 않겠는가? 하지만 그는 입을 다물고 있을 수가 없다.

> 나의 마음이 불붙는 것 같아서 골수에 사무치니 답답하여 견딜 수 없나이다(20:9b).

이것이 말씀에 사로잡힌 자의 운명이다. 예언자란 가슴에 불이 붙은 사람이다. 하나님의 마음에 사로잡힌 사람은 외치지 않을 수 없다. 세상은 여전히 적대적이다. 파멸과 멸망을 예고하는 예언자를 사람들은 불길하게 여긴다. 그래서 그를 고소하자고 서로를 부추긴다. 유혹이라는 덫을 놓고는 예언자가 걸려들기를 기다리는 이들도 있다. 한때 친했던 이들조차 그에게 다 등을 돌리고 예레미야가 실족하기만을 기다린다. 절망의 어둠이 점점 짙어진다. 하지만 예레미야는 그렇게 무너지지 않는다. 하나님의 마음과 깊이 접속되어 있었기 때문이다. 인간 예레미야는 유혹이나 박해 앞에서 잠시 흔들릴 수 있지만 하나님은 어떤 경우에도 흔들리지 않으신다.

> 여호와는 두려운 용사 같으시며 나와 함께 하시므로 나를 박해하는 자들이 넘어지고 이기지 못할 것이오며 그들은 지혜롭게 행하지 못하므로 큰 치욕을 당하오리니 그 치욕은 길이 잊지 못할 것이니이다(20:11).

두려운 용사 같으신 주님이 계시기에 박해자들의 도모는 성공할 수 없다. 예레미야는 오로지 폐부와 심장을 보시는 하나님만 의지한다. 적대자들에 대한 심판을 온전히 하나님께 맡긴다. 그리고는 사람들을 하나님을 찬양하는 자리로 초대한다.

여호와께 노래하라 너희는 여호와를 찬양하라 가난한 자의 생명을 행악자의 손에서 구원하셨음이니라(20:13).

여기서 말하는 '가난한 자'는 물질적으로 궁핍한 자를 이르는 말이 아니라 억울한 일을 당하여도 하나님의 도우심 외에는 의지할 데가 전혀 없는 이들, 곧 억압받는 이들을 가리킨다.

14절부터 18절까지의 본문은 독자들을 매우 혼란스럽게 만든다. 그렇게도 당당하게 하나님을 신뢰하던 예레미야가 또 다시 의기소침해져서 자기가 태어난 날을 저주하고 있기 때문이다. 이 대목은 욥의 탄식을 연상시킨다. 자기가 태어났다는 소식을 아버지에게 전해주었던 사람조차 원망한다. 그는 이렇게 수모를 겪으며 살 바에는 차라리 태어나지 않았더라면 좋았을 거라고 불퉁거린다. 수모와 박해 앞에서도 당당하던 그 사람도, 삶이 힘겨워 죽기를 원하는 그 사람도 다 예레미야 속에 있다. 예언자의 길은 '찬양'과 '기쁨'만 있는 것이 아니다. '탄식'과 '울부짖음'도 품고 가야 하는 길이다.

생 명 의 길 과 사 망 의 길

예레미야 21:1-14

_____ 1장 2절에 처음 소개됐던 시드기야가 다시 등장한다. 그는 바스훌과 스바냐를 예레미야에게 보내 기도를 부탁한다. 바스훌[말기야의 아들]은 20장에 등장했던 바스훌[임멜의 아들]과는 다른 사람이다. 스바냐 역시 예언자 스바냐와 동명이인이다. 그는 시드기야의 측근 인사 가운데 한 사람이었다.

> 바벨론의 느부갓네살 왕이 우리를 치니 청컨대 너는 우리를 위하여 여호와께 간구하라 여호와께서 혹시 그의 모든 기적으로 우리를 도와 행하시면 그가 우리를 떠나리라 하니(21:2).

본문은 바벨론 군대가 쳐들어와 예루살렘을 포위하고 있던 상황을 반영하고 있다. 열왕기하 25장 1-2절에 따르면 느부갓네살이 예루살렘을 포위한 때는 주전 588년 1월이고, 예루살렘이 함락된 것은 주전 587년 7월이다. 왕이 예레미야에게 사람을 보낸 것은 그 무렵일 것이다. 그저 견디는 것 이외에 아무것도 할 수 없었던 절박한 상황에서 시드기야는 하나님의 기적적인 개입을 기대한다. '기적'이라 번역된 히브리어는 하나님께서 백성들을 어려움 가운데서 건져낸 사건을 묘사할 때마다 등장하는데 그 기본적인 의미는 '놀라운 일들'이다.

그러나 예언자를 통해 전해진 말씀은 실낱같던 왕의 기대를 저버렸다.

> 이스라엘의 하나님 여호와께서 이와 같이 말씀하시되 보라 너희가 성 밖에서 바벨론의 왕과 또 너희를 에워싼 갈대아인과 싸우는 데 쓰는 너희 손의 무기를 내가 뒤로 돌릴 것이요 그것들을 이 성 가운데 모아들이리라(21:4).

스스로를 지키기 위해 들고 있는 무기를 성 안쪽으로 돌릴 것이고, 그 무기들은 아무 쓸모없이 버려질 것이라는 것이다. 왕이 바라는 기적은 없다. 하나님은 더 이상 그들의 보호자가 아니다.

> 내가 든 손과 강한 팔 곧 진노와 분노와 대노로 친히 너희를 칠 것이며(21:5).

이스라엘을 구원하시기 위해 추켜들었던 손과 강한 팔이 이제는 그 백성을 치기 위해 들려졌다. 흥미로운 것은 이 대목이 출애굽 사건을 묘사할 때 흔히 사용되던 수식어[대개는 '강한 손'과 '편 팔'의 형태]를 살짝 비틀고 있다는 것이다. 지금 유다 백성들이 직면한 현실은 뒤집힌 출애굽임을 암시하려는 것이었을까?

이제 백성들이 깨달아야 할 것은 그들을 멸망시키는 것은 바벨론의 강한 군대가 아니라 여호와 자신이라는 사실이다. 성 안에 있는 사람이나 짐승은 칼에 죽거나 설사 그것을 피했다 해도 큰 전염병이 돌아 죽음을 맞게 될 것이다. 가까스로 전염병과 칼과 기근에서 살아남았다 해도 형편이 더 나을 것은 없다. 시드기야나 그의 신하 역시 마찬가지이다. 그들은 잔혹한 느부갓네살에 의해 죽임을 당할 것이다. 하나님의 도우심과 보호는 철회되었다. 그러면 모든 것이 끝인가? 그렇지 않다. 아직 희망은 있다.

여호와는 백성들 앞에 생명의 길과 사망의 길을 제시하신다. 생명의 길이라고 하여 복된 길은 아니다. 가까스로 살아남는 길이다. 성 안에 머무르는 이들은 결국 칼과 기근과 전염병으로 말미암아 죽을 것이지만, 성 밖으로 나가 갈대아인들에게 항복하는 자들은 살아남을 수는 있다는 것이다.

그의 목숨은 전리품 같이 되리라(21:9c).

위태롭기는 마찬가지이다. 어찌할 것인가? 치욕을 감수하며 살아남을 것인가, 아니면 성과 운명을 같이 할 것인가?

헛된 자만심

11절부터는 새로운 단락이 시작된다. 유다 왕가에게 내린 말씀이다.

> 여호와께서 이와 같이 말씀하시니라 다윗의 집이여 너는 아침마다 정의롭게 판결하여 탈취 당한 자를 압박자의 손에서 건지라 그리하지 아니하면 너희의 악행 때문에 내 분노가 불 같이 일어나서 사르리니 능히 끌 자가 없으리라(21:12).

다윗 왕가의 본분이 명확하게 적시되고 있다. 그것은 정의로운 판결을 통해 사회적 약자들을 보호하는 것이다. 능동적으로 죄를 짓지 않는다 해도 약자 보호의 의무를 소홀히 하는 것, 하나님으로부터 위임된 직무를 회피하는 것은 그 자체로 악행이다. 타락한 권력은 자기에게 위임된 힘을 제 잇속을 차리는 데 사용한다. 기득권을 지키려는 강자들의 연대가 강고할수록 약자들의 신음소리는 경청되지 않는다. 본분을 잃은 권력을 하나님은 그냥 보아 넘기시지 않는다. 불 같이 일어나는 분노로 그들을 사르신다. 그 분노의 불을 끌 수 있는 사람은 아무도 없다

> 여호와의 말씀이니라 골짜기와 평원 바위의 주민아 보라 너희가 말하기를 누가 내려와서 우리를 치리요 누가 우리의 거처에 들어오리요 하거니와 나는 네 대적이라(21:13).

'골짜기와 평원 바위의 주민'이 누구를 가리키는지는 분명하지 않다. 왕가에 대한 신탁 대목 가운데 나온 것으로 볼 때 성전 아래쪽에 있었던 왕궁을 가리키는 것으로 보인다. 왕궁은 어떤 경우에도 훼손되지 않을 것이라 기대하지만 그것은 단지 바람일 뿐이다. "나는 네 대적이라"는 한 마디 속에 그들의 운명이 담겨 있다.

> 내가 너희 행위대로 너희를 벌할 것이요 내가 또 수풀에 불을 놓아 그 모든 주위를 사르리라 여호와의 말씀이니라(21:14).

예루살렘에는 수풀이 없다. 따라서 여기서 말하는 '수풀'은 왕궁을 떠받치고 있는 기둥들과 왕궁 건축에 쓰인 레바논 숲의 목재들을 암시하는 것 같다(한국천주교주교회의가 발간한 《주석성경》 참조). 불타오르는 왕궁은 한 나라의 운명이 다했음을 보여주는 징표이다. 하나님께 등을 돌린 백성의 운명이 그러하다.

정의를 저버린 자들의 운명

예레미야 22:1-30

왕의 책무

22장은 왕들에게 맡겨진 소명이 무엇인지를 밝힌다.

> 너희가 정의와 공의를 행하여 탈취 당한 자를 압박하는 자의 손
> 에서 건지고 이방인과 고아와 과부를 압제하거나 학대하지 말
> 며 이곳에서 무죄한 피를 흘리지 말라(22:3).

왕은 자기 의사를 백성들에게 강제하는 자가 아니다. 공평함
이 없는 세상에서 늘 당하며 살 수 밖에 없는 이들을 보호해야
한다. 그들의 시선은 늘 사회적 약자를 향해 있어야 하며, 법을
자의적으로 해석하는 이들의 횡포를 막고, 스스로 일어설 능력
이 없는 이들이 일어서도록 도와야 한다. '이방인'과 '고아'와
'과부'는 사회적 약자의 대명사이다. 이방인이 가장 앞에 나온
다는 사실이 흥미롭다. 이방인은 전쟁, 기근, 가난으로 인해 자
기 땅을 떠날 수밖에 없었던 이들이다. 뜨내기인 그들은 언제
라도 정착민들의 폭력에 노출되기 쉬웠다. 하나님은 그런 이들

에게 관심이 많으시다.

한 나라의 번성과 왕가의 번영은 하나님의 그 명령을 성실하게 수행했느냐에 달려 있다. 명령을 지키지 않으면 왕궁은 황무지로 변한다.

네가 내게 길르앗 같고 레바논의 머리이나 내가 반드시 너로 광야와 주민이 없는 성읍을 만들 것이라(22:6b).

'길르앗'과 '레바논'은 풍요로움과 아름다움의 상징이다. 그러나 사회적 약자들에 대한 보호 의무를 게을리 하는 순간 그 아름다움과 풍요로움은 재로 변하고 만다. 나중에는 수많은 민족이 그 성읍을 스쳐 지나가며 왜 이 성읍이 황폐하게 되었느냐고 물을 것이고 사람들은 마치 오래된 전설을 전하듯 하나님과 맺은 언약을 저버리고 다른 신들을 섬겼기 때문이라고 대답할 것이다. 여기서 우리는 약자들에 대한 사랑의 실패는 결국 우상 숭배와 연결되어 있음을 알 수 있다.

10절부터는 하나님의 명령을 받들지 않은 왕들의 운명을 전하고 있다. '여호아하스'라고도 알려진 살룸은 요시야 임금의 뒤를 이어 왕위에 오른 사람이다. 기원전 609년 경 백성들의 신망이 두터웠던 요시야가 므깃도 전투에서 사망하자(열왕기하 23:28-30) 온 백성이 그 죽음을 애도했다. 그런데 그러한 국가적 애도 기간이 끝나기도 전에 하나님의 말씀이 백성들에게 내렸다.

> 너희는 죽은 자를 위하여 울지 말며 그를 위하여 애통하지 말고
> 잡혀 간 자를 위하여 슬피 울라 그는 다시 돌아와 그 고국을 보
> 지 못할 것임이라(22:10).

살룸은 포로로 잡혀가 다시는 고국 땅을 밟지 못하게 될 것이라는 것이다. 여호야김 왕은 "불의로 그 집을 세우며 부정하게 그 다락방을 지으며 자기의 이웃을 고용하고 그의 품삯을 주지 아니하는 자"(22:13)로 소개되고 있다. 그는 예레미야의 신탁을 모아 기록한 첫 번째 두루마리를 자기가 머물던 겨울 궁전의 화로에 소각한 인물이다(예레미야 36:22).

그는 가난한 자와 궁핍한 자를 변호하고, '정의와 공의'를 세우기 위해 노력했던 아버지 요시야 임금과는 달리 자기 왕궁을 화려하게 꾸미는 일에 몰두하면서 백성들의 고혈을 짜냈다. 여호야김은 탐욕과 무죄한 피를 흘리는 일과 압박과 포악에 인이 박혔다. 그는 적들에게 사로잡혀 예루살렘 성 밖에 던져질 것이고 나귀처럼 매장당할 것이지만, 아무도 그의 죽음을 슬퍼하거나 애도하지 않을 것이다. 백성의 마음에서 멀어진 전제군주의 최후가 그러하다.

예루살렘아 통곡하라

20절부터 23절은 의인화된 예루살렘에게 통곡할 것을 요구하고 있다.

너는 레바논에 올라 외치며 바산에서 네 소리를 높이며 아바
림에서 외치라 이는 너를 사랑하는 자가 다 멸망하였음이라
(22:20).

레바논, 바산, 아바림은 모두 예루살렘 인근의 산악지대이다. 그곳에서 소리를 지르고 통곡하라는 것이다. '너를 사랑하는 자'는 유다가 동맹을 맺었던 나라들을 가리킨다. 유다가 의지했던 나라들이 다 망하고 말았다. 사람의 힘을 의지하려던 그들의 시도가 수포로 돌아간 것이다. 하나님의 말씀을 경청할 생각이 없었던 이들에게 닥쳐온 참극이다. 백성의 지도자들은 몰아치는 바람에 휩쓸려 갈 것이고, 동맹국 백성들은 포로가 되어 잡혀 갈 것이다. 백향목으로 만든 궁궐에서 거들먹거리고 사는 자도 수치와 욕을 당할 것이고 해산하는 여인처럼 고통을 겪을 때가 곧 온다.

24절부터는 여호야김의 아들 고니야['여호야긴' 또는 '여고냐'라고도 부른다]에 대한 예언이다.

나의 삶으로 맹세하노니 유다 왕 여호야김의 아들 고니야가 나

의 오른손의 인장반지라 할지라도 내가 빼어 네 생명을 찾는 자
의 손과 네가 두려워하는 자의 손 곧 바벨론의 왕 느부갓네살의
손과 갈대아인의 손에 줄 것이라(22:24-25).

여호와의 사심으로 맹세한다는 것은 이제는 재앙이 돌이킬
수 없는 지경에 이르렀음을 의미한다. '인장반지'는 공문서나
임금의 명령을 담은 문서에 서명할 때 사용하는 것으로, 그것
을 뺀다는 것은 왕으로서의 자격이 박탈되었음을 뜻한다. 왕은
물론이고 그의 어머니까지도 낯선 땅에 내던져질 것이고 죽는
날까지 귀환을 허락받지 못할 것이다. 그의 처지는 마치 보잘
것 없어 버림받은 그릇 혹은 깨진 그릇과 같다.

땅이여, 땅이여, 땅이여, 여호와의 말을 들을지니라(22:29).

여호와는 이 비극적인 사태에 대해 땅을 증인으로 초대하고
있다. 고니야는 자식이 없는 사람으로 또한 "평생 동안 형통하
지 못할 자"라고 기록되리라는 것이다. 살룸, 여호야김, 고니
야가 연이어 맞이하게 되는 참극은 사회적 약자들을 보호하지
않은 그들의 태만의 결과이다.

약속을 거두시는 하나님

이것은 주님께서 예레미야에게 하신 말씀이다. "너는 어서 토기장이의 집으로 내려가거라. 거기에서 내가 너에게 나의 말을 선포하겠다." 그래서 내가 토기장이의 집으로 내려갔더니, 토기장이가 마침 물레를 돌리며 일을 하고 있었다. 그런데 그 토기장이는 진흙으로 그릇을 빚다가 잘 되지 않으면, 그 흙으로 다른 그릇을 빚었다. 그 때에 주님께서 나에게 이렇게 말씀하셨다. "이스라엘 백성아, 내가 이 토기장이와 같이 너희를 다룰 수가 없겠느냐? 나 주의 말이다. 이스라엘 백성아, 진흙이 토기장이의 손 안에 있듯이, 너희도 내 손 안에 있다. 내가 어떤 민족이나 나라의 뿌리를 뽑아내거나, 그들을 부수거나 멸망시키겠다고 말을 하였더라도, 그 민족이 내가 경고한 죄악에서 돌이키기만 하면 나는 그들에게 내리려고 생각한 재앙을 거둔다. 그러나 내가 어떤 민족이나 나라를 세우고 싶겠다고 말을 하였더라도, 그 백성이 나의 말을 순종하지 않고, 내가 보기에 악한 일을 하기만 하면, 나는 그들에게 내리기로 약속한 복을 거둔다"(예레미야 18:1-10).

무감각한 세태

주중에 예언서의 말씀을 읽다가 가슴이 답답해졌습니다. 어느 시대든 예언자의 말에 귀를 기울이는 사람은 별로 없다는 사실을 새삼 확인할 수 있었기 때문입니다. 이사야의 탄식이 귀에 쟁쟁합니다.

우리가 들은 것을 누가 믿었느냐? 주님의 능력이 누구에게 나타났느냐?(이사야 53:1)
너희가 듣기는 늘 들어라. 그러나 깨닫지는 못한다. 너희가 보기는 늘 보아라. 그러나 알지는 못한다(이사야 6:9).

진실을 담아 하는 말이 타인의 가슴에 가 닿지 못할 때 우리는 깊은 상실감을 느낍니다. 예언자들의 운명을 생각하다가 그리스 비극에 등장하는 여인 카산드라가 떠올랐습니다. 카산드라는 트로이의 마지막 왕인 프리아모스와 헤카베 사이에서 태어난 아름다운 여인입니다. 카산드라의 빼어난 용모에 반한 바람둥이 신 아폴론은 카산드라에게 예언의 능력을 부여해줍니다. 그리고는 카산드라에게 청혼을 하지만 공주는 차갑게 거절합니다. 자존심에 상처를 입은 아폴론은 마지막으로 한 번만 입맞춤을 하게 해달라고 말합니다. 아폴론은 그 입맞춤을 통해 카산드라에게서 말의 설득력을 빼앗습니다. 앞날을 환히 내다보는 카산드라가 예언의 말을 하면 그것이 사람들에게는 웅얼거리는 말처럼 들리는 겁니다. 그래서 아무도 그 말에 귀를 기울이지 않습니다. 미구에 벌어질 일을 훤히 꿰뚫어보기는 하지만, 아무도 설득해낼 수 없는 카산드라의 운명은 참담한 것이었습니다.

경우는 다르지만 예언자들의 운명도 그러한 것이 아닌가 생각합니다. 예언자들은 이스라엘이 저지르는 악행으로 인해 하나님의 심판이 임박했다는 사실을 누구보다 예민한 감성으로 알아차립니다. 그들은 또렷한 말로 백성들에게 경고합니다. 하지만 아무도 귀를 기울이지 않습니다. 달콤한 말에 길들여진 귀에 예언자의 말은 폭력적으로 들리거나, 강박증에 사로잡힌 자의 헛소리처럼 들렸기 때문일 겁니다. 예레미야는 유다의 죄가 "그들의 마음 판에 철필로 기록되어 있고 금강석 촉으로 새겨져 있다"(예레미야 17:1)고 말합니다. 그들은 하나님을 멀리하고 사람을 의지할 뿐 아니라, 노골적으로 하나님을 비웃기까지 합니다.

주님께서는 말씀으로만 위협하시지, 별 것도 아니지 않으냐! 어디 위협한 대로 되게 해보시지!(17:15)

토기장이의 집에서

예레미야는 자기 직무로부터 달아날 생각은 없었지만 좀 지쳤습니다. 그 때 하나님이 그에게 토기장이의 집으로 가라고 명하십니다. 거기에서 당신의 말을 들려주시겠다는 것입니다. 예레미야는 토기장이의 집에 가서 그가 그릇을 빚는 모양을 유심히 지켜봅니다. 토기장이는 좋은 흙을 떠다가 체로 거르고, 물을 뿌려 질흙으로 만들고, 그것을 물레 위에 올려놓고, 아주 조심스러운 손길로 질흙에 형상을 부여합니다. 침묵 속에서 수행되는 그 섬세한 과정을 지켜보는 동안 예레미야의 숨은 가지런해졌을 겁니다. 무심코 사용하는 그릇 하나에 담긴 토기장이의 정성이 새삼 놀랍고도 고맙게 여겨졌을 겁니다.

그런데 토기장이는 그릇을 빚다가 잘 되지 않으면 흙을 뭉개서 다른 그릇을 빚곤 했습니다. 토기장이가 마음에 그린 형상과 질료인 질흙이 절묘한 조화를 이룰 때 그릇 하나가 완성되었습니다. 굳이 설명하지 않더라도 토기장이의 집에 가라 하신 주님의 마음을 읽을 수 있었을 겁니다.

바울은 "우리는 하나님의 작품"이라면서 "선한 일을 하게 하시려고, 하나님께서 그리스도 예수 안에서 우리를 만드셨다"(에베소서 2:10)고 말합니다. 가끔 저 자신에게 질문을 던지곤 합니다. '나는 하나님의 작품으로 살고 있는가?' '사람들이 나를 보며 작가이신 하나님의 숨결을 느낄 수 있나?'

하나님은 우리가 어긋난 길로 가서 좀처럼 돌이키지 않을 때면 우리를 새롭게 조형하기 위해 슬픔, 고통, 질병, 고독의 물을 뿌리기도 하십니다. 이 말을 오해하면 안 됩니다. 사실 우리가 겪는 그 모든 부정적인 경험들은 하나님이 보내신 것이라기보다는 우리가 자초한 일들인 경우가 많습니다. 그런데 놀라운 것은 우리가 한사코 만나고 싶어하지 않는 그런 부정적인 경험이 우리를 본래의 자리에 되돌려놓곤 한다는 것입니다. 바울은 "내가 약할 그 때에, 오히려 내가 강하다"(고린도후서 12:10)고 말했습니다. 햇볕만 내려 쬐고 비가 오지 않는 땅이 사막으로 변하듯이, 실패와 아픔을 겪지 않고는 영혼이 자랄 수 없는 법입니다. 일어서고 넘어지기를 반복하며 우리는 조금씩 하나님의 마음에 맞는 그릇으로 빚어집니다.

자기 또한 실수를 저지를 수 있다는 사실을 인정하지 않는 사람, 자기 또한 남들에게 상처를 주고 있다는 사실을 인식하지 못하는 사람들이 참 많습니다. 세월이 흘러가도 여전히 자아의 감옥에서 벗어나지 못해 가시처럼 다른 이들의 영혼을 찌르는 이들이 있습니다. 나의 '옳음'이 '따뜻함'과 함께 가지 않으면 아무런 변화도 일으키지 못합니다. 따뜻함이란 다른 이가 자유를 느낄 수 있도록 여백을 마련하는 마음입니다. 그의 입장을 존중하고, 그의 말에 귀를 기울이고, 그를 진심으로 아낄 때 대화의 계기가 마련됩니다. 세상은 나의 옳음과 너의 옳음이 만나 빚어내는 불화와 갈등으로 소란스럽습니다. 인간의 죄된 성품에서 비롯된 옳음은 그처럼 불화를 만들어내게 마련입니다.

그렇기에 우리를 새롭게 빚어주실 하나님 앞에 자꾸 엎드려야 합니다. 하나님께서 우리의 죄를 정화시켜 주실 때 우리는 비로소 따뜻함과 함께 가는 옳음을 붙들 수 있습니다. 우리가 겪는 시련과 아픔, 고독과 실패를 자꾸 하나님께 봉헌하십시오. 그러면 하나님은 그것을 은총의 통로로 삼아 우리를 새롭게 빚어주십니다.

세우기도 하고, 헐기도 하고

하나님은 개인의 삶도 인도하시지만 역사도 섭리하시는 분이십니다. 역사가 어떻게 흘러가는지 그 추세를 대략은 짐작할 수 있지만, 어느 순간 변전이 일어날지는 아무도 알 수 없습니다. 마치 호박이 맺히는 자리가 있는 것처럼 역사 속에는 하나님이 개입하시는 순간이 있습니다. 성경은 그러한 때를 일러 '카이로스'라고 하는 데 그 때는 오직 하나님만 아십니다. 모사謀事는 재인在人이라도 성사成事는 재천在天이라는 말이나 "계획은 사람이 세우지만, 결정은 주님께서 하신다"(잠언 16:1)는 말은 다 이런 인간의 경험을 나타내는 경구들입니다. 하나님이 예레미야를 통해 하신 말씀은 강력합니다.

이스라엘 백성아, 내가 이 토기장이와 같이 너희를 다룰 수가 없겠느냐? 나 주의 말이다. 이스라엘 백성아, 진흙이 토기장이의 손 안에 있듯이, 너희도 내 손 안에 있다(18:6).

선택받은 백성이라는 자부심에 안주하지 말라는 것입니다. 하나님이 누군가를 택하시는 까닭은 그가 그럴 만한 자격이 있기 때문이 아닙니다. 선택은 철저히 하나님의 자유입니다. 다만 우리가 아는 것은 하나님이 누군가를 부르시는 까닭은 그에게 맡기실 일이 있기 때문입니다. 하나님은 아브라함을 불러 '땅에 사는 모든 민족에게 복을 전하라'고 하셨습니다. 하나님은 이스라엘을 불러 '제사장 나라', '거룩한 백성'이 되라고 하셨습니다. 예수님은 우리를 불러 '하나님 나라의 복음을 전하라'고 하셨습니다. 하나님의 부르심을 받은 사람들은 이 음란하고 악한 세대에서 새로운 삶의 가능성을 열어 보이는 그루터기가 되어야 합니다.

신영복 선생님의 《감옥으로부터의 사색》을 읽다가 눈이 번쩍 뜨이는 이야기와 만났습니다. 그는 계수에게 보내는 편지에서 가을에 사서 징역살이하던 방에 걸어두었던 마늘을 이듬해 봄에 껍질을 벗기다가 느낀 것을 적었습니다.

마늘 한 통 여섯 쪽의 겨울을 넘긴 모습이 가지가지입니다. 썩어 문드러져 냄새나는 놈, 저 하나만 썩는 게 아니라 옆의 쪽까지 썩게 하는 놈이 있으며, 새들새들 시들었지만 썩기만은 완강히 거부하고 그나마 매운 맛을 간신히 지키고 있는 놈도 있으며, 폭

싹 없어져버린 놈이 있는가 하면 반대로 마늘 본연의 생김새와
매운 맛을 생생하게 간직하고 있는 놈도 있습니다. 그러나 그 중
에서도 우리를 가장 흐뭇하게 하는 것은 그 속에 싹을 키우고 있
는 놈입니다. 교도소의 천장 구석에 매달려 그 긴 겨울을 겪으면
서도 새싹을 키운 그 생명의 강인함에 놀라지 않을 수 없습니다.
초록빛 새싹을 입에 물고 있는 작은 마늘 한 쪽, 거기에 담긴 봄
은 결코 작은 것이 아닙니다(신영복, 《감옥으로부터의 사색》, 돌베개,
365쪽).

그 혹독한 겨울 추위를 견디고 기어이 싹을 틔우고 마는 마
늘 이야기는 오늘 우리의 삶이 어떠해야 하는지를 보여주는
상징처럼 여겨집니다. 작은 마늘쪽에 담긴 봄처럼, 이 엄혹한
세상에 성도들은 봄소식이 되어야 합니다. "진흙이 토기장이
의 손에 있듯이, 너희도 내 손 안에 있다." 두려운 말씀입니다.
아무리 하나님의 선택받은 백성이라 해도 썩어 문드러지면, 그
래서 주변까지도 썩게 하면 하나님은 그를 버리실 것입니다.
저는 이 말을 지금의 한국교회에 대한 경고로 받습니다.

뜻을 돌이키시는 하나님

사람들은 하나님을 불변하시는 분으로 묘사합니다. 초월적
이고 무시간적인 존재이기에, 세상에 어떤 영향도 받지 않는
분으로 말입니다. 하지만 이것은 그리스적 사고일 뿐, 성경의

하나님은 그렇지 않습니다. 가장 낮은 자들의 신음소리를 못 견뎌하시고, 억압자들을 높은 자리에서 내치시는 분이십니다. 당신에게 등을 돌리는 백성으로 인해 상심하시기도 하고, 당신의 뜻을 따르는 이들로 인해 기뻐하시기도 합니다. 하나님은 물론 초월적인 분이고 시간 너머에 계신 분이십니다. 그럼에도 불구하고 하나님은 세상사를 초연하게 바라보시지 않습니다. 땅은 그분의 발등상이고, 우리가 사는 이 세상은 하나님이 거하시는 곳이기 때문입니다.

성경이 하나님의 품성을 표현하기 위해 즐겨 사용하는 단어 혹은 구절은 다섯 개입니다. '자비로움', '은혜로움', '노하기를 더디 하심', '한결같은 사랑'과 '진실이 풍성함'(출애굽기 34:6)이 그것입니다. 신앙생활의 초기에 저는 '질투하시는 하나님'이라는 말에 큰 저항감을 느꼈습니다. '하나님이 질투하신다고. 쪼잔하게.' 질투란 우월한 사람을 시기하고 증오하는 감정입니다. 그러나 나중에야 알았습니다. 그 말은 당신의 백성들을 향한 하나님의 사랑의 깊이를 역설적으로 표현한 말이라는 것을. 성경의 하나님은 우리들의 선택과 결정에 의해 영향을 받으시는 분이십니다. 이사야는 그런 하나님의 사랑을 "비록 어머니가 자식을 잊는다 하여도, 나는 절대로 너를 잊지 않겠다"(이사야 49:15b)라는 말로 드러내고 있습니다.

성경의 하나님은 뜻을 돌이키시는 분이십니다. 초지일관이 늘 좋은 것은 아닙니다. 길을 잘못 들었는데 기왕 접어들었으니 내쳐 가자고 하면 그처럼 어리석은 일이 어디에 있겠습니까? 돌이켜 원점에서부터 다시 시작할 용기를 가져야 합니다. 하나님께서 한때 어떤 민족이나 나라의 뿌리를 뽑아내거나, 그들을 부수거나 멸망시키겠다고 하셨더라도 그들이 죄악에서 돌이키기만 하면 재앙을 거두십니다. 반대로 어떤 민족이나 나라를 세우고 심겠다고 말을 하였더라도, 그들이 순종하지 않고 악한 일을 하면 약속했던 복을 거두십니다. 중요한 것은 그가 속한 민족이나 종교가 아닙니다. '하나님의 뜻을 따라 사느냐, 그 뜻을 거역하느냐'입니다.

지금은 하나님의 인내의 시간입니다. 심판과 구원 사이의 시간, 즉 돌이킬 기회가 부여된 시간, 회개의 시간입니다. 지금은 자다가 깰 때입니다. 지금이야말로 은혜의 때요, 구원의 날입니다(고린도후서 6:2b). 토기장이이신 하나님은 우리를 거듭해서 다시 빚고 계십니다. 그 은혜의 손길 아래 우리 몸과 마음을 맡겨야 합니다. 하나님은 작고 여린 것들이 폭력으로 유린되는 세상에 분노하십니다. 크고, 빠르고, 효율적인 것이 숭상되는 세상이지만 실상 평화는 작고, 느리고, 비효율적으로 보이는 것들 속에 깃들게 마련입니다. 십자가의 길은 언제나 어리석어 보입니다. 하지만 그 어리석음이 세상을 구원합니다. 지금 주님의 발걸음이 어디에 머물고 있을지 생각해 보십시오. 바로 그곳이야말로 우리가 있어야 할 곳입니다. 주님이 복을 거두시기 전, 우리 발걸음을 주님께로 돌이킬 수 있기를 기원합니다.

거 짓 예 언 자 들 에 대 한 경 고

예레미야 23:1-40

_____ 한 나라가 몰락하는 데 가장 큰 책임이 있는 자는 누구일까? 정치 지도자와 종교 지도자들이 아닐까? 23장은 자신들에게 주어진 돌봄의 사명을 소홀히 한 이스라엘의 목자들에 대한 준엄한 꾸짖음과 사람들을 오도하는 거짓 예언자들에 대한 신랄한 경고가 담겨있다. 자기에게 위임된 일을 방기한 왕들은 "내 목장의 양 떼를 멸하여 흩어지게 하는 목자"(23:1)라 지칭되고 있다. 그들이 양 떼를 흩고 돌보지 않은 까닭은 제 욕심을 채우는데 급급했기 때문이다.

하나님은 친히 남은 양 떼를 모아 목장으로 데려온 후, 참다운 목자들을 세울 것이라 말씀하신다. 그는 다윗에게서 난 한 의로운 가지인데 백성들을 지혜롭게 다스리면서 '정의'와 '공의'를 행할 때가 온다(23:5). 정의와 공의야말로 한 나라를 굳건히 세우는 토대임이 또 다시 강조되고 있다.

주님의 이름을 잊게 하는 자들

예레미야는 주님의 말씀에 취한 사람이다. 그렇기에 음행이 가득한 세상에 깊이 절망한다. 하나님과의 언약을 저버리고 우상 숭배에 빠지고 부끄러운 줄도 모르고 음행에 몰두하는 이들로 인해 땅이 슬퍼하고 광야의 초장들이 말랐다(23:10). 예언자와 제사장들도 예외는 아니다. 예언자는 언약 공동체가 나아가야 할 방향을 가리키는 이정표이다. 이정표가 그릇된 곳을 가리키면 모두가 위험에 처할 수밖에 없다. 벼랑 끝에 설 수도 있고, 어둠 속에서 길을 잃을 수도 있다. 그런데 그 땅의 예언자라는 사람들이 백성들과 똑같은 죄에 빠져 있다. 예루살렘의 예언자들은 바알의 이름으로 예언하며 백성들을 오도했던 사마리아의 예언자들과 다를 바 없다. 스스로 간음, 악행, 거짓말을 하면서 백성들의 악을 부추겼다. 하나님은 그들에게 쓴 쑥과 독한 물을 마시게 하실 것이다.

이는 사악이 예루살렘 선지자들로부터 나와서 온 땅에 퍼짐이라(23:15b).

두렵고 떨리는 말씀이다. 예언자들의 타락이 백성들의 타락의 뿌리임은 부정할 수 없는 사실이다. 오늘의 목회자들은 이 말씀을 거울삼아 스스로를 돌아볼 일이다.

여호와는 헛된 말로 사람들을 가르치고, 자기 마음에서 빚어진 환상을 하나님의 계시인 양 전하는 사람들, 주님의 말씀은 멸시하면서 백성들에게 "너희가 평안하리라", "너희에게 재앙이 임하지 아니하리라"(23:17) 하는 사람들에게 분노하신다. 거짓 예언자들은 결국 백성들로 하여금 주님의 이름을 잊게 하는 자들이다(23:27). 폭풍과 회오리바람처럼 강력한 분노가 그들에게 임할 것이다. 모름지기 예언자는 받은 바 말씀을 성실하게 전해야 한다.

여호와의 말씀이니라 내 말이 불 같지 아니하냐 바위를 쳐서 부스러뜨리는 방망이 같지 아니하냐(23:29).

하나님의 말씀은 허섭쓰레기들을 태우는 맹렬한 불이요, 허위의식과 죄 그리고 안일한 마음을 타격해 깨뜨리는 방망이이다. 오늘 이런 말씀은 어디에 있는가? 거짓과 위선과 탐욕을 부추기거나, 불의를 그럴싸한 말로 덮어주고 있는 것은 아닌가? 30-32절에는 말씀을 도둑질하는 선지자들, 거짓과 허황된 말로 백성을 미혹하는 자를 치겠다는 하나님의 단호한 결의가 거듭 나온다. 바른 말씀을 버리고 자의적으로 말씀을 전하는 자들은 하나님과 맞서는 자들이다. 그들은 난파가 예정된 배와 다를 바 없다.

짐이 되는 주님의 말씀

이 백성이나 선지자나 제사장이 네게 물어 이르기를 여호와의

> 엄중한 말씀이 무엇인가 묻거든 너는 그들에게 대답하기를 엄
> 중한 말씀이 무엇이냐 묻느냐 여호와의 말씀에 내가 너희를 버
> 리리라 하셨고(23:33).

'엄중한 말씀'을 묻는 이들에게 '버리리라' 하는 응답은 다소
의외이다. 엄중嚴重은 몹시 엄함을 이르는 말이다. 하나님의 말
씀을 가볍게 여기는 게 문제지 무겁게 여기는 게 문제는 아니
지 않은가? 사실 이 대목에는 일종의 말놀이가 숨어 있다. '엄
중한 말씀'이라 번역된 히브리어 '마싸'는 '짐'이라는 뜻과 아
울러 '신탁'이라는 뜻을 내포하고 있다. 그러니까 이 대목은 하
나님의 말씀을 사람들이 짐스럽게 여기는 현실을 반영하고 있
다. 새번역은 이 대목을 이렇게 번역했다.

> 이 백성 가운데 한 사람이나 예언자나 제사장이 너에게 와서 '부
> 담이 되는 주님의 말씀'이 있느냐고 묻거든, 너는 그들에게 대답
> 하여라. '부담이 되는 주님의 말씀'이라고 하였느냐? 나 주가 말
> 한다. 너희가 바로 나에게 부담이 된다. 그래서 내가 이제 너희
> 를 버리겠다고 말하였다고 하여라(23:33).

사실 '엄중한 말씀'이라는 말은 늘 불길한 재앙을 예고하는
예레미야의 예언을 조롱하기 위해 적대자들이 사용한 것이다.
말씀을 부담스럽게 여기는 자들이야말로 주님께 부담이 되는

자들이다. 사람들은 애써 감춰두었던 자신의 비열한 욕망을 드러내고, 대면하고 싶지 않은 현실 앞으로 그들을 이끌어가는 말씀을 부담스러워 한다. 옛날이나 지금이나 현실은 동일하다. 그렇기에 설교단에서 불의 언어, 망치의 언어는 점점 사라지고 미풍의 언어만이 난무하고 있다. 사람들의 욕망을 부드럽게 감싸는 언어 말이다. 회중의 눈치를 보며 그들이 듣고 싶은 말만 선포하는 이는 결국 사람들을 하나님으로부터 멀어지게 하는 이들이다.

에드워드 사이드는 《지식인의 표상》에서 "당신이 당신의 후원자를 계속 의식한다면 지식인으로서 사고할 수 없으며, 그저 신봉자나 시종으로 사고할 수밖에 없습니다"라고 말했다. 이것은 말씀을 전하는 자에게도 해당되는 말이다. 하나님의 말씀을 엄중하게 받아들이지 않는 이들은 결국 하나님의 버림을 받게 마련이다.

내가 너희를 온전히 잊어버리며 내가 너희와 너의 조상들에게 준 이 성읍을 내 앞에서 내버려 너희는 영원한 치욕과 잊지 못할 영구한 수치를 당하게 하리라 하셨느니라(23:39~40).

무화과 두 광주리

예레미야 24:1-10

　　　　　　　24장은 예레미야가 직접 보고 들은 것을 증언하는 형식을 취하고 있다. 1절의 원문은 "여호와께서 내게 보이셨다"는 구절로 시작된다. 예레미야는 여호와의 성전 앞에 놓인 무화과 두 광주리를 보았다. 그가 비전으로 본 것인지 실제로 본 것인지 분명하지 않다. 그 일이 벌어진 것은 느부갓네살의 침공으로 "유다 왕 여호야김의 아들 여고냐와 유다 고관들과 목공들과 철공들을 예루살렘에서 바벨론으로 옮긴 후"(24:1a)였다. 아직 나라가 완전히 멸망하기 전이다.

　느부갓네살이 유다의 왕과 고관들을 잡아간 것은 그들을 볼모로 잡아둠으로써 반란의 싹을 도려내려는 것이었고, 목공과 철공들을 데려간 것은 써먹기 위해서였을 것이다. 지금도 남아 있는 바벨론의 찬란한 유적들 속에는 식민지 도처에서 끌려온 장인(匠人)들의 피와 땀과 눈물이 배어 있다.

네가 무엇을 보느냐

예레미야가 본 것은 무화과 두 광주리였다. 한 광주리에는 처음 익은 듯한 극히 좋은 무화과가 담겨 있었고, 다른 한 광주리에는 나빠서 먹을 수 없는 극히 나쁜 무화과가 담겨 있었다. 무화과나무는 포도나무·감람나무와 더불어 유대인들에게 매우 사랑받던 나무이다. 사사기 9장 8절 이후에 나오는 요담의 우화는 그러한 사실을 잘 반영하고 있다. 무화과는 음식의 단맛을 내는데 사용되었을 뿐만 아니라 종기를 치료할 때도 사용되었다(열왕기하 20:7 참조). 예레미야가 성전 앞에서 본 무화과 두 광주리는 두 부류의 유다 백성을 가리킨다.

예레미야야 네가 무엇을 보느냐(24:3a).

예레미야는 자기가 본 대로 대답한다. 그후에 여호와께서 그가 본 것이 무엇을 의미하는지를 밝혀주신다.

내가 이곳에서 옮겨 갈대아인의 땅에 이르게 한 유다 포로를 이 좋은 무화과 같이 잘 돌볼 것이라(24:5).

극히 좋은 무화과는 여고냐와 함께 포로로 잡혀간 이들을 가리킨다. 아니, 이 말은 수정되어야 한다. 본문은 포로민들의 이주가 하나님의 섭리 가운데서 일어난 일이라고 명확하게 밝히고 있기 때문이다. '옮기다'와 '이르게 하다'라는 동사를 가능케 한 행위주체는 바벨론이 아니라 여호와라는 것이다. 절망의 어둠 속에서도 희망을 견지할 수 있는 것은 바로 이 때문이다.

그런데 지금까지 그렇게도 신랄하게 지도자들의 죄를 공박했던 예언자의 언어가 이 지점에서 이렇게 바뀐 까닭이 무엇일까? 잡혀간 이들이 죄가 없다는 말일까? 그렇지는 않을 것이다. 지금 여호와께서 예언자를 통해 전하려는 것은 그들의 죄상에 대한 고발이 아니라 회복의 메시지이다. 그들이 신앙적으로나 도덕적으로 깨끗한 사람들이었기에 '극히 좋은 무화과'라 일컬으신 것은 아니다. 그동안 감내해왔던 시련과 고통이 그들의 낡은 생각과 헛된 자부심을 깨뜨렸기에 비로소 새롭게 빚어질 준비가 되었다는 이야기일 수도 있겠다.

> 내가 그들을 돌아보아 좋게 하여 다시 이 땅으로 인도하여 세우고 헐지 아니하며 심고 뽑지 아니하겠고 내가 여호와인 줄 아는 마음을 그들에게 주어서 그들이 전심으로 내게 돌아오게 하리니 그들은 내 백성이 되겠고 나는 그들의 하나님이 되리라(24:6-7).

여호와는 남의 땅에서 포로살이를 하는 이들을 잘 지켜보면서 잘 되게 하겠다 이르신다. 그리고 그들을 본토로 인도하시어 새로운 나라를 이루게 해주시겠다고 말씀하신다. '세우다', '헐다', '심다'와 '뽑다'는 이미 1장 10절에서도 사용된 단어군들이다. 45장 4절에도 등장한다. 예레미야서에서는 이 단어 짝들이 매우 중요한 역할을 하고 있음을 알 수 있다. 여호와는 그들에게 당신을 주로 알아볼 수 있는 마음을 주겠다고 약속하신다. 히브리어에서 '안다'는 단어는 객관적 지식이나 정보를 이르는 말이 아니라 아주 친밀한 사귐을 이르는 말이다. 하나님이 더 이상 추상이나 관념이 아니라 가슴 떨리는 현실이 될 때, 그래서 그들이 전심을 다하여 여호와께 돌아올 때 새로운 역사가 시작된다. "그들은 내 백성이 되겠고 나는 그들의 하나님이 되리라"는 문장은 시내 산 계약이 맺어질 때에 사용된 구절의 변형태이다. 이로써 우리가 알 수 있는 것은 바벨론으로부터의 구출을 예레미야가 제2의 출애굽으로 이해하고 있다는 사실이다.

시드기야와 그 고관들과 예루살렘에 남아 있는 사람들과 애굽으로 삶의 터전을 옮겨 살고 있는 이들은 나빠서 먹을 수 없는 무화과처럼 버려질 것이다. 본토에 남은 이들은 헛된 자만심에 사로잡힌 채 살았을지도 모르겠다. 그들은 살육이나 포로 생활을 면하고 자기 땅에 살아남았다는 사실을 무죄의 증거로 받아들이고 싶었을 것이다.

자기에게 철저히 절망하지 않는 이들에게는 희망이 유입되기 어려운 법이다. 애굽으로 이주한 이들은 바벨론이 세웠던 그다랴 암살 사건 이후에 바벨론의 보복이 두려워 달아난 자들을 가리키는 말일 것이다. 당신의 뜻을 거스른 채 제 살 길을 찾아 나섰던 이들을 여호와는 나쁜 무화과라 이르신다. 제 잘못을 참회할 줄 모르는 이들, 제 살 길을 찾아 나선 이들이 맞이할 운명은 역설적이다. 그들은 세상 여러 나라 가운데 흩어져 살면서 환난을 당하게 될 것이다. 머무는 곳이 어디든 부끄러움을 당할 것이고 조롱과 저주를 받게 될 것이다. 칼과 기근과 전염병에 시달리다가 결국에는 멸절되고 말 것이다.

살 길을 찾아 나선 것이 그렇게도 큰 죄인가? 학자들은 이 본문이 바벨론 포로민 공동체에서 형성된 자료를 바탕으로 재구성되었을 가능성이 크다고 말한다. 자기를 돌아보지 않고 항상 문제를 타자에게서 찾는 이들이 있는 곳에는 평화가 깃들 수 없다.

진노의 술잔

예레미야 25:1-38

귀가 어두운 백성

25장은 유배 이전에 예레미야가 선포한 내용을 요약하고 있다. 예레미야는 지난 이십삼 년 동안 끊임없이 하나님의 말씀을 전했지만 유다와 예루살렘에 사는 사람들은 누구도 자기 말에 귀를 기울이지 않았다고 탄식한다. 들을 생각이 없는 이들에게 하나님의 말씀을 전한다는 것처럼 외로운 일이 또 있을까? "끊임없이"라는 단어와 "너희가 순종하지 아니하였으며 귀를 기울여 듣지도 아니하였도다"(25:4b) 사이의 어긋남 속에 예언자의 외로움이 있다.

영어로 순종을 뜻하는 obedience는 '듣다'는 뜻의 라틴어 'audire'에서 나왔다. 순종은 들음에서 시작된다. 그러나 완고해진 마음은 듣기를 거부한다. 노자는 다섯 가지 소리가 귀를 멀게 만든다 하였다五音令人耳聾. 자기 의에 가득 찬 이들은 남의 이야기에 귀를 기울이지 않는다. 물론 하나님의 뜻을 여쭙지도 않는다. 소크라테스는 아테네라는 소의 등에 앉은 등에를 자처했다. 소가 나른한 잠에 빠지지 않도록 하는 게 자기 소명이라는 것이다. 옳고 그름이 선명하게 분별되지 않을 때 사람들은 다수의 편에 섬으로 선택에 따른 책임을 모면하려 한다. 그런데 예언자들이 외쳤던 메시지는 무엇이었던가.

> 너희는 각자의 악한 길과 악행을 버리고 돌아오라 그리하면 나 여호와가 너희와 너희 조상들에게 영원부터 영원까지 준 그 땅에 살리라(25:5).

'돌아오라'는 요구는 벗어났음을 전제한다. '악한 길'과 '악행'은 하나님으로부터의 멀어짐 곧 소외이다. 돌아가기 위해 필요한 것은 일단 분주하던 발걸음을 멈추어야 한다. 그런 후에 돌이켜야 한다. '악惡'이란 한자는 무덤을 형상화한 '아亞'와 '심心'이 결합된 말이다(우석영, 《낱말의 우주》, 궁리, 292쪽 참조). 악이란 결국 상대에게 무덤을 안겨주고 싶은 마음, 곧 남에게 해를 끼치려는 마음이다. 그 마음을 품은 채 하나님께로 돌아갈 수는 없다. 돌이키는 자에게 주어지는 약속은 땅에서의 장구한 삶이다. 그러나 백성들은 여호와의 말씀에 귀를 기울이지 않았고, 우상 숭배의 길에 접어듦으로써 스스로 화를 자초했다.

> 보라 내가 북쪽 모든 종족과 내 종 바벨론의 왕 느부갓네살을 불러다가 이 땅과 그 주민과 사방 모든 나라를 쳐서 진멸하여 그들을 놀램과 비웃음 거리가 되게 하며 땅으로 영원한 폐허가 되게

할 것이라 여호와의 말씀이니라(25:9).

여호와는 느부갓네살을 '내 종'이라 이르신다. 그가 하나님을 경외하는 사람이라는 말이 아니라 자기도 모르는 사이에 하나님의 도구로 사용된다는 뜻이다. 그는 하나님의 손에 들린 일종의 몽둥이이다. 잔혹한 그의 침략으로 하나님의 뜻을 받들던 땅은 폐허로 변하고 말 것이다. 기뻐하는 소리와 즐거워하는 소리, 신랑과 신부의 소리, 맷돌 소리가 끊어지고 등불 빛조차 사라질 것이다. 일상이 파괴된 괴괴하기 이를 데 없는 풍경이다. 하지만 그 징계의 시간이 영원히 지속되지는 않는다. 칠십 년이 지나면 오히려 징계의 도구였던 바벨론이 징계의 대상이 될 것이다. 칠십 년은 정확하게 계산된 기간이 아니라 하나님의 뜻이 온전히 이루어지는 시간을 의미한다고 보아야 할 것이다.

포효하시는 여호와

15절부터는 이민족들에 대한 신탁이다. 하나님은 예언자에게 이르신다.

너는 내 손에서 이 진노의 술잔을 받아가지고 내가 너를 보내는 바 그 모든 나라로 하여금 마시게 하라(25:15).

　하나님은 이스라엘의 운명을 관장하는 민족 신이 아니라 모든 민족의 운명을 결정하시는 분이시다. 하나님의 진노의 술잔을 받은 나라들은 그것을 마시고 비틀거리고 미친 듯이 행동할 것이다. 전쟁의 칼날이 그들에게 닥쳤기 때문이다. 전쟁이 중근동 지역을 휩쓸 때 예루살렘과 유다 성읍에 사는 사람들, 왕과 고관들은 놀램과 비웃음거리가 되고 그 땅은 폐허로 변할 것이다. 이스라엘 주변의 모든 나라 역시 그 운명에서 벗어나지 못한다. 예언자는 각 민족들의 이름을 하나하나 열거한다. 애굽, 우스, 블레셋의 여러 부족, 에돔, 모압, 암몬, 두로, 시돈, 드단, 데마, 부스, 살쩍을 깎은 모든 자(관자놀이의 머리를 민 모든 자, 아랍 부족), 아라비아, 광야에서 섞여 사는 민족, 시므리, 엘람, 메대는 물론이고 미처 이름을 언급하지 않은 나라와 그 백성들도 전쟁의 참상에서 벗어날 수 없다.

　26절 하반절에 등장하는 '세삭'은 일종의 암호화된 단어로 '바벨론'을 뜻한다. 그러니까 온 세계를 전쟁의 참화 속으로 끌어들인 바벨론도 결국은 여호와의 진노의 잔을 피할 수 없다는 것이다. 칼에 취한 나라들은 서로를 찌르고 베면서 스스로 무너진다. 바로 그것이 하나님이 내리신 징벌이다.

　요란한 소리가 땅 끝까지 이름은 여호와께서 뭇 민족과 다투시며 모든 육체를 심판하시며 악인을 칼에 내어 주셨음이라 여호와의 말씀이니라(25:31).

하나님의 진노로 인해 죽임을 당한 자가 지면을 가득 채우겠지만 그들을 위해 애곡하는 자도, 시신을 거두어 주는 자도, 매장하여 주는 자도 없을 것이다. 전쟁은 파괴와 죽음을 일상화한다. 죽음이 일상화된 세상에서 사람들은 더 이상 울 기력조차 없다. 죽음 앞에서도 울지 않는다는 것, 비인간화의 극치이다. 그렇기에 하나님은 백성들의 목자들에게 '애곡하라', '잿더미에서 뒹굴라'고 말한다. 참회하라는 말이다. 목자로 상징되는 지도자들의 그릇된 상황인식이 백성들의 죽음을 불러온다. 세상을 지배하는 분이 누구인지를 알아야 세상에 평화가 임한다.

message 10

가끔은 비틀거려도

주님, 주님께서 나를 속이셨으므로, 내가 주님께 속았습니다. 주님께서는 나보다 더 강하셔서 나를 이기셨으므로, 내가 조롱거리가 되니, 사람들이 날마다 나를 조롱합니다. 내가 입을 열어 말을 할 때마다 '폭력'을 고발하고 '파멸'을 외치니, 주님의 말씀 때문에, 나는 날마다 치욕과 모욕거리가 됩니다. '이제는 주님을 말하지 않겠다. 다시는 주님의 이름으로 외치지 않겠다' 하고 결심하여 보지만, 그 때마다, 주님의 말씀이 나의 심장 속에서 불처럼 타올라 뼛속에까지 타들어 가니, 나는 견디다 못해 그만 항복하고 맙니다. 수많은 사람들이 수군거리는 소리를 나는 들었습니다. '예레미야가 겁에 질려 있다. 너희는 그를 고발하여라. 우리도 그를 고발하겠다' 합니다. 나와 친하던 사람들도 모두 내가 넘어지기만을 기다립니다. '혹시 그가 실수를 하기라도 하면, 우리가 그를 덮치고 그에게 보복을 하자' 합니다. 그러나 주님,

주님은 내 옆에 계시는 힘센 용사이십니다. 그러므로 나를 박해
하는 사람들이, 힘도 쓰지 못하고 쓰러질 것입니다. 이처럼 그들
이 실패해서, 그들은 영원히 잊지 못할 큰 수치를 당할 것입니다
(예레미야 20:7-11).

목사님도 외로우세요?

지난 주일 오후 집회를 마친 후 몇몇 교인들과 마주앉았습
니다. 여러 가지 이야기가 오고가던 중 한 분이 문득 "목사님
도 외로우세요?" 하고 물었습니다. '주님이 계신 데 외롭기는
뭐가 외로워요'라고 대답했으면 좋았겠지만, 저는 몇 번이고
힘을 주어 '그럼요, 그럼요' 하고 대답했습니다. 언제 외로우냐
는 질문에 "말의 무기력함을 절감할 때, 선포하는 말씀이 사건
을 일으키지 못할 때"라고 대답했습니다. 친구들에게 문자로
언제 외롭냐고 물었습니다. 한 친구는 '서로 옳다는 두 교인 사
이에 서 있을 때'라고 답했고, 다른 친구는 '주일 오후 모두 떠
난 텅 빈 예배당에 혼자 앉아 있을 때 문득'이라고 답했습니다.

감리교 최초의 조직신학자라고 일컬어지는 정경옥 교수는
1930년 대에 쓴《그는 이러케 살엇다》라는 책에서 예수의 외
로움에 대해 말합니다. 예수가 외로운 것은 한 제자가 자기를
밀고해서도 아니고, 겟세마네 동산에서 피땀 흘려 기도하실 때
잠을 자다가 흩어져 버린 제자들 때문도 아니고, 베드로가 자
신을 모른다고 했기 때문도 아니라고 말합니다.

예수는 자기의 제자들이 다 어디로 가고 자기 혼자 남아 있다는 것이 외롭다는 것보다 사랑을 주어도 받을 이 없다는 것을 외로 워하셨던 것이다. 그렇다. 신앙의 사람이 되려면 세상에서 친구 가 없다. 믿음의 생활을 하는 사람은 고독의 사람이요 눈물의 사 람이다. 선견을 가진 사람은 군중의 환영을 받지 못한다.

사랑을 주어도 받을 이 없어 외로운 예수, 도무지 저나 다른 목회자들의 외로움과는 비교가 안 됩니다. 한 교우가 우연히 던졌던 질문이 저로 하여금 소명에 대해 재차 묻게 만들었습 니다.

부름 받은 자로 산다는 것

신학교 입학시험을 보던 날, 시험 감독관으로 들어오신 교 수님은 시험지를 나눠주기 전에 찬송가를 한 장 부르자고 하 셨습니다. '부름 받아 나선 이 몸, 어디든지 가오리다. 괴로우 나 즐거우나 주만 따라 가오리니 어느 누가 막으리까 죽음인 들 막으리까 어느 누가 막으리까 죽음인들 막으리까.' 그때처 럼 그 찬송가가 천금의 무게로 다가온 때가 없었습니다. 우리 가 가려고 하는 길이 영광의 길 혹은 안락의 길이 아니라는 사 실을 모두가 공감하고 있었기에 우리는 그 찬송을 비장하게 불렀습니다. 하지만 지금은 그 찬송가를 제대로 부를 수가 없 습니다. 죽음조차도 주를 따르려는 열정을 막을 수 없다는 결기가 풀려 버렸기 때문입니다. 일주일 내내 샤를 드 푸코의 기도문을 읽고 또 읽었습니다.

나의 아버지/이 몸을 당신께 바치오니/당신 좋으실 대로 하십시오/저를 어떻게 하시든지/감사드릴 뿐입니다/저는 무엇이나 준비되어 있고/무엇이나 받아들이겠습니다/아버지의 뜻이 저와 모든 피조물에게서 이루어진다면/그밖에 다른 것은 아무 것도 바라지 않습니다/내 영혼을 당신 손에 도로 드립니다/하나님께 영혼을 바치옵니다/이 마음의 사랑을 다하여 하나님께 영혼을 바치옵니다/당신을 사랑하옵기에/이 몸을 드리는 것이 어쩔 수 없는 저의 사랑입니다/남김없이 이 몸을 당신 손에 맡깁니다/끝없이 당신을 믿습니다/당신은 나의 아버지시기 때문입니다/아멘

주님의 부름 받은 자로 산다는 것은 영광스러운 일이지만 인간적으로 보면 그다지 행복한 길은 아닙니다. 지난주에 몇몇 교우들이 '예수를 믿는 것도 참 힘든 일이지만, 청파교회에 와서 인생이 더 어려워졌다'고 말해서 함께 웃었습니다. 하나님이 우리를 부르시는 것은 '함께 하고 싶으신 일'이 있기 때문입니다. 그 일을 하기 위해서는 언제나 자기를 뛰어넘어야 합니다. 안락한 삶과 신앙적 삶은 양립하기가 참 어렵습니다. 모세는 불붙은 떨기나무 속에 현현하신 하나님과 만난 후 무거운 짐을 짊어지고 살았습니다. 불평하는 백성과 그 백성들에 넌더

리를 내며 진노하시는 하나님 사이의 경계선에 서서 둘 사이를 중재하며 살아간다는 것, 그건 참 힘겹고도 외로운 일이었을 겁니다.

예언자들의 운명도 그와 다르지 않았습니다. 그들은 청중들이 듣고 싶은 말을 전한 것이 아니라 들어야 할 말을 전했습니다. 예언자의 말은 때로는 위로와 격려이지만, 경고와 책망인 경우가 더 많습니다. 그렇기에 그들은 사랑받기보다는 기피의 대상이 되곤 했습니다.

사람들은 가끔 예언자를 찾아와 '부담이 되는 주님의 말씀 Burden of Yahweh'이 있냐(예레미야 23:33)고 묻기도 했습니다. 그런 이들에게 주시는 주님의 대답은 "너희가 바로 나에게 부담이 된다"였습니다. 사람들이 부담스럽다고 하는 말을 선포해야 하는 게 부름 받은 이의 어쩔 수 없는 운명입니다. 오직 하나님의 말씀만이 형제자매를 구할 수 있기 때문입니다. 그 말씀을 통해 하나님은 끊어진 것을 이으시고, 부서진 것을 고치십니다. 예언자들이 말씀을 전했는데도 백성들이 듣지 않는다면 그 벌은 자기에게로 돌아가지만, 듣지 않으리라 예단하고 전하지 않으면 그들의 벌은 예언자에게 돌아갑니다.

예언자의 탄식

말씀을 선포하는 자들에게 돌아가는 것은 영광과 찬탄이 아닙니다. 그는 백성들의 삶으로부터 멀어지기 시작합니다. 예레미야는 하나님의 말씀 때문에 자신이 조롱거리가 되었다고 말합니다. 입을 열어 말할 때마다 '폭력'과 '파멸'을 외치자, 날마다 치욕과 모욕거리가 되고 말았다고 말합니다. 예레미야의 말은 아주 격합니다.

> 주님, 주님께서 나를 속이셨으므로, 내가 주님께 속았습니다. 주님께서는 나보다 더 강하셔서 나를 이기셨으므로, 내가 조롱거리가 되니…(예레미야 20:7).

번역이 너무 점잖게 되어 있습니다. '나를 속이셨다'는 말은 원래 달콤한 말로 자기를 '꾀었다'는 말이고, '나를 이기셨다'는 말은 마치 강간을 하듯 힘으로 자기 의지를 관철시켰다는 뜻입니다. 불경스러운 말이 아닐 수 없습니다. 그만큼 예레미야는 절박합니다. 가깝던 사람들까지 하나둘 떨어져 나가고, 그가 넘어지기를 기다리는 사람들이 늘어난다고 하는 것, 그처럼 외로운 일이 어디에 있을까요? 그래서 예레미야는 이런 다짐도 해 보았습니다.

> 이제는 주님을 말하지 않겠다. 다시는 주님의 이름으로 외치지 않겠다(예레미야 20:9).

하지만 그런 다짐도 부질없습니다. 내면에서 솟구치는 어떤 뜨거움 때문에 그는 말을 멈출 수가 없습니다. 이미 그는 하나님의 심정에 깊이 공감하는 사람이었던 것입니다. 타락한 백성들을 긍휼히 여기시며 새로운 길로 이끄시려는 하나님의 마음을 알기에 그는 차마 입을 다물 수가 없었던 것입니다. 힘들어서 포기하고 싶지만 차마 포기할 수 없는 길, 그것이 부름 받은 이들의 길입니다. 신앙생활이 그러합니다. '울면서 씨를 뿌리는 자는 기쁨으로 단을 거두리라'는 말씀처럼, 우리는 절망의 땅에 희망의 씨앗을 뿌리도록 부름 받았습니다. 어리석은 자라고 손가락질을 당하면서도 하나님의 뜻에 순종합니다.

우리는 어쩌면 신앙생활을 너무 쉽게 하고 있는지도 모르겠습니다. '땅 짚고 헤엄친다'는 말이 있습니다. 얕은 곳에서 헤엄을 치면 물에 빠질 염려는 없습니다. 하지만 수영의 참 맛은 발이 닿지 않는 깊은 물 속에서 맛볼 수 있습니다. 신앙은 안전한 것, 자기에게 이로운 것만 택하는 것이 아닙니다. 하나님의 뜻에 풍덩 자기를 내던질 수 있을 때 신앙은 자랍니다. 폭포를 거슬러 오르는 연어처럼 세상 풍조를 거역할 수 있어야 합니다.

비겁은 안전한지를 묻는다. 편의주의는 정치적인가를 묻는다. 허영은 인기 있는가를 묻는다. 그러나 양심은 옳은가를 묻는다. 안전하기 때문이 아니라, 정치적이기 때문이 아니라, 인기가 있기 때문이 아니라, 양심이 옳다고 말하기 때문에 일을 해야 할 때가 있다.

마하트마 간디의 이 말은 진리라는 중심을 향해 순례중인 사람들이 언제든 명심해야 할 말입니다. 안전과 편의주의, 허영심이 아니라 양심이 옳다고 말하기 때문에 일을 해야 하는 때, 그 때는 분명 실존적인 위기의 순간입니다. 하지만 우리 영혼이 고양되는 순간이기도 합니다. 마틴 루터는 보름스 제국의회 앞에 소환되어 그동안 써왔던 모든 주장들을 철회하고 책을 불사르라는 신성로마제국 카를 황제의 명령을 들었을 때 그는 며칠간 생각할 시간을 달라고 했습니다. 번민의 시간을 보낸 후 그는 황제의 요구를 거부하며 이렇게 말했습니다.

내 양심은 하나님의 말씀에 사로잡혀 있습니다. 나는 아무 것도 철회할 수 없고 또 그럴 생각도 없습니다. 왜냐하면 양심에 반해서 행하는 것은 위험하며, 불가능하기 때문입니다. 하나님이여, 저를 도우소서.

그는 자기 확신과 신념을 위해 죽기로 작정했던 것입니다. 그의 발이 땅에 닿지 않았던 바로 그 때 하나님의 부력이 그를 떠올려주었습니다. 종교개혁은 이때부터 더욱 탄력을 받게 되었다고 말할 수 있습니다.

주님은 내 옆을 지키는 용사

위대한 신앙인들은 인간적 번민이나 갈등조차 없이 하나님의 뜻을 따른 것은 아닙니다. 예수님도 예외는 아닙니다. 겟세마네 동산에서 주님은 제자들에게 내 마음이 괴로워 죽을 지경이니 나를 위해 깨어 있어 달라고 부탁한 후, 몇 번씩이나 엎드려 할 수만 있다면 이 잔을 내게서 지나가게 해달라고 기도하셨습니다(마태복음 26:38-39). 하나님의 사람들은 번민의 시간을 보낸 후에야 자신의 운명을 온전히 하나님께 맡겼습니다. 그 번민의 시간이야말로 하나님께서 그들을 새로운 존재로 빚으시는 시간이었던 것입니다. 이사야의 말이 참 적실합니다.

너희는 회개하고 마음을 편안하게 하여야 구원을 받을 것이며,
잠잠하고 신뢰하여야 힘을 얻을 것이다(이사야 30:15).

예레미야가 하나님 앞에서 투정만 부리고 자리에서 일어났다면 그는 늪과도 같은 상황에서 벗어날 수 없었을 것입니다. 하지만 그는 신뢰 속에서 기다리고 또 기다렸습니다. 그리고 마침내 하나님의 현존을 가슴 깊이 느낄 수 있었습니다. 11절의 예레미야는 마치 다른 사람이 된 것처럼 말합니다.

그러나 주님, 주님은 내 옆에 계시는 힘센 용사이십니다.

할렐루야! 하나님은 멀리 계신 것처럼 보여도 당신의 사람들 가까이 계시면서 우리를 지키십니다. 우리가 어려움을 극복할 수 있도록 우리 속에 힘을 불어넣고 계십니다. 우리는 바벨론 포로생활에서 귀환한 이스라엘 공동체가 얼마나 어려운 시기를 보냈는지 알고 있습니다. 밖으로는 적들의 침입을 막아야 했고, 안으로는 성벽을 쌓고 성전을 건축하는 등 재건 사업에도 박차를 가해야 했습니다. 모든 여건은 절망적이었습니다. 하지만 하나님은 스룹바벨을 격려하면서 말씀하셨습니다.

힘으로도 되지 않고, 권력으로도 되지 않으며, 오직 나의 영으로만 될 것이다(스가랴 4:6).

역사를 새롭게 하는 힘은 하나님께로부터 옵니다. 하나님의 영에 지핀 사람들은 자기의 가능성이 아니라 하나님의 능력에 의존하기에 낙심하지 않습니다.

큰 산아, 네가 무엇이냐? 스룹바벨 앞에서는 평지일 뿐이다.

얼마나 놀라운 말씀입니까? 지금 절망의 큰 산 앞에서 할 수 있는 일이 하나도 없다고 탄식하는 이들이 있습니까? 탄식을 그치십시오. 주님이 바로 우리 곁에서 우리의 울타리가 되어주시고, 그 큰 산을 허물어 새로운 역사를 짓도록 하십니다.

　직장에서, 학교에서, 그리고 우리가 맺는 많은 관계 속에서 그리스도인다움을 잃지 않고 살기란 여간 어려운 일이 아닙니다. 하지만 어렵더라도 우리는 신앙인답게 살아야 합니다. 손해를 봐야 할 때도 있고, 조롱을 당할 수도 있습니다. 외로울 수도 있습니다. 하지만 그 길이야말로 우리 영혼을 자유롭게 하는 길이고, 하나님께 우리를 비끌어매는 길입니다.

성전에서 벌어진 논쟁

예레미야 26:1-24

그릇된 성전 신앙

예레미야서는 시간적 순차를 따르기보다는 전과 후를 자유롭게 오가며 이야기를 풀어간다. 26장은 다시 여호야김 원년으로 돌아간다. 예레미야는 여호와의 성전 뜰에서 예배드리러 모여 드는 이들에게 말씀을 전하라는 명령을 받는다. 예배는 자기를 말끔히 비워내고 하나님의 뜻을 정성스레 모시는 행위 아니던가.

> 그들이 듣고 혹시 각각 그 악한 길에서 돌아오리라 그리하면 내가 그들의 악행으로 말미암아 그들에게 재앙을 내리려 하던 뜻을 돌이키리라(26:3).

하나님은 당신의 뜻을 저버리고 베돌기만 하는 백성들의 행태가 그저 안타까우신 것이다. '혹시'라는 단어 속에 하나님의 안타까움이 배어 있다. 지금까지 그들은 순종하지도 않았고, 율법을 행하지도 않았고, 선지자들의 말을 따르지도 않았다.

그들은 성전이 굳건히 서 있는 한 하나님이 자기를 버리지 않으리라고 확신했다. 자의적으로 구성한 그릇된 신앙에 스스로 구속된 꼴이다. 예레미야는 그런 백성들의 그릇된 신념을 타격하는 말씀을 전한다.

> 내가 이 성전을 실로 같이 되게 하고 이 성을 세계 모든 민족의 저줏거리가 되게 하리라 하셨느니라(26:6).

이 말은 충격이었을 것이다. 성전이 실로와 같은 운명에 떨어진다니. 엘리 가문이 멸문지화滅門之禍를 당하면서 실로는 처참하게 파괴되지 않았던가(사무엘상 4장 참조). 그것은 감히 누구도 할 수 없는 말이었고 해서도 안 되는 말이었다. '성전 신앙'에 사로잡힌 이들에게 예언자의 이 말은 불경하기 이를 데 없는 말이었다. 하지만 신앙의 본질인 경외심은 사라지고 관습적인 신앙의 몸짓만 남을 때 성전은 무너지는 게 마땅하다. 성전 체제에 기생한 채 살아가는 이들은 예언자의 그런 말을 도저히 용납할 수 없는 범죄로 받아들인다.

제사장들과 선지자들과 모든 백성들이 나서서 예레미야를 붙잡아 왕궁에서 온 고관들 앞에 이끌어냈다. 그리고 제사장과 선지자들이 나서서 성전과 예루살렘의 멸망을 예언한 그가 죽는 게 마땅하다고 사람들을 선동했다. 하지만 예레미야는 전혀 주눅든 기색 없이 성전 뜰에서 외쳤던 말씀을 반복한다. 말씀에 사로잡힌 자는 그것을 전하지 않고는 견딜 수 없다. 마음이 불붙는 것 같기 때문이다(예레미야 20:9). 그는 자기 운명을 스스로 선택할 수 없기에 철저히 수동적인 존재라 할 수 있다. 예수님도 베드로에게 "늙어서는 네 팔을 벌리리니 남이 네게 띠 띠우고 원하지 아니하는 곳으로 데려가리라"(요한복음 21:18b)고 말씀하시지 않았던가? 이것이 부름 받은 자들의 운명이다.

보라 나는 너희 손에 있으니 너희 의견에 좋은 대로, 옳은 대로 하려니와 너희는 분명히 알아라 너희가 나를 죽이면 반드시 무죄한 피를 너희 몸과 이 성과 이 성 주민에게 돌리는 것이니라 이는 여호와께서 진실로 나를 보내사 이 모든 말을 너희 귀에 말하게 하셨음이라(26:14-15).

모든 행위에는 책임이 따른다. 무죄한 자의 피를 흘린 자는 그에 따른 보응을 받게 될 것이다. 예언자를 박해하는 것은 그를 보내신 분을 적대하는 일이다. 예수님이 제자들에게 닥쳐올 고난을 예고하면서 하신 말씀은 얼마나 적확한가?

사람들이 너희를 출교할 뿐 아니라 때가 이르면 무릇 너희를 죽이는 자가 생각하기를 이것이 하나님을 섬기는 일이라 하리라 (요한복음 16:2).

하나님을 대적하면서도 하나님을 섬기는 줄로 아는 사람들이 많다. 절대적 진리를 주장하는 종교인들은 일쑤 폭력을 사용한다. 그러한 배타적 진리 주장 뒤에는 비릿한 자기 확장의 욕망이 숨어 있을 때가 많다.

숨겨진 조력자들

예레미야의 단호하고도 과감한 증언 앞에서 고관들과 백성들은 두려움을 느꼈다. 그래서 그들은 주저한다. 불편한 존재이기는 하지만 그를 차마 죽일 수도 없다. 그들은 이럴 수도 저럴 수도 없는 곤경에서 벗어날 방도를 전례에서 찾는다. 히스기야 시대에 시온과 예루살렘의 파멸을 예고했던 모레셋 사람 미가의 예가 동원되었다. 히스기야는 그를 죽이기는커녕 오히려 하나님 앞에 엎드려 간구함으로 재앙을 면하게 되었다는 것이다. 똑같은 경고를 했던 스마야의 아들 우리야는 다른 운명을 맞았다. 여호야김은 사람을 보내 애굽에 피신하고 있던 그를 잡아들여 처형했던 것이다.

이처럼 두 가지 선택이 그들 앞에 있다. 하지만 어느 편이 옳은 것인지 여전히 불분명하다. 한 치 앞을 내다보기 어려운 상황에서 예레미야를 도운 것은 사반의 아들 아히감이었다. 그는 백성의 손에서 예레미야를 빼내고 보호해주었다. 예레미야는 요시야 임금 시대부터 사반의 집안과 두터운 친분을 맺고 있었다. 사반은 기원전 622년에 성전에서 발견된 율법서를

왕 앞에서 낭독한 사람이다(열왕기하 22:10). 바벨론에 잡혀간 포
로민들에게 보내는 예레미야의 편지를 가지고 간 것도 사반의
아들 엘라사였다(예레미야 29:3). 나중에 포로로 잡혀 바벨론으로
끌려가던 예레미야가 사령관 느부사라단의 호의로 풀려났을
때 몸을 기탁하기 위해 찾아간 것은 바로 아히감의 아들인 그
다랴였다(예레미야 40:1-6).

　하나님은 곳곳에 당신을 경외하는 이들을 숨겨두신다. 세상
이 아무리 타락해도 그 탁류에 휩쓸려가지 않고 하나님을 경외
하는 사람들 말이다. 엘리야는 천애의 고아가 된 듯 외로운 처
지에 빠져 낙심했을 때 바알에게 무릎을 꿇지도 않고 입을 맞
추지도 않은 선지자 칠천 명을 남겨두셨다는 여호와의 말씀을
듣는다(열왕기상 19:18). 세상이 온통 어둡기만 한 것은 아니다.

거짓 예언자들

예레미야 27:1-22

세상의 주권자는 누구인가?

27장은 여호야김이 다스리던 시절에 예레미야에게 임한 말씀이라는 말로 시작되지만 3절을 보면 '시드기야'의 오기가 아닌가 싶다. 이것은 성경의 판본이 다양하기에 비롯되는 문제이다. 예레미야는 줄과 멍에를 만들어 목에 걸고서 유다 왕 시드기야를 보러 온 외국 사절들에게 나아가 그 멍에를 나눠주어 본국의 왕들에게 전달하도록 하라는 명령을 받는다. 줄과 멍에는 물론 바벨론의 지배를 뜻한다.

에돔, 모압, 암몬, 두로, 시돈 왕의 사신들은 왜 시드기야에게 왔던 것일까? 무서운 기세로 몰아치는 바벨론의 침공에 공동 대처하기 위해서였을 것이다. 나라가 위기에 처할 때 자구책을 강구하는 것은 다스리는 자들의 당연한 책무이다. 그러나 그들은 한시적이긴 하지만 바벨론을 근동 세계의 패권자로 세우시려는 하나님의 뜻을 알 길이 없었다. 하나님은 세상을 다스리는 주권이 당신에게 있음을 명백히 밝히신다.

나는 내 큰 능력과 나의 퍼든 팔로 땅과 지상에 있는 사람과 짐
승들을 만들고 내가 보기에 옳은 사람에게 그것을 주었노라
(27:5).

여기서 말하는 '옳은'은 도덕적인 자질의 탁월함을 뜻하는
말이 아니라 하나님 보시기에 적합하다는 뜻으로 받아들여
야 한다. 당분간 세상은 바벨론 왕 느부갓네살의 손에 들어가
게 될 것이다. 하지만 그것은 그의 정치술이나 군사력의 월등
함에서 비롯된 것이 아니라 하나님이 맡기셨기 때문이다. 기한
이 이르기까지 그의 지배는 땅의 곳곳에 미칠 것이고, 바벨론
의 멍에를 메지 않는 나라와 백성에게는 칼과 기근과 전염병
이 뒤따를 것이다. 이것은 쓰라릴망정 직면해야 할 현실이다.
그러나 사람들은 재앙이 닥쳐오기 전까지는 실낱같은 희망이
라도 붙들고 싶어 하는 법이다. 왕들은 자기들의 불안을 다독
거려줄 누군가를 찾는다. 하나님은 그런 마음조차 아시기에 단
호하게 이르신다.

너희는 너희 선지자나 복술가나 꿈꾸는 자나 술사나 요술자가
이르기를 너희가 바벨론의 왕을 섬기게 되지 아니하리라 하여
도 너희는 듣지 말라(27:9).

그들의 말은 달콤하지만 위험하다. 그 달콤한 말에 귀를 기

울이는 순간 파멸은 예정된 것이나 마찬가지이다. 거짓 예언자들에게 현혹되는 이들은 제 나라에서 쫓겨날 것이고 결국 망하고 말 것이다. 희망적인 말이 때로는 독이 되는 법이다. 들음에도 분별력이 필요하다. 분별력이 어두워질 때 우리는 자신의 욕망 혹은 누군가의 의지에 종속되고 만다. 여호와는 현실을 현실로 수용하라고 말한다. 바벨론 왕의 멍에를 메는 사람은 살아남을 것이다.

예레미야는 시드기야 왕에게도 바벨론 왕의 멍에를 메야 한다고 권고한다(27:12-15). 치욕스럽더라도 그렇게 하지 않을 수 없다는 것이니 바벨론 왕의 지배를 받지 않게 될 것이라는 거짓 선지자들의 이야기에 귀를 기울이지 말라는 것이다. 거짓 선지자들은 권력에 종속된 존재들이다. 그들은 왕이 듣고 싶은 말만 한다. 왕의 비위를 거스를 엄두도 내지 못한다. 그들은 하나님의 사자가 아니라 왕의 종일 뿐이다. 문제는 그들이 하나님의 뜻을 빙자하여 말한다는 것이다. 하나님은 그런 거짓 선지자의 운명을 이렇게 예고하신다.

내가 그들을 보내지 아니하였거늘 그들이 내 이름으로 거짓을 예언하니 내가 너희를 몰아내리니 너희와 너희에게 예언하는 선지자들이 멸망하리라(27:15).

근거 없는 낙관론은 위험하다

예레미야는 제사장들과 백성들에게도 말씀을 전한다(27:16-22). 이 단락에는 경고와 권고 그리고 꾸짖음이 뒤섞여 있다. 먼저 예레미야는 여호야긴 왕 때 약탈당했던 성전 기구들이 바벨론으로부터 되돌아올 것이라는 선지자들의 헛된 말을 믿지 말라고 말한다. 성전 기구들을 돌려받는다는 것은 바벨론의 멸망을 전제하는 것이다. 성전 기구가 이방 땅에 있다는 사실을 지극한 치욕으로 느꼈을 제사장들의 입장에서는 성전 기구들이 돌아오리라는 예언보다 더 달콤한 예언이 또 있었을까. 그들은 시대를 통찰하거나 사리를 분별하기보다는 그 말을 무작정 믿고 싶었을 것이다. 하지만 예레미야는 그들의 근거 없는 낙관론에 찬물을 끼얹는다. 바벨론 왕을 섬기는 것만이 살길이라는 것이다.

> 만일 그들이 선지자이고 여호와의 말씀을 가지고 있다면 그들이 여호와의 성전에와 유다의 왕의 궁전에와 예루살렘에 남아 있는 기구를 바벨론으로 옮겨가지 못하도록 만군의 여호와께 구하여야 할 것이니라(27:18).

예레미야는 훨씬 더 비극적인 미래를 예고한다. 약탈당하지 않고 남아 있던 기둥들과 큰 대야와 받침들과 예루살렘 성에 남아 있는 기구들이 바벨론으로 옮겨지고, 하나님이 정하신 기한이 찰 때까지 거기에 머물게 될 것이라는 것이다. 여호와께 매를 맞아도 깨닫지 못하는 이들, 궁지에서 벗어나는 일에만 골몰할 뿐 삶을 근본으로부터 다시 돌아보지 않는 이들은 더 큰 재앙을 맞을 수밖에 없다.

거짓 평화에 속지 말라

유다 임금 시드기야의 통치 제 4년(기원전 594년) 다섯 째 달에 기브온앗술의 아들 선지자 하나냐가 여호와께서 들려주신 말씀이라며 제사장들과 모든 백성이 보는 앞에서 예언을 했다. 그는 마치 예레미야를 비웃기라도 하듯 예레미야가 선포한 예언의 메시지를 다 뒤집는다. "여호와께서 바벨론 왕의 멍에를 꺾으셨다", "느부갓네살이 옮겨 간 성전의 모든 기구를 2년 안에 되돌려 놓으실 것이다", "포로로 잡혀간 왕의 아들 여고니야와 모든 포로들을 고토로 되돌리실 것이다"라는 것이다.

그의 예언은 확신에 차 있다. 구체적인 일자까지 제시한다. 마치 시한부 종말론자를 보는 것 같지 않은가. 세상에는 특별한 계시를 주장하는 이들이 참 많다. 기도하는중에 하늘의 음성을 들었다거나 비전을 보았다고 말하며 사람들을 현혹하는 무리들이다. 그들은 자기들의 바람을 의식적으로든 무의식적으로든 하나님의 뜻으로 둔갑시키곤 한다. 대중들은 그들이 사용하는 단정적이고 확신에 찬 말에 넘어간다.

삶이 불안할수록 사람들은 자기들의 불안감을 잠재워줄 카리스마적 지도자들을 찾는다. 삶의 불확실함과 모호함을 말끔하게 걷어내고 흔들림 없이 걸어갈 길을 제시해주는 사람 말이다. 이단 종파에 사람들이 몰리는 까닭은 그들이 확신에 찬 언어를 구사하기 때문이다. 자기 삶의 주체로 설 힘이 없는 사람일수록 누군가의 권위에 의지하고 싶어 하고, 그들은 쉽게 거짓 예언자들의 먹잇감이 된다. 하나냐는 사람들이 듣고 싶어 하는 말을 했다. 그의 실상을 꿰뚫어본 사람은 많지 않았던 것 같다. 예레미야는 역시 모든 사람들이 보는 가운데서 말한다.

> 아멘, 여호와는 이같이 하옵소서 여호와께서 네가 예언한 말대로 이루사 여호와의 성전 기구와 모든 포로를 바벨론에서 이곳으로 되돌려 오시기를 원하노라(28:6).

그렇게만 되면 얼마나 좋겠느냐는 것이다. 그건 이미 시작되었고 미구에 닥쳐올 엄청난 재앙을 전하는 예레미야도 원하는 바이다. 하지만 듣기 좋은 소리가 늘 참인 것은 아니다. 예레미야는 "너는 내가 네 귀와 모든 백성의 귀에 이르는 이 말을 잘 들으라"(28:7)고 말한다. 평범하게 보이지만 이 구절은 매우 중요하다. 이것은 앞서 하나냐가 자기 예언이 여호와로부터 비롯된 것임을 강변한 것에 대한 대응이다. 예레미야는 자기의 이성과 경험과 추론 능력에 근거하여 말한다. 이전부터 전쟁과 기근과 전염병을 예고한 예언자들도 있고 평화를 예언한 이들도 있지만 평화를 예언한 이들이 참 예언자인지 아닌지는 그들이 선포한 내용의 실현 여부를 통해 드러난다는 것이다. 신명기 법전은 '증험'도 '성취'도 없다면 그것은 여호와의 말씀이 아니라 선지자가 제 마음대로 한 말이라고 못 박고 있다(신명기 18:21-22).

광신을 넘어

하나냐는 거짓 예언자의 초상을 우리에게 보여준다. 모든 것을 하나님의 계시로 주장하나 실상은 정반대이다. 존 웨슬리는 〈광신의 본성〉이라는 설교에서 광신자들의 특색을 이렇게 밝힌다. 그들은 "설교나 기도에서 자신들이 성령의 특별한 능력을 받았다고 상상"하고, "생활의 가장 사소한 일들에서까지 하나님으로부터 '특별한 지시'를 받고 있거나 받을 것이라고 상상"(한국웨슬리학회 편,《웨슬리 설교전집3》, 조종남·김홍기·임승안 외 공역, 대한기독교서회, 24-25쪽)한다.

그렇다면 하나님의 뜻은 어떻게 분별할 수 있을까? 웨슬리의 메시지는 간명하지만 핵심을 꿰뚫고 있다. "경험과 이성 그리고 성령의 평범한 도우심을 힘입고 명백한 성경적 법칙을 적용하는 것을 통해서 하나님의 뜻을 알게 되는 것"(위의 책, 34쪽)이다. 하나님이 주신 이런 능력을 사용하지 않을 때 우리 영혼은 악한 자들에게 속절없이 휘둘리게 마련이다. 특별한 계시

를 추구하기 전에 우리에게 일상적으로 말씀하시는 하나님의
뜻을 분별할 줄 아는 지혜가 필요하다.

자기 말을 부정당한 하나냐는 폭력적 방식으로 예레미야에
게 대응한다. 그는 예레미야의 목에서 멍에를 빼앗아 꺾어 버
린 후 여호와께서 2년 안에 느부갓네살의 멍에를 꺾으실 것이
라고 재확인하듯 말한다. 자기 증언의 신빙성을 사람들에게 시
각적으로 각인시키기 위한 행동이었다. 하나냐의 폭력에 예레
미야는 일체 폭력으로 대응하지 않고 자기 길을 갔다(28:11). 갈
등을 회피하기 위해서가 아니라 불필요한 대응을 하느라 시간
과 감정을 허비할 필요가 없었기 때문이다. 얼마의 시간이 흘
렀을까? 하나님의 말씀이 다시 예레미야에게 임한다.

> 너는 가서 하나냐에게 말하여 이르기를 여호와의 말씀에 네가
> 나무 멍에들을 꺾었으나 그 대신 쇠 멍에들을 만들었느니라 만
> 군의 여호와 이스라엘의 하나님께서 이와 같이 말씀하시니라
> 내가 쇠 멍에로 이 모든 나라의 목에 메워 바벨론의 왕 느부갓네
> 살을 섬기게 하였으니 그들이 그를 섬기리라 내가 들짐승도 그
> 에게 주었느니라 하라(28:13-14).

하나님의 뜻은 확고하다. 인간의 낙관론으로 그 결정을 되돌
릴 수는 없다. 나무 멍에로도 깨닫지 못한다면 쇠 멍에를 지는
수밖에 없다. 하나님은 그릇된 말로 사람들의 영혼을 호리는

하나냐를 그냥 두고 보실 수가 없어 말씀하신다.

> 내가 너를 지면에서 제하리니 네가 여호와께 패역한 말을 하였
> 음이라 내가 금년에 죽으리라(28:16).

하나냐는 그해 일곱째 달에 죽었다. 거짓 예언자의 말로이다.

예언자

같은 해, 곧 시드기야가 유다 왕이 되어 다스리기 시작한 지 사년째가 되던 해 다섯째 달에 일어난 일이다. 기브온 사람 앗술의 아들 하나냐라는 예언자가 있었는데, 그가 주님의 성전에서 제사장들과 온 백성이 보는 앞에서 나에게 이렇게 말하였다. "나 만군의 주, 이스라엘의 하나님이 말한다. 내가 바빌로니아 왕의 멍에를 꺾어 버렸다. 바빌로니아 왕 느부갓네살이 이 곳에서 탈취하여 바빌로니아로 가져 간 주의 성전의 모든 기구를, 내가 친히 이 년 안에 이 곳으로 다시 가져 오겠다. 또 유다 왕 여호야김의 아들 여고냐와 바빌로니아로 잡혀 간 유다의 모든 포로도 내가 이 곳으로 다시 데려오겠다. 나 주의 말이다. 내가 반드시 바빌로니아 왕의 멍에를 꺾어 버리겠다." 그러자 예언자 예레미야가 주님의 성전에 서 있는 제사장들과 온 백성이 보는 앞에서, 예언자 하나냐에게 대답하였다. 그 때에 예언자 예레미야는 이

렇게 말하였다. "아멘, 주님께서 그렇게만 하여 주신다면, 오죽
이나 좋겠소? 당신이 예언한 말을 주님께서 성취해 주셔서, 주
님의 성전 기구와 모든 포로가 바빌로니아에서 이 곳으로 되돌
아 올 수 있기를, 나도 바라오. 그러나 당신은 이제 내가 당신의
귀와 온 백성의 귀에 이르는 이 말을 들으시오. 옛날부터 우리의
선배 예언자들은 많은 나라와 큰 왕국에 전쟁과 기근과 염병이
닥칠 것을 예언하였소. 평화를 예언하는 예언자는, 그가 예언한
말이 성취된 뒤에야, 비로소 사람들이 그를 주님께서 보내신 참
예언자로 인정하게 될 것이오"(예레미야 28:1-9).

토정비결을 보는 마음

돌아가신 아버지는 새해가 되면 늘 토정비결을 꺼내놓고는
가족들의 운세를 가늠하곤 하셨습니다. 스스로 합리적이라고
생각했던 아들이 약간 냉소적으로 그걸 뭐 하려고 보시냐고
물으면, 그저 재미로 본다고 하셨습니다. 꼭 그대로 될 것이라
고 믿어서라기보다는 이 고단한 시간의 여울을 건너면서 노
하나쯤은 갖추고 싶은 마음 때문이 아닌가 헤아려집니다. 요즘
젊은이들도 점을 많이 봅니다. '사주(四柱) 까페'라는 것도 생겨
서 성업중입니다.

토정비결을 보거나 점을 친 사람치고 그것이 틀렸다고 불평
을 하거나 시비를 거는 사람은 없습니다. 적중도가 높기 때문
이지요. 그러면 그 높은 적중도의 비결은 무엇일까요? 토정비

결을 예로 들어볼까요? 토정비결은 비유의 형식으로 되어 있기 때문에 모든 사람이 자아동일시할 수 있는 가능성이 많습니다. 그 첫 번째 괘는 이렇게 시작됩니다.

동풍에 얼음이 풀리니 마른나무가 봄을 만나도다 東風解氷 枯葉逢春
작게 가고 크게 오니 작은 것으로 큰 것을 이룬다 小往大來 積小成大

사람들은 이 구절을 대할 때 '마른나무가 봄을 만난다'는 게 무슨 뜻일까를 물을 것입니다. 그리고 스스로 비유의 해석자가 되는 거지요. 사업을 하는 사람은 장사도 잘 되고 자금회전도 잘 되는 상황을 생각할 것이고, 사랑의 고뇌 속에 있는 사람은 헤어질 수밖에 없던 '그 사람'과의 관계가 잘 되는 상황을 떠올릴 것입니다.

이월에는 반드시 귀자를 낳는다 卯月之中 必生貴子

팔십이 된 노인이 이 토정비결을 본다면 이월에 아들을 낳는다는 말에 얼마나 어이가 없을까요? 그렇지만 노인은 이 구절을 이월에는 아들을 낳는 것처럼 좋은 일이 생긴다는 말로 새기겠지요. 비유의 언어는 이처럼 다의적이어서 누구라도 자기 상황에 맞추어 해석할 수 있는 여지가 있는 것입니다.

진실을 말하는 사람

세월이 하수상하다 보니 기독교인들 가운데서도 점집을 찾는 이들이 많답니다. 예언 기도를 받고 싶어서 소위 기도를 깊이 한다는 분들을 찾아가는 이들도 있습니다. 하지만 이미 수차례 말씀드린 대로 성경의 예언은 앞으로 일어날 일에 대한 예고를 목적으로 하지 않습니다. 물론 그런 요소가 없는 것은 아니지만, 성경에 등장하는 예언의 초점은 미래가 아니라 현재에 있습니다. 백성들의 삶을 지금 변화의 길로 인도하는 것이 예언의 목적입니다.

예언자들은 하나님의 눈으로 자기가 살고 있는 시대를 꿰뚫어봅니다. 예언자들은 자기 생각대로 말하지 않습니다. 자기의 편견과 생각에 따라 세상을 해석하지도 않습니다. 예언자들의 말은 때로는 과격해 보이고, 때로는 사람들에게 불쾌한 감정을 불러일으킬 수 있습니다. 물론 그들은 절망 속에 있는 백성들에게 하나님의 멋진 계획을 들려줄 때도 있습니다만 미구에 닥쳐올 재앙을 예고하는 경우가 더 많았기 때문입니다.

예언자들은 불행한 운명을 타고 난 사람들입니다. 예언의 성공은 예고한 일이 그대로 성취되는 것이 아니라, 예언한 일이 현실에서 일어나지 않는 것이기 때문입니다. 사람들이 예언자의 말을 받아들여서 자기들의 삶의 방식을 돌이켜 재앙을 면하는 것이 예언의 성공입니다. 예언의 말이 그대로 성취되면 실패한 예언자가 되는 것입니다. 하나님이 그를 보내신 것은

백성을 구원하는 데 있기 때문입니다. 이런 모순 속에 살기에
그는 불행합니다.

예레미야는 참 예언자였습니다. 그는 스스로 예언자가 되기
를 자청하지 않았습니다. 예레미야 20장에 보면 예언자로서
그가 느끼는 당혹감이 잘 드러나 있습니다.

주님, 주님께서 나를 속이셨으므로, 내가 주님께 속았습니다. 주
님께서는 나보다 더 강하셔서 나를 이기셨으므로, 내가 조롱거
리가 되니, 사람들이 날마다 나를 조롱합니다(예레미야 20:7).

좀 불경하게 들리지요? 그는 하나님의 꾐과 위협에 넘어갔
다고 말합니다. 그 결과 자기는 세상의 조롱거리가 되었다는
것입니다. 입을 열어 말할 때마다 '폭력'을 고발하고 '파멸'을
외치니 누가 그를 좋아하겠습니까? 그래서 그는 속으로 다짐
해봅니다. '이제는 주님의 이름으로 말하지 않겠다. 다시는 주
님의 이름으로 외치지 않겠다.' 그러나 그럴 수도 없습니다.

그 때마다, 주님의 말씀이 나의 심장 속에서 불처럼 타올라 뼛속
에까지 타들어 가니, 나는 견디다 못해 그만 항복하고 맙니다(예
레미야 20:9).

우리는 그의 말을 통해 예언자가 된다는 것이 얼마나 두려

운 일인가를 깨닫습니다. 그것은 어떤 초대에 응하는 것이 아닙니다. 어떤 압도적인 힘에 의해서 자기의 의지가 꺾이는 것을 경험하는 것입니다. 그러니 두렵고 떨리는 일이지요.

예레미야는 나라가 기울어가는 시기에 예언자로 부름 받았습니다. 그는 마음을 돌이키지 않으면, 가난한 사람을 억압하는 일을 그만두지 않으면, 우상을 섬기는 일에서 떠나지 않으면, 하나님은 백성을 보호하던 손길을 거두시게 될 것이라고 말했습니다. 듣기 좋은 소리가 아니지요. 그래서 예레미야는 증오의 대상이 되었고, 반역자라는 누명을 썼고, 사회 불안을 조성한다 하여 감옥에 갇히기도 했습니다. 사람들이 자기의 말에 귀를 기울이지 않자, 그는 나무로 멍에를 만들어 목에 메고 다니면서, 미구에 닥쳐올 바벨론 왕 느부갓네살의 지배를 몸짓언어로 예고했습니다.

참 예언자, 거짓 예언자

어느 날 예레미야는 성전에서 하나냐라는 예언자와 대면하게 되었습니다. 하나냐는 예레미야에게 경멸적인 시선을 던지면서 뭇 백성들이 보는 앞에서 자기가 들었다는 하나님의 말씀을 전했습니다. 한마디로 하나님께서 이미 바벨론 왕의 멍에를 꺾어 버리셨기 때문에, 탈취 당했던 성전의 기구들은 2년 내에 되돌려 받게 될 것이고, 포로로 잡혀갔던 사람들도 다 돌아오게 될 것이라는 예고였습니다. 성경은 그 말을 듣고 있던 백성

들의 반응을 전하고 있지 않지만, 짐작해 볼 수는 있습니다. 그
들은 환호성과 함께 박수를 쳤을 겁니다. 왜 안 그렇겠습니까?
절망스런 소식들만 들려오는 시기에 명백하고, 확정적인 하나
님의 뜻을 들었으니 말입니다. 예레미야도 그의 말에 맞장구를
칩니다.

아멘, 주님께서 그렇게만 하여 주신다면, 오죽이나 좋겠소? 당신
이 예언한 말을 주님께서 성취해 주셔서, 주님의 성전 기구와 모
든 포로가 바빌로니아에서 이 곳으로 되돌아 올 수 있기를, 나도
바라오(예레미야 28:6).

그러나 하나냐의 말은 모든 사람이 듣고 싶어 하는 말이기
는 하지만 그렇다고 하여 참말이라고 할 수는 없습니다. 하나
냐는 하나님의 말씀을 빙자하고 있지만, 사실은 자기 생각과
소망을 말한 것입니다. 주님께서 그렇게만 하여 주신다면 오죽
이나 좋겠느냐는 예레미야의 말은 현실은 그렇지 못하다는 사
실을 반어적으로 드러내고 있습니다. 똑같은 현실을 두고도 하
나님의 이름으로 말하는 예레미야와 하나냐의 말은 정반대로
갈리고 있습니다. 그렇다면 참 예언자와 거짓 예언자를 어떻게
분별해야 할까요? 그의 말이 듣기에 거북하고, 우리에게 삶의
변화를 요구하고, 많은 사람들에게 외면을 당하면 참 예언일
가능성이 많습니다. 예수님의 말씀에 대한 사람들의 반응은 대

체로 불편함이었습니다. 그들은 "이 말씀이 이렇게 어려우니 누가 알아들을 수 있겠는가?"(요한복음 6:60) 하면서 많은 사람이 떠나갔고, 더 이상 그와 함께 다니지 않았습니다. 참말은 귀담아 듣는 사람이 많지 않아서 외롭습니다.

그에 비해 거짓 예언은 달콤합니다. 사람들의 인기를 얻고, 박수갈채를 받습니다. 하나님의 말씀은 거울에 비춰내듯 우리들의 본색을 드러냅니다. 하지만 거짓된 말은 우리의 흉한 모습을 감추는 옷자락이 됩니다.

정진규 시인은 나무들은 봄날에 꽃으로, 초록 눈엽(嫩葉, 어린 잎, 새로 돋아난 잎)들로 본색을 탄로시키고 있다고 말합니다. 그리고 이렇게 덧붙입니다. "하나님의 질문엔 어쩔 수 없이 정답이 나온다"(《本色》 중에서). 그렇지요. 하나님의 말씀 앞에 서면 어쩔 수 없이 자기의 현실과 대면할 수밖에 없습니다.

예레미야는 사람들이 듣고 싶어 하는 말을 들려주는 사람들의 말이 참인지는 그가 한 말이 성취된 뒤에야 판별된다고 말합니다. 누군가 여러분의 귀에 들큼한 말을 속삭이거든 경계하십시오. 누군가 애정을 담아 꾸짖거든 감사한 마음으로 그 말을 가슴에 모시십시오. 거짓 예언은 우리를 편협하게 만듭니다. 하지만 참 예언은 오히려 비좁은 마음을 넓혀줍니다. 거짓 예언은 우리가 해야 할 일들을 외면하도록 해줍니다. 참 예언은 우리가 스스로 할 수 있다고 생각하는 것보다 더 많은 것을 요구합니다. 그것이 하나님의 사랑법입니다.

자기 초월의 순간

얼마 전 산악인 박정헌·최강식씨에 관한 기사를 읽었습니다. 그들은 일년 365일 가운데 단 하루도 해가 들지 않는 졸라체 암벽을 세계에서 두 번째로 등반한 뒤 하산하던 중 큰 사고를 당했습니다. 거의 안전한 지대에 내려왔다고 생각하는 순간 후배인 최강식 씨가 크레바스에 빠지고 만 것입니다. 최 씨는 떨어지면서 울퉁불퉁하게 튀어나온 크레바스에 부딪혀 양발목의 작은 뼈들이 한꺼번에 부러지고, 발꿈치 뼈들까지 으스러졌고, 박정헌 씨는 최 씨와 연결되어 있던 로프에 걸려 갈비뼈가 부러진 상태로 후배의 몸무게를 버티고 있었습니다. 하지만 허리가 부러져나가는 것 같은 고통을 견디며 그는 후배를 잡아당겼고, 후배도 완강기를 이용해 조금씩 조금씩 위로 올라왔습니다. 오직 살려는 일념 하나로 2시간의 사투 끝에 최강식 씨는 사지를 빠져 나올 수 있었습니다.

두 사람은 모두 심한 동상에 걸려 손가락을 다 잘라내야 하는 처지가 되었습니다. 하지만 히말라야의 크레바스와 혹한의 추위도, 뼈가 부서지는 아픔도 둘을 연결한 생명줄을 끊지는 못했습니다. 최강식 씨는 "크레바스 속에서도 '형이 나를 버리지 않을 줄 믿었다'"고 말했습니다. 희망은 죽음보다 강했고, 믿음과 우정은 마침내 절망을 이겼던 것입니다. 생과 사의 갈림길에서 박정헌 씨는 후배를 위해 자신의 목숨까지도 내놓았습니다. 자기 초월이 이루어진 것입니다. 저는 그 순간 그가 하나님의 말씀에 응답했다고 믿고 싶습니다. 그 대가로 그는 손가락을 잃었지만, 무엇과도 바꿀 수 없는 우정을 얻었습니다.

하나님의 말씀을 따라 살아간다고 하는 것은 결코 마음 편한 일이 아닙니다. 때로는 그 말씀으로부터 달아나고 싶은 때도 있습니다. 하지만 우리는 그 말씀을 떠날 수 없습니다. 많은 이들이 당신 곁을 떠나간 후에 예수님은 남은 제자들에게 물으셨습니다.

"너희까지도 떠나가려 하느냐?" 그때 시몬 베드로가 대답했습니다. "주님, 우리가 누구에게로 가겠습니까? 선생님께는 영생의 말씀이 있습니다. 우리는, 선생님이 하나님의 거룩한 분이심을 믿고, 또 알았습니다"(요한복음 6:68-69).

이게 믿음입니다. 달콤한 말, 우리를 현혹하는 말들에 속지 말고, 부담스럽더라도 하나님의 말씀을 온 존재로 모시고 살 때 우리는 이미 영생을 얻은 사람입니다. 우리의 삶이 하나님의 말씀에 육신을 입히는 과정이 되기를 기원합니다.

미래와 희망을 주시는 주님

예레미야 29:1-32

긴 호흡의 희망

29장은 예레미야가 바벨론에 잡혀간 포로민들에게 보낸 편지를 둘러싼 이야기이다. 그는 유배지에 살아남은 장로들과 제사장과 선지자들과 백성들에게 쓴 편지를 시드기야 왕의 사신으로 보냄을 받은 사반의 아들 엘라사와 힐기야의 아들 그마랴 편에 보냈다. 포로민들에게 주어진 메시지는 크게 세 가지이다.

첫째는 정착의 권유이다. 그곳에서 집을 짓고 거기에 살며 텃밭을 일구고 그 땅에서 나는 열매를 먹으라는 것이다. 섣부른 희망에 기댄 채 내일을 준비하지 않는 어리석음은 위험하다.

둘째는 결혼 장려이다. "거기에서 번성하고 줄어들지 아니하게 하라"(29:6b). 가혹한 현실의 중압감에 눌려 위축되지 말고 주어진 생명을 검질기게 살아내라는 것이다.

셋째는 그 땅의 평안을 구하라는 것이다. 민족적 자긍심을 훼손하는 말처럼 들릴 수도 있다. 어찌 원수의 땅이 평안하기를 빌 수 있단 말인가? 시편 기자는 바벨론 사람들이 시온의 노래를 청할 때 "우리가 이방 땅에서 어찌 여호와의 노래를 부

를까"(시편 137:4) 하고 탄식하지 않았던가? 차라리 바벨론의 멸
망을 위해 기도하란다면 모를까 어찌 그 땅의 평안을 구하라
고 하실까. 그것은 그들이 처해 있는 상황 때문이다. 그 땅이
평안하지 않으면 포로민들은 생사를 기약할 수 없다.

예레미야를 통해 전달된 메시지는 간명하다. 섣부른 희망에
사로잡혀 더 깊은 절망 속으로 추락하지 말라는 것이다. 빅터
프랭클은 《죽음의 수용소에서》 어느 해 5월 말이면 전쟁이 끝
날 거라는 확신 속에 아주 낙관적으로 살던 사람이 때가 되어
도 기대한 일이 일어나지 않자 티프테리아에 감염되어 곧 죽
음에 이르렀던 일을 전하고 있다. 희망은 본래 희박한 것이다.
그렇기에 지혜로운 이들은 최악의 상황을 상정하고 그 속에서
기어이 살아낼 힘을 끌어낸다. 절망의 어둠을 견디지 못하는
이들일수록 거짓 선지자들에게 미혹되기 쉽다. 하나님은 바벨
론의 지배가 영구하지는 않을 거라고 말씀하신다.

바벨론에서 칠십 년이 차면 내가 너희를 돌보고 나의 선한 말을
너희에게 성취하여 너희를 이곳으로 돌아오게 하리라(29:10).

일각이 여삼추 같은 사람들에게 70년은 가혹한 시간이다.
하지만 급하다고 하여 바늘 허리에 실을 묶어 쓸 수는 없는 노
릇이다.

너희를 향한 나의 생각을 내가 아나니 평안이요 재앙이 아니니
라 너희에게 미래와 희망을 주는 것이니라(29:11)

지금 현실이 어둡다 하여 하나님이 계시니 안 계시니 할 일
이 아니다. 오히려 당신의 백성들에게 '미래와 희망'을 주시려
는 하나님의 뜻을 신뢰해야 한다. 지금 그 백성에게 닥쳐온 재
앙이 마지막 말이 아니다. 하나님은 그 백성들이 샬롬을 누리
기를 원하신다. 그러기 위해서는 백성들이 먼저 돌이켜야 한
다. 하나님을 등진 자리에서 벗어나 하나님을 향해 서야 한다.
부르짖어 기도하고, 온 마음으로 구하면 하나님은 그들을 만나
주실 것이다. 그 때가 되면 긴 유배 생활은 끝나고 그리웠던 고
토로 돌아오게 될 것이다.

스마야의 운명

하지만 본토에 남아 있는 이들이라 하여 죄가 없다 할 수 없다.
여호와는 유배를 면하고 그 땅에 남아 있던 자들에게 임할 징
벌을 예고하신다. 그들에게도 칼과 기근과 전염병이 임할 것
이고, 그로 인해 그들은 상하여 먹을 수 없는 몹쓸 무화과 같
게 될 것이고, 세계 여러 나라 가운데 흩어져 학대를 당하고 조
롱거리로 전락하게 되리라는 것이다. 백성들에게 닥칠 그 모든
재앙은 하나님의 말씀을 경청하지 않는 데서 비롯된다.

15절에 나오는 "너희가 말하기를 여호와께서 우리를 위하

여 바벨론에서 선지자를 일으키셨느니라"라는 구절은 21절 이하와 연결된다. 바벨론이라고 해서 여호와의 선지자가 일어 나지 말라는 법은 물론 없다. 하나님은 어디에서나 당신의 종 들을 일으켜 세우실 수 있다. 하지만 거짓 선지자 또한 어디에 나 있다. 예레미야는 포로민들 가운데 있으면서 사람들을 미혹 하는 거짓 예언자들의 이름을 구체적으로 거명하며 그들에게 임할 파국을 전한다. 골라야의 아들 아합, 마아세야의 아들 시 드기야는 결국 느부갓네살에 의해 살해당할 것이고 그들의 이 름은 사람들이 누군가를 저주할 때 사용될 것이라는 것이다. 그 두 예언자는 말로만 속이는 것이 아니라 악한 행실로 여호 와의 눈밖에 난 사람들이다.

> 그들이 이스라엘 중에서 어리석게 행하여 그 이웃의 아내와 간
> 음하며 내가 그들에게 명령하지 아니한 거짓을 내 이름으로 말
> 함이라 나는 알고 있는 자로서 증인이니라 여호와의 말씀이니
> 라 하시니라(29:23).

24절부터는 스마야에 관한 예언이다. 그는 예루살렘에 있던 스바냐 제사장과 다른 제사장들에게 편지를 보내 왜 예언자 행세를 하는 미친 자들과 선지자 노릇을 하는 이들을 붙잡아 나무 고랑과 쇠 고랑으로 채우지 않냐고 항의한다. 포로민들 에게 바벨론에 정착하여 살라고 권면한 예레미야는 마땅히 징

계를 받아야 한다는 것이다. 스바냐가 그 편지를 예레미야에게 읽어주었을 때 하나님의 말씀이 임했다. 스마야는 보냄을 받은 적이 없는 사람 곧 거짓 예언자이고, 하나님의 뜻을 거슬러 패역한 말을 했기에 그와 그의 자손들은 하나님이 일으키시는 복된 일을 보지 못할 것이다. 오늘 주님의 말씀을 전하는 이들이 두렵게 기억해야 할 경고이다.

멍에를 꺾으시는 여호와

30장은 이스라엘의 회복에 대한 약속을 다룬다. 하나님은 예
레미야에게 일러 준 모든 말을 책에 기록하라고 명하신다. 구
전 전통이 강한 시대에 뭔가를 기록한다는 것은 각별한 의미
를 갖는다. 발화된 말은 시간과 더불어 소멸되지만 기록된 말
은 시간의 풍화 작용을 견뎌낸다. '기록하라'는 명령 속에는 선
포되는 메시지가 분명히 시행되리라는 약속이 담겨있다. 1-3
절은 '위로의 책'이라 불리는 30장과 31장의 도입부이다.

> 여호와의 말씀이니라 보라 내가 내 백성 이스라엘과 유다의 포
> 로를 돌아가게 할 날이 오리니 내가 그들을 그 조상들에게 준 땅
> 으로 돌아오게 할 것이니 그들이 그 땅을 차지하리라 여호와께
> 서 말씀하시니라(30:3).

예언자의 말투이긴 하지만 이 짧은 구절의 앞뒤를 감싸는
"여호와의 말씀이니라"와 "여호와께서 말씀하시니라"가 하나

님의 강력한 의지를 드러낸다. 포로들이 해방되어 고국으로 돌아가게 되는 것은 백성들이 투쟁을 통해 얻은 결과도 아니고, 탁월한 외교의 성과도 아니다. 바벨론의 국력이 약화되었기 때문도 아니다. 약속을 이루시는 하나님의 의지의 결과이다.

4절부터 7절까지는 '무서운 징벌'을 받아야 했던 지난날을 돌아본다. 평화 대신 두려움과 공포가 사람들을 사로잡던 날, 남자들이 마치 해산하는 것처럼 낯빛이 변했던 날, 환난과 슬픔의 날, 그 운명의 날은 이제 지나가고 구원이 다가온다. 먹구름의 시간이 지나가고 마침내 화창한 날이 온다. 그 날은 저절로 오는 것이 아니라 구원하시고 회복케 하시는 주님, 언약을 기억하시는 주님의 은총으로 열린다.

> 만국의 여호와의 말씀이라 그 날에 내가 네 목에서 그 멍에를 꺾어 버리며 네 포박을 끊으리니 다시는 이방인을 섬기지 않으리라 그들은 그들의 하나님 여호와를 섬기며 내가 그들을 위하여 세울 그들의 왕 다윗을 섬기리라(30:8-9).

바벨론의 멍에를 꺾고 그 포박을 끊는 분은 여호와시다. 그러한 해방의 목적은 하나님을 바르게 섬기는 것이고, 하나님의 위임을 받은 왕과 더불어 새로운 세상을 열기 위함이다. 악행과 우상숭배에 빠졌던 과거의 행적은 말끔히 지워져야 한다. 하나님의 의지는 강력하다. 그 백성이 아무런 위협도 받지 않으면서 태평과 안락을 누릴 날을 창조하신다.

> 내가 너와 함께 있어 너를 구원할 것이라(30:11a).

이 한 마디를 진심으로 신뢰하는 것보다 더 큰 용기가 되는 말이 또 있을까? 하지만 하나님은 공의로우신 분이시다. 백성들을 구원하지만 그들의 잘못을 벌하지 않은 채 버려두지는 않으신다.

> 네 상처는 고칠 수 없고 네 부상은 중하도다 네 송사를 처리할 재판관이 없고 네 상처에는 약도 없고 처방도 없도다 너를 사랑하던 자가 다 너를 잊고 찾지 아니하니 이는 네 악행이 많고 네 죄가 많기 때문에 나는 네 원수가 당할 고난을 네가 받게 하며 잔인한 징계를 내렸도다(30:12-14).

시련의 시간은 지나고

하지만 이제 이 시련의 시간은 끝났다. 이스라엘을 삼켰던 자들이 잡아먹힐 것이고, 대적들은 사로잡혀 갈 것이다. 그들을 노략질했던 자들이 오히려 노략물이 될 것이다. 하나님은 친히 그 백성의 상처를 고쳐 주신다. 그 상처로부터 새 살이 돋아나게 하신다(30:17). 하나님의 징계는 중병에 걸린 그 백성을 고치고 새롭게 하시는 주님의 자비이다.

새로운 역사가 시작된다. 돌아온 포로민들이 언덕 위에 성읍을 건축하고 궁궐도 제 자리에 서게 될 것이다. 일상의 소음이 그쳐 괴괴하기 이를 데 없던 거리에서 감사의 소리, 즐거워하는 자들의 소리가 다시 터져 나온다. 백성들의 수도 줄지 않고, 아무에게도 멸시당하지 않을 것이다. 하나님은 백성 가운데서 지도자를 일으켜 세우시어 당신 가까이 다가오도록 하실 것이다. 하나님께서 부르지 않으시면 누구도 하나님 앞에 설 수 없다.

참으로 담대한 마음으로 내게 가까이 올 자가 누구냐(30:21b).

이 구절을 직역하면 "누가 나에게 접근하려고 자신의 심장을 저당 잡히려 하겠느냐?"(한국천주교주교회의《주석성경》참고)가 된다. 하나님 앞에 선다는 것은 심장을 바치는 일이다. 지난 날 백성의 지도자라는 자들이 하나님을 등지고 살았다면 새로운 역사를 이끌어갈 지도자들은 두렵고 떨림으로 하나님을 향해 서는 사람이어야 한다.

22절은 출애굽 당시에 주어진 약속을 반복하고 있다.

너희는 내 백성이 되겠고 나는 너희들의 하나님이 되리라 (30:22).

하나님은 바벨론으로부터의 해방을 제2의 출애굽으로 선포하신 셈이다. 광야에서 맺었던 사랑의 언약은 이제 갱신되어야한다. 하나님의 사랑은 백성들의 하나님 사랑을 늘 앞지른다.구원이 그러하듯 언약의 주도권도 하나님께 있다. 구원의 은총이 먼저이고 언약이 그 뒤를 따른다. 그러나 만심慢心은 금물이다. 늘 깨어 있어야 한다. 하나님 앞에서 겸허하게 살아야 한다. 언제라도 "여호와의 노여움이 일어나 폭풍과 회오리바람처럼 악인의 머리 위에서 회오리칠"(30:23) 수 있기 때문이다.

새 언약

예레미야 31:1-40

이스라엘의 회복

주전 722년 앗수르에 의해 멸망당한 북왕국 이스라엘은 오랫동안 유다인들의 관심 밖에 있었다. 나라는 비록 망했어도 그 백성들은 여기저기 흩어져 살고 있었을 터인데 그들은 잊힌 존재가 되고 말았다. 그런데 여기서 예레미야는 돌연 북왕국 이스라엘의 회복을 예고한다. 31장에는 '이스라엘', '사마리아', '라마', '에브라임' 등 북왕국을 가리키는 지명이 많이 등장한다.

> 여호와의 말씀이니라 그 때에 내가 이스라엘 모든 종족의 하나님이 되고 그들은 내 백성이 되리라(31:1).

하나님의 구원 계획 속에서 이스라엘은 배제되지 않았고, 자비는 철회되지 않았다. 하나님이 이스라엘을 다시 세우실 것이다. 일어선 이들은 기쁨의 춤을 출 것이고, 사마리아의 산마다 포도열매가 영글 것이다. 에브라임 산 위에서 파수꾼들이 순례

자들을 부르는 소리가 들려올 것이다.

순례자의 무리가 시온에 당도하면 감동의 물결이 거리를 휩쓸 것이고, 사람들은 "여호와여 주의 백성 이스라엘의 남은 자를 구원하소서"(31:7) 하고 외칠 것이다. 여호와는 또한 북녘땅으로부터 사람들을 시온으로 인도하실 터인데, 맹인, 다리 저는 사람, 잉태한 여인, 해산하는 여인까지도 빠뜨리지 않으신다. 가장 연약한 이들까지도 소외되지 않는다.

이 대목이 참 감동 아닌가? 성경은 일찍이 죽임을 당한 것 같은 어린양이 보좌에 앉으신 하나님 곁에 계셨다(요한계시록 5:6)고 전한다. '상처 입은 어린양'이 세상의 중심이다. 고통 받는 이의 입장에서 세상을 바라볼 때 평화의 길이 열린다. 여호와는 울면서 돌아온 이들을 물이 있는 시냇가로, 곧은길로 인도하신다. 이방인들은 하나님의 그 놀라운 구원 역사의 증인으로 초대받는다(31:10). 해방과 구원이 베풀어질 때 슬픔은 즐거움으로, 근심은 기쁨으로 변한다.

그 심령은 물 댄 동산 같겠고 다시는 근심이 없으리로다(31:12).

15절부터는 분위기가 일변한다.

라마에서 슬퍼하며 통곡하는 소리가 들리니 라헬이 그 자식 때문에 애곡하는 것이라 그가 자식이 없어져서 위로 받기를 거절하는도다(31:15).

예루살렘에서 북쪽으로 7-9킬로미터 떨어진 곳에 있던 라마는 남왕국과 북왕국의 접경 지역에 있었기에 분단의 비극을 상징하는 성읍이라 말할 수 있다. 유다 백성들이 바벨론으로 끌려가는 길목에 있었기에 사람들은 그곳을 비극의 땅으로 기억했다. 베냐민을 낳고 죽은 라헬의 무덤이 가까운 곳에 있었기에, 예레미야는 라마와 자식 때문에 우는 라헬 이야기를 연결시켰던 것으로 보인다. 이 단락에서 라헬은 포로로 끌려가는 자식들을 보며 슬피 우는 모든 어머니들의 아픔과 한을 대변한다.

여호와는 울고 있는 이들에게 울음을 그치라 하신다. 이제 그들이 대적의 땅에서 돌아올 것이라 말씀하신다. 하나님은 에브라임의 통회의 눈물을 보셨다.

주께서 나를 징벌하시매 멍에에 익숙하지 못한 송아지 같은 내가 징벌을 받았나이다 주는 나의 하나님 여호와이시니 나를 이끌어 돌이키소서 그리하시면 내가 돌아오겠나이다(31:18).

참회하는 에브라임을 보며 하나님의 마음도 녹는다.

에브라임은 나의 사랑하는 아들 기뻐하는 자식이 아니냐 내가

그를 책망하여 말할 때마다 깊이 생각하노라 그러므로 그를 위
하여 내 창자가 들끓으니 내가 반드시 그를 불쌍히 여기리라
(31:20).

언약을 맺은 백성 때문에 애를 태우시던 하나님이 새 일
을 창조하신다. 그 세상에서는 "여자가 남자를 둘러싸리라"
(31:22). 지금까지는 주님(남자)께서 그 백성을 쫓아다니셨지만
이제는 백성들(여자)이 하나님의 마음에 들려고 애쓸 것이다.

23절부터 26절까지는 유다의 회복에 대한 말씀이다. 저주
받은 것처럼 보이던 유다 땅과 성읍들이 '의로운 처소', '거룩
한 산'으로 불릴 날이 온다. 척박하게 변했던 땅이 생명의 땅으
로 변할 것이다. 27절부터는 새로운 질서에 대한 비전이다. 하
나님은 이전에 뿌리 뽑고 무너뜨리며 전복시키며 멸망시키며
괴롭게 하셨던 유다와 이스라엘을 다시 세우며 심으실 것이다.
분단 의식은 극복될 것이고 모두가 함께 여호와 앞에서 기뻐
하는 날이 온다. 연좌제는 사라지고 각자 자기 삶에 책임을 지
는 시대가 온다(31:29-30).

하나님은 이제 그 백성과 새로운 언약을 맺으신다. 그 옛날
시내 산에서 맺었던 언약이 파기되었기 때문이다. 이전에는 율
법이 돌판에 기록되었지만 이제는 백성들의 마음에 기록될 것
이다. 그들에게 법(토라)은 더 이상 외적 강제가 아니라 그렇게
하지 않을 수 없는 내적 규범이다. 마음에 새겨진 법은 밖에서

흘러 들어오는 물이 아니라 안에서 솟아나는 샘물이 아닌가?
새로운 시대에는 모든 사람들이 자기 삶의 주체가 되어 살아
간다.

> 그들이 다시는 각기 이웃과 형제를 가리켜 이르기를 너는 여호
> 와를 알라 하지 아니하리니 이는 작은 자로부터 큰 자까지 다 나
> 를 알기 때문이라(31:34a).

하나님은 약속이 확고하다는 사실을 재확인시키려고 해와
달, 별과 바다, 그리고 땅의 질서를 상기시킨다. 하나님께서 창
조하신 질서가 흔들리지 않는 한 하나님의 약속은 결코 폐기
되지 않을 것이다. 황폐하게 변했던 예루살렘은 여호와를 위하
여 재건될 것이다. 예레미야는 마치 점을 찍듯 측량줄이 이르
는 곳을 적시한다. 하나넬 망대, 가렙 언덕, 고아, 시체와 재의
골짜기, 기드론 시내, 동쪽 마문의 모퉁이가 다 포함된다. 그
리고 못을 박듯 말한다.

> 여호와의 거룩한 곳이니라 영원히 다시는 뽑거나 전복하지 못
> 할 것이니라(31:40b).

message 12

복 짓는 나날

"나 만군의 주, 이스라엘의 하나님이 말한다. 내가 예루살렘에서 바빌로니아로 잡혀 가게 한 모든 포로에게 말한다. 너희는 그곳에 집을 짓고 정착하여라. 과수원도 만들고 그 열매도 따먹어라. 너희는 장가를 들어서 아들딸을 낳고, 너희 아들들도 장가를 보내고 너희 딸들도 시집을 보내어, 그들도 아들딸을 낳도록 하여라. 너희가 그곳에서 번성하여, 줄어들지 않게 하여라. 또 너희는, 내가 사로잡혀 가게 한 그 성읍이 평안을 누리도록 노력하고, 그 성읍이 번영하도록 나 주에게 기도하여라. 그 성읍이 평안해야, 너희도 평안할 것이기 때문이다. 나 만군의 주, 이스라엘의 하나님이 분명히 말한다. 너희는 지금 너희 가운데 있는 예언자들에게 속지 말고, 점쟁이들에게도 속지 말고, 꿈쟁이들의 꿈 이야기도 곧이듣지 말아라. 그들은 단지 나의 이름을 팔아서 너희에게 거짓 예언을 하고 있을 뿐이다. 그들은 내가 보낸 자들이 아니다. 나 주의 말이다"(예레미야 29:4-9).

뿌리 뽑힌 자의 삶

새해를 맞으신 소감이 어떠신지요? 달력을 바꿔단다고 해서 시간이 새로워지는 것은 아닙니다. 마음이 새로워야 시간도 새로워지게 마련입니다. 작고한 시인 신동엽은 〈새해 새 아침은〉이라는 시에서 '새해/새 아침은/산 너머에서도/달력에서도 오지 않았다//금가루 흩뿌리는/새 아침은/우리들의 대화/우리들의 눈빛 속에서/열렸다'고 노래했습니다.

새 아침을 여는 우리들의 대화는 어떤 것이어야 할까요? 새 아침을 가져오는 우리들의 눈빛은 어떠해야 할까요? 신동엽은 새해에는 한반도 허리에 둘러쳐진 철조망과 지뢰가 사라졌으면 좋겠다고 노래합니다. 평화의 꿈이야말로 그가 동료들과 더불어 나누고 싶은 이야기입니다. 그는 또 아내와 아이들의 손을 잡고 깊은 우주의 바다에 빠져보고 싶다고 노래합니다. 살아갈 궁리를 하느라고 잊어버린 삶의 신비에 눈을 떠 경탄하며 살고 싶다는 것입니다. 시인은 새 아침은 '영원으로 가는 수도자의 눈빛' 속에서 열린다고 말합니다. 오늘이라는 시간이 하나님의 선물임을 알아차리고 살아가는 사람, 영원에 잇대어 살고자 하는 사람은 이미 새 아침의 사람입니다. 올 한 해 우리 교우들도 이런 새 아침의 사람이 되었으면 좋겠습니다.

하지만 삶은 고단합니다. 어느 작가는《밥벌이의 지겨움》이라는 책을 쓰기도 했지만, 먹고 살아가는 일이 쉽지만은 않습니다. 직장이 있는 이들은 그나마 다행이지만, 일자리를 얻지 못한 이들, 비정규직으로 내몰린 이들에게 삶은 가시밭길입니다. 경쟁이 치열한 사회에서 살아남기 위해 발버둥치는 이들에게 어떻게 희망을 말해야 할지 모르겠습니다. 가족들이 안심하고 살 수 있는 집 한 칸 마련하는 일도 힘겹고, 자식들 교육시키는 일도 만만치 않습니다. 노년을 인간답게 보낼 수 있을까 염려하는 이들이 늘어갑니다.

많은 도시인들이 이 세상에 살고는 있지만 마치 '설 땅'을 잃은 사람처럼, 뿌리 뽑힌 사람처럼 살아갑니다. 설 자리가 없다는 것처럼 힘겨운 일이 또 있을까요? 가정에서도 직장에서도 사회에서도 소속감을 느낄 수 없는 이들, 그들은 마치 자기 땅에서 유배당한 것 같은 상실감 속에서 살아갑니다.

샬롬의 매개

오늘 본문은 바벨론에서 포로생활을 하고 있는 이스라엘 동족들에게 보낸 예레미야의 편지를 소개하고 있습니다. 산도 설고 물도 선 남의 나라에서 살아가는 포로민들은 이제나저제나 고국으로 돌아갈 날만 기다리며 살았을 겁니다. 그들의 일상은 고통 그 자체였습니다. 조롱하는 눈빛에 상처를 입고, 무시하는 말투에 맘 상하고, 물리적인 폭력에 시달렸을 겁니다.

만해 한용운은 뿌리 뽑힌 자의 아픔을 절절하게 표현한 바

있습니다.

> 나는 갈고 심을 땅이 없으므로 추수秋收가 없습니다. 저녁거리
> 가 없어서 조나 감자를 꾸러 이웃집에 갔더니 주인主人은 "거지
> 는 인격이 없다. 인격이 없는 사람은 생명이 없다. 너를 도와주
> 는 것은 죄악이다"고 말하였습니다. 그 말을 듣고 돌아 나올 때
> 에 쏟아지는 눈물 속에서 당신을 보았습니다.
>
> ― 〈당신을 보았습니다〉 일부

가진 것이 없다고, 마치 인격이 없는 사람처럼 취급당합니
다. 분하지만 상황을 바꿀 수 있는 힘도 없습니다. 먼 하늘만
바라볼 뿐입니다. 시인은 가진 것 없다 하여 살 가치조차 없는
사람 취급을 받고 돌아설 때 쏟아지는 눈물 속에서 '당신'을 보
았다고 말합니다. 그렇습니다. 하나님은 '루저들losers'의 아버
지이십니다. 그 지극한 고통의 자리에서 탄식하던 포로민들에
게 하나님의 메시지가 들려옵니다.

> 너희는 그 곳에 집을 짓고 정착하여라. 과수원도 만들고 그 열매
> 도 따먹어라. 너희는 장가를 들어서 아들딸을 낳고, 너희 아들들
> 도 장가를 보내고 너희 딸들도 시집을 보내어, 그들도 아들딸을
> 낳도록 하여라. 너희가 그 곳에서 번성하여, 줄어들지 않게 하여

라(예레미야 29:5-6).

예레미야는 그 뿌리 뽑힌 백성들에게 속히 자유의 몸이 될 것이라는 헛된 꿈을 버리고 현실에 충실하라고 권고하고 있습니다. 비록 남의 땅에 살고 있는 나그네 신세이고, 아무데도 속한 데가 없는 'nowhere'의 사람들이지만 바로 그곳을 삶의 터전으로 여기고 '지금 여기 now and here'의 삶을 살라는 것입니다. 봄 되면 울면서라도 씨를 뿌리고, 또 때가 되면 돕는 배필을 만나 아들딸 낳으며 일상의 삶을 회복하라는 것입니다. 자식들이 장성하면 짝을 지워주라는 것입니다. 이루어지지 않은 꿈 때문에 가슴만 태우는 이들이 많습니다. 하지만 그들에게 필요한 것은 자기가 할 수 있는 일을 하며 수굿이 때를 기다리는 것입니다.

하지만 예레미야의 권고는 거기에서 그치지 않습니다. 그는 목소리만 들어도, 얼굴만 보아도 치가 떨려오는 압제자들의 성읍이 평안을 누리도록 노력하고, 그 성읍의 번영을 위해 기도하라고 말합니다. 이것은 민족에 대한 배신도 아니고, 약자의 비겁한 굴종도 아닙니다. 그들에게 무엇보다도 중요한 것은 살아남는 것입니다. 바벨론에서 살고 있던 제사장들이 기록한 창조 이야기에서 하나님은 당신의 형상대로 만드신 사람을 향해 "생육하고 번성하여 땅에 충만하여라"(창세기 1:28)라며 축복하십니다. 마음에 이는 증오심과 원망의 노예가 되어서는 안 됩니다. 승리자인양 기고만장하는 이들보다 더 큰 정신의 힘을 보여주어야 합니다. 그게 이기는 길이고, 사는 길입니다. 애굽에 팔려간 요셉은 그 땅을 위해 하나님이 주신 지혜를 활용했습니다. 다니엘과 세 친구도 그랬습니다.

기독교인들도 마찬가지입니다. 우리가 어느 곳에 있든, 무슨 일을 하든 우리의 소명은 누군가에게 축복이 되는 것입니다. 내가 여기 있다는 사실이 누군가에게 힘이 되고, 위로가 되고, 소망이 된다면 얼마나 고마운 일입니까. 믿는 이들은 누구라도 다가와 친밀하게 머물고, 다른 이들의 말에 귀를 기울이고 또 편하게 자기 이야기를 나눌 수 있는 '우정의 공간'을 만드는 일에 마음을 써야 합니다. 누군가의 '설 땅' 혹은 '비빌 언덕'이 되어주는 이들이 되어야 합니다. 비록 우리를 힘겹게 하는 이들이 있다 해도, 그들조차 친구로 만들기 위해 노력해야 합니다.

속지 말라

그러나 그렇게 살기 위해서는 바른 신앙을 가져야 합니다. 세상에는 자칫하면 우리를 바른 믿음의 길에서 멀어지게 하는 유혹이 곳곳에 매복해 있습니다. 그런 유혹은 언제나 달콤합니다. 뱀은 하와에게 다가와 선악을 알게 하는 나무의 열매를 먹으면 눈이 밝아져 하나님처럼 될 것이라고 말합니다. '하나님처럼 될 것이다'. 이보다 달콤한 말이 없습니다. 마귀는 광야의 예수님에게 세상의 모든 나라와 그 영광을 보여주며 "네가 나에게 엎드려서 절을 하면, 이 모든 것을 네게 주겠다"(마태복음 4:9)고 말합니다. 거짓 예언자들은 평화가 없는 데도 평화를 선언합니다. 그들은 우리의 눈을 가려 현실을 직시하지 못하게 합니다. 예레미야를 통해 주시는 말씀은 명확합니다.

> 나 만군의 주, 이스라엘의 하나님이 분명히 말한다. 너희는 지금 너희 가운데 있는 예언자들에게 속지 말고, 점쟁이들에게도 속지 말고, 꿈쟁이들의 꿈 이야기도 곧이듣지 말아라. 그들은 단지 나의 이름을 팔아서 너희에게 거짓 예언을 하고 있을 뿐이다. 그들은 내가 보낸 자들이 아니다. 나 주의 말이다(예레미야 29:8-9).

주님이 경계하라고 이르는 예언자들은 달콤한 말로 사람들의 영혼을 호리는 자들입니다. 그들은 하나님의 이름을 팔아 자기 이익을 추구합니다. 예언 기도를 해준다면서 헌신의 징표를 보이라고 요구하고, 성경을 가르쳐 준다면서 사람들을 잘못된 길로 인도합니다. 우리 시대에도 거짓 예언자들이 많습니다. 예수의 이름으로 말하지만 예수의 길은 걷지 않는 이들입니다. 예수의 길은 하나님의 뜻을 살리기 위해 자기를 내려놓는 길이고, 남을 살리기 위해 자신을 희생하는 길입니다. 사람들의 이목을 끌만큼 화려하고 풍족한 길이 아니라, 좁고 거칠어 사람들이 외면하는 길입니다. 생각해보십시오. 무엇이 주님을 바르게 믿는 길입니까? 크고 화려한 예배당을 짓고, 쾌적하고 널찍한 공간을 누리며 찬송을 부르는 일이겠습니까? 주님의 마음이 머물고 있는 저 아픔의 땅을 찾아가는 일이겠습니까?

'속지 말라'는 주님의 말씀이 왜 이리 크게 들리는지 모르겠습니다. 주님은 우리가 성숙한 사람이 되기를 원하십니다. 성숙한 사람은 어떤 사람입니까? 남아프리카공화국의 성공회 대주교인 데스몬드 투투Desmond Tutu에게서 배운 단어가 하나 있습니다. '우분투 오토ubuntu otho'라는 말인데 '인간됨의 본질'을 뜻하는 말입니다. 아프리카 사람들은 다른 이를 위해 자기를 내어주는 이를 가리켜 '우분투'가 있는 사람이라고 합니다. 그들은 사람됨의 징표를 다른 이를 배려하고 그를 위해 기꺼이 자신을 희생할 줄 아는 데서 찾고 있습니다. 예수님이야말로 '우분투'가 있는 분이라 하겠습니다. 세상에는 하나님이 살아 계시다는 사실을 사람들에게 상기시키는 이들이 있습니다.

용산 참사 문제가 어느 정도 해결의 실마리를 찾았던 것도 우리 사회에 그들의 고통을 끊임없이 상기시킨 이들이 있었기에 가능한 일이었습니다. 처음부터 수상쩍은 사람들이라는 비난을 감수하면서 그들 곁에 머물던 대책위 사람들, 고통 받는 이들 곁에서 함께 울고 혹서의 더위와 혹한의 추위를 견디던 신부님들, 그리고 목요일마다 예배를 드렸던 개신교 성직자들과 성도들…. 누가 그들을 그 자리에 보냈을까요? 하나님의 영이 아니고는 설명할 수가 없습니다.

포로로 잡혀가 있는 이들이 듣고 싶은 말은 '모든 고난의 때가 끝났다'는 말일 겁니다. 하지만 참 예언자는 달콤한 예언에 속지 말라면서 오히려 현실의 고단함을 정면으로 응시할 용기를 내라고 말합니다. 그리고 하나님의 때를 기다리라고 말합니다. 성도들이 어려움을 겪는 것을 보면 안타깝습니다. 저렇게도 신실하게 살려고 애쓰는 분들이 왜 저런 고통을 겪어야 하나 싶어 탄식할 때도 있습니다. 하지만 하나님의 뜻은 우리의 뜻과 다르고, 하나님의 생각은 우리의 생각보다 높다는 이사야의 말씀을 곱씹을 뿐입니다. 과연 지나고 나면 그 날의 고통이, 시련이 우리 삶의 뿌리를 더 깊이 내리도록 했음을 알 수 있습니다.

달콤한 말로 여러분의 영혼을 호리려는 거짓 선지자들의 말에 귀를 기울이지 마십시오. 그들은 정치인일 수도, 경제인일 수도, 종교인일 수도 있습니다. 올 한 해 우리 삶에도 여러 가지 어려운 일들이 많을 겁니다. 이게 현실입니다. 하지만 잊지 마십시오. 우리는 그런 모든 문제보다도 큰 존재들입니다. 그렇기에 우리는 그 문제들을 넉넉히 감당할 수 있습니다.

하나님의 계획

듣기 좋으라고 하는 말이 아닙니다. 예레미야는 포로민들에게 어려움 속에서도 낙심하지 말라면서 하나님의 신실하심을 상기시킵니다. 하나님께서 정해놓으신 복역의 때를 다 채우고 나면, 그들을 약속의 땅으로 이끄실 것이라는 것입니다.

> 너희를 두고 계획하고 있는 일들은 오직 나만이 알고 있다. 내가
> 너희를 두고 계획하고 있는 일들은 재앙이 아니라 번영이다. 너
> 희에게 미래에 대한 희망을 주려는 것이다. 나 주의 말이다(예레
> 미야 29:11).

이 말씀은 비상금처럼 포로민들의 마음에 든든함을 주었을 것입니다. 오늘 눈물겨운 일을 당해도, 오늘 조롱당하고 수치를 당해도, 하나님의 뜻이 분명히 이루어질 것을 확신한다면 시련은 더 이상 시련이 아닙니다. 이런 희망이 흐물흐물 풀어지는 우리 정신을 날카롭게 벼려줍니다. 잊지 마십시오. 하나님은 우리의 유익을 위해 일하고 계십니다. 하나님의 백성들은 이 확신 위에 든든하게 선 사람들입니다.

그런데 하나님의 이런 계획은 그저 이루어지는 것이 아닙니다. 우리가 열심히 주님을 부르고, 기도하고, 온전한 마음으로 찾아야 합니다. 그래야 주님과 만날 수 있습니다. 13세기 아프가니스탄의 시인인 루미는 큰소리로 울부짖고 흐느끼는 것이 위대한 힘의 원천이라면서, 치유의 어머니는 그 아이들에게 항상 귀를 기울이고 있다면서 이렇게 말합니다.

작은 울음소리에도 어머니는 늘 함께 합니다. 신은 어린아이와 당신의 허기를 창조했습니다. 우세요. 울면 우유가 옵니다. 우세요! 아플 때 멍청히 있거나 침묵하지 마세요. 슬퍼하십시오! 그래서 그 우유가 당신의 몸 속으로 흐르게 하십시오(잘랄 앗 딘 알 루미, 《사막을 여행하는 물고기》, 하늘아래, 84쪽).

하나님은 올 한 해 우리를 위해 멋진 계획을 세워두고 계십니다. 그 계획이 이루어지도록 하기 위해서는 온전한 마음으로 주님을 찾아야 합니다. 모든 일의 중심에 주님을 모시고 사십시오. 지금 여기에서 살아가는 우리의 모습이 누군가에게 복이 되도록 사십시오. 잊지 마십시오. 우리는 하나님의 아들딸입니다. 우리는 이 세상을 좀 더 살기 좋은 곳으로 바꿀 수 있습니다. 이 꿈 하나 품고 성령의 바람이 부는 대로 훨훨 춤추며 사는 한 해가 되기를 주님의 이름으로 기원합니다.

밭을 사다

예레미야 32:1-44

회복의 징표

32장은 시드기야 10년(주전 588년)을 배경으로 하고 있다. 바벨론 군대가 예루살렘 성을 포위한 채 공격을 계속하고 있는 상황이었다. 예루살렘의 운명은 풍전등화와 같았고 예레미야는 시위대에 속한 감옥에 갇혀 있었다. 국가적 위기 상황에서 국론을 분열시키는 자로 몰려 그는 투옥된 것이다. 그는 예루살렘은 결국 함락될 것이고 백성을 이끄는 시드기야는 갈대아인들에게 사로잡혀 갈 것이라고 예고했던 것이다.

3-5절에 나오는 "입이 입을 대하여 말하고 눈이 서로 볼 것"이라는 구절을 새번역은 시드기야가 바벨론 왕 앞에 끌려나가 직접 항복할 것이라는 말로 새기고 있다. 예레미야는 아무리 애써 봐도 갈대아인 곧 바벨론과의 싸움에서 이길 수 없다고 단언했다. 그것은 여호와로부터 온 메시지였지만 사람들은 그것을 예레미야 본인의 것으로 간주하고 그를 박해한 것이다.

시위대 뜰에 갇힌 예레미야에게 또 다른 계시가 임한다. 사

람을 가둘 수는 있지만 하나님의 말씀조차 가둘 수는 없는 법
이다.

> 보라 네 숙부 살룸의 아들 하나멜이 네게 와서 말하기를 너는 아
> 나돗에 있는 내 밭을 사라 이 기업을 무를 권리가 네게 있느니라
> 하리라(32:7).

'기업을 무를 권리'는 땅의 분배를 배경으로 해야 제대로 이
해할 수 있다. 이스라엘 사람들은 땅의 주인은 하나님이고, 각
자가 터 잡고 살아가는 땅은 하나님께서 나눠주신 분깃이라고
생각했다. 땅은 사적 소유물이라기보다는 공적 자산이었다. 채
무에 몰려서든, 질병 때문이든 부득이 땅을 누군가에게 넘겨야
한다면 가장 가까운 친족들에게 우선권을 줌으로써 땅이 지파
의 경계를 넘어 매매되지 않도록 해야 했다. 제사장 가문에 속
한 사람들의 토지 거래가 낯설게 여겨지지만, 토라는 제사장들
에게도 성읍 주변의 들판과 집의 소유를 허용했다(민수기 35:2-3
참조).

하나멜이 예레미야를 찾아와 베냐민 땅 아나돗에 있는 자기
밭을 사라고 말하자 예레미야는 그것을 여호와의 명으로 받아
들인다. 그는 증인들 앞에서 은 십칠 세겔을 달아 주고, 매매
증서 두 부를 작성한 후 법과 규례에 따라 하나는 봉인하고 다
른 하나는 봉인하지 않은 채 바룩에게 넘겨주었다. 봉인한 한

부는 임의의 변경을 막기 위한 것이고, 봉인하지 않은 한 부는 누군가가 확인을 요구할 때 보여주기 위함이다. 바룩은 그것을 토기에 담아 보관했다. 사실 기업을 무르는 일은 통상 일어나는 일이었기에 특별하지 않을 수도 있다. 하지만 이 경우는 좀 다르다. 예레미야는 이스라엘의 멸망이 임박했다고 선포했다가 시위대 뜰에 갇혀 있다. 나라가 망한다면 땅의 소유가 무슨 의미가 있겠는가? 그런데도 불구하고 예레미야는 땅을 샀다. 그것은 이스라엘의 회복을 보여주기 위한 일종의 징표였다.

> 만군의 여호와 이스라엘의 하나님께서 이와 같이 말씀하시니라 사람이 이 땅에서 집과 밭과 포도원을 다시 사게 되리라 하셨다 하니라(32:15).

보살피시는 하나님

하나멜과의 계약이 성사된 후 예레미야는 하나님 앞에 엎드린다. 슬픔 속에서 올리는 그의 기도는 창조주 하나님의 크신 권능과 그 백성들에게 은혜를 베풀어 구원하시는 사랑을 노래한다. 그의 슬픔은 세계 도처에서 표적과 기사를 행하심으로 억눌린 사람들을 구원하셨음에도 불구하고 하나님의 목소리를 듣지 않으려는 백성들의 완악함에서 기인한다. 강력한 적들 앞에서 속수무책인 예루살렘을 보며 예레미야는 다만 탄식할 뿐이다. 하나님은 예루살렘이 느부갓네살의 손에 넘어갈 것이고,

성과 성전은 불에 타거나 파괴될 것이라고 말씀하신다. 언약의 백성들이 신실하지 못했기에 빚어지는 참극이라는 것이다. 이스라엘 자손과 유다 자손, 그들의 왕들과 고관들, 제사장들과 선지자들이 모두 다 악을 행하여 하나님의 노여움을 일으켰다.

> 그들이 등을 내게로 돌리고 얼굴을 내게로 향하지 아니하며 내가 그들을 가르치되 끊임없이 가르쳤는데도 그들이 교훈을 듣지 아니하며 받지 아니하고(32:33).

죄는 하나님을 등지는 것이다. 아담과 하와는 하나님의 낯을 피하여 나무 뒤에 몸을 숨겼다. 빛이신 하나님을 등지는 이들은 자기들의 그림자만 보고 살 수밖에 없다. 그 그림자는 또 다른 두려움을 낳게 마련이다. 하나님을 등진 이들은 참의 소리를 들으려 하지 않는다. 하나님을 등진 이들의 마음은 공허하기 이를 데 없다. 그 공허를 채우기 위해 사람들은 세상의 존재자들에 탐닉하거나 우상 앞에 절을 한다. 불안과 공허의 악순환 속에서 사람들은 파멸의 길을 걷는다. 그러나 희망이 없는 것은 아니다. 그 백성을 긍휼히 여기시는 하나님의 사랑이 곧 희망이다. 하나님은 세상 곳곳에 흩어질 수밖에 없었던 그 백성을 다시 모아 들여 안전하게 살도록 보살피실 것이라 약속하신다.

내가 그들에게 한 마음과 한 길을 주어 자기들과 자기 후손의 복
을 위하여 항상 나를 경외하게 하고 내가 그들에게 복을 주기 위
하여 그들을 떠나지 아니하리라 하는 영원한 언약을 그들에게
세우고 나를 경외함을 그들의 마음에 두어 나를 떠나지 않게 하
고 내가 기쁨으로 그들에게 복을 주되 분명히 나의 마음과 정성
을 다하여 그들을 이 땅에 심으리라(32:39~41).

등을 돌리곤 하는 백성들과 언약을 다시 세우고, 경외하는
마음을 그들 속에 두고, 정성을 다하여 땅에 심으시는 하나님
의 사랑이 놀랍지 않은가? 믿음이란 절망 속에서 희망을 보고,
그 희망을 삶 속에서 구현해내는 것이다.

일을 행하시는 여호와

예레미야 33:1-26

_____ 33장은 시위대 뜰에 갇혀 있을 때 임한 두 번째 말씀이다. 예레미야에게 하나님은 어떤 분인가? "일을 행하시는 여호와, 그것을 만들며 성취하시는 여호와, 그의 이름을 여호와라 하는 이"(33:2)이다. 하나님은 불변의 자리에 머물지 않고 늘 창조적인 변화의 흐름을 만들어내신다. "그의 이름을 여호와라 하는 이"는 "나는 스스로 있는 자"(출애굽기 3:14)라는 여호와의 자기소개와 잇대어 있다. 하나님은 세상의 어떤 것으로도 규정할 수 없는 분, 늘 새로운 일을 시작하시는 분이시다. 부르짖는 자에게 하나님은 당신의 계획을 숨기지 않으신다.

하나님은 바벨론에 맞서려는 이스라엘 사람들의 저항이 무모한 짓이라고 말씀하신다. 바벨론은 악행에 빠진 백성들을 징계하기 위한 하나님의 도구일 뿐이다. 이 참혹한 전쟁에서 백성들이 보아야 하는 것은 황폐하게 변해버린 자기들의 성읍이 아니라 하나님의 노여움이다. 하나님의 보호가 철회되자 성은 속절없이 유린되었다. 하지만 하나님의 노여움이 영원히 지속되지는 않는다. 기원전 8세기의 예언자 호세아는 하나님을 등지고 떠났던 백성들에게 이렇게 권고한다.

> 오라 우리가 여호와께로 돌아가자 여호와께서 우리를 찢으셨으
> 나 도로 낫게 하실 것이요 우리를 치셨으나 싸매어 주실 것임이
> 라(호세아 6:1).

예레미야도 하나님께서 그 성읍을 고쳐 낫게 하시고 평안과
진실의 풍성함을 나타내실 것이라고 말한다. 포로들을 돌아오
게 하여 그 땅에 다시 심고, 그들의 죄를 사하여 정결하게 하시
고, 이스라엘을 두고 베푸신 하나님의 구원의 은총으로 인해
세상 모든 나라가 하나님을 경외하게 될 것이라는 것이다. 사
람은 망가뜨리지만 하나님은 그것을 통해 더 큰 선물을 마련
하신다. 그러니 아무렇게나 살아도 된다는 말은 결코 아니다.

일상의 회복

황폐한 땅은 회복되고 빼앗겼던 일상이 회복될 것이다. 일상을
박탈 당해본 사람만이 일상이 은총임을 안다. 수용소나 감옥에
갇힌 이들이 가장 그리워하는 것은 평범하기 이를 데 없는 일
상을 다시금 누리는 것이다. 평범함은 진부함이 아니다. 담담
함의 참 맛을 모르는 이들만 짜릿함을 갈구한다. 일상이 곧 은
총의 순간이다. 잘 산다는 것은 자기의 일을 통해 영원을 드러
내는 것이다. 땅 속에 감춰진 불꽃을 드러내는 일이다.

거듭되는 전쟁 때문이었을 것이다. 예레미야는 여호와로 말미암아 회복될 세상의 꿈을 거듭 소리의 이미지로 형상화한다(7:34, 16:9, 25:10, 33:11). 거리에서 들려오는 왁자지껄한 소리, 즐거움에 겨운 사람들의 웃음소리, 신랑 신부의 소리, 성전에서 들려오는 찬양 소리를 그는 아련한 꿈처럼 그린다. 소리뿐만이 아니다. 예레미야는 일상이 회복된 세상을 목가적으로 그려낸다. 황폐하여 사람도 짐승도 살지 않던 땅 곳곳에 양 떼가 돌아오고 목자들이 그 양 떼를 이끈다.

목가적인 풍경이다. 각자에게 주어진 삶의 자리에서 부지런히 일하는 이들의 모습이 생생하게 그려진다. 하나님께서 회복하실 세상을 다스릴 사람은 다윗의 가지에서 나온 한 가지이다. "그가 이 땅에 정의와 공의를 실행할 것"(33:15)이다. 사법적 정의인 '미슈팟'과 회복적 정의인 '쩨다카'가 있는 세상은 강자라 하여 함부로 살지 않고 약자라 하여 차별받거나 착취당하지 않는 세상이다.

정치의 목적은 바로 이런 것이다. 여호와를 중심에 모신 이들은 공의를 심고 인애를 거두는 사람들이다(호세아 10:12). 그런 정치가 시행될 때 이스라엘 집의 왕위에 앉을 사람이 끊어지지 않을 것이고, 하나님 앞에 제사를 바칠 레위 사람 제사장들도 끊어지지 않을 것이다. 이러한 하나님의 언약을 깨뜨릴 수 있는 것은 어디에도 없다.

하늘의 만상은 셀 수 없으며 바다의 모래는 측량할 수 없나니 내
가 그와 같이 내 종 다윗의 자손과 나를 섬기는 레위인을 번성하
게 하리라 하시니라(33:22).

아브람에게 주셨던 약속이 여기서 다시 반복되고 있다. 하지
만 백성들은 여전히 확신하지 못한다. 백성들은 "여호와께서
자기가 택하신 그들 중에 두 가계를 버리셨다"고 말한다. 두
가계는 물론 이스라엘과 유다를 가리킨다. 현재 상황은 분명
그들이 버림받은 것처럼 보인다. 그러자 사람들이 하나님의 백
성을 멸시하였다. 하나님의 뜻에 무지하기 때문이다. 하나님은
당신의 백성에 대한 구원의지를 확고하게 천명하신다.

내가 주야와 맺은 언약이 없다든지 천지의 법칙을 내가 정하지
아니하였다면 야곱과 내 종 다윗의 자손을 버리고 다시는 다윗
의 자손 중에서 아브라함과 이삭과 야곱의 자손을 다스릴자를
택하지 아니하리라(33:25-26a).

부정적 가정을 통한 확고한 의지의 표명이다. 하나님은 그
백성을 "아브라함과 이삭과 야곱의 자손"이라 칭하신다. 가시
떨기나무 불꽃 사이에서 현현하신 하나님은 당신의 이름을 묻
는 모세에게 "나는 네 조상의 하나님이니 아브라함의 하나님,
이삭의 하나님, 야곱의 하나님"(출애굽기 3:6a)이라고 대답하셨

다. 성조들의 신산스런 삶의 여정 가운데 동행하시면서 그들의
힘이 되어 주셨던 하나님께서 지금 환난 앞에 떨고 있는 백성
들을 그들의 이름으로 호명하신다. 이로써 출애굽과 새로운 구
원 사건이 연결된다.

노예 해방 선언과 철회

예레미야 34:1-22

_____ 34장부터 36장은 연대기적 순서를 따르지 않는다. 34장이 시드기야 시대를 배경으로 하고 있는데 비해 35장과 36장은 여호야김 시대를 배경으로 하고 있다. 레갑 족속의 순종을 인상 깊게 서술하는 35장을 가운데 두고 두 임금의 불순종에 따른 심판의 불가피성을 앞뒤에 배치하고 있는 구조이다. 이 단락은 이후에 나오는 이스라엘 멸망 이야기의 서곡인 셈이다. 시드기야, 레갑 족속, 그리고 여호야김은 구체적인 인물이지만 그들은 순종과 불순종의 예로 제시되고 있다.

사회 통합을 위한 조처인가?

느부갓네살이 대군을 이끌고 와 예루살렘과 다른 모든 성읍들을 압박할 때 하나님의 말씀이 예레미야에게 임했다(34:1). 대부분의 성읍은 이미 침략자의 손에 넘어갔고 요새화된 성읍이라곤 겨우 라기스와 아세가만 남아 있는 절체절명의 상황이었다. 예레미야는 시드기야가 겪게 될 참담한 패배를 예고한다. 예루살렘은 함락되어 불태워질 것이고 왕은 사로잡혀 바벨론으로 끌려갈 것이다. 그나마 다행인 것은 왕이 잡혀간 그 땅에서 평안히 살다가 눈을 감을 것이고, 사람들의 애도를 받을 것이라는 사실이다.

8절부터는 예언자의 경고를 받은 왕이 취한 조치와 그 이후의 이야기를 전하고 있다. 시드기야는 즉시 예루살렘에 살고 있는 고관들과 제사장들을 불러 계약을 맺는다.

그 계약은 사람마다 각기 히브리 남녀 노비를 놓아 자유롭게 하고 그의 동족 유다인을 종으로 삼지 못하게 한 것이라(34:9).

이 계약은 성전에서 이루어졌고(34:15), 언약에 참여한 이들은 "송아지를 둘로 쪼개고 그 두 조각 사이로 지나"(34:18)감으로써 계약을 어길시 제물과 똑같은 운명을 감수하겠다는 강렬한 의지를 표현했다.

히브리 노예들의 해방에 관한 서사는 출애굽기(21장)와 레위기(25장) 그리고 신명기(15장)에 골고루 등장한다. 그만큼 중요한 사안이었다는 말이겠다. 어떤 사유에 의해서든 빚에 몰려 노예로 팔린 히브리 종들은 7년 되는 해에 해방되어야 했다. 하나님은 애굽의 전제정치 아래서 신음하던 히브리들을 구원하기 위해 역사에 개입하시기를 꺼리지 않으셨다. 그리고 출애굽 공동체를 제사장 나라와 거룩한 백성으로 세우셨다. 그것은 억압과 착취가 없는 평등 공동체를 역사 속에서 실현하라는 일종의 초대였다. 동족을 종으로 삼는다는 것은 그렇기에 하나님의 섭리를 거스르는 일이었다. 하나님은 만부득이 형제를 종으로 삼았다 하더라도 일정한 시간이 지난 후에는 그를 자유인으로 방면해야 한다고 엄히 이르셨다. 하지만 현실 속에서 이러한 명령은 무시되기 일쑤였다. 그런데 시드기야와 고관들은 그 명령에 귀를 기울였고 노예 해방을 실천했다. 그것은 하나님 보시기에 '바른 일'이었다(34:15).

방편적 신앙의 최후

시드기야와 고관들의 그런 갸륵한 결단을 어떻게 이해해야 할까? 그들은 왜 하필이면 토라의 많은 요구 가운데 노예 해방을 가장 긴급한 과제인양 받아들인 것일까? 여기에는 조금 복잡한 셈법이 작동했다고 볼 수 있다. 사회의 가장 밑바닥 계층에 속한 이들에게 현실은 늘 극복되거나 뒤집어져야 할 곤경이다. 억압과 착취가 가혹할수록 더욱 그러할 것이다. 그들의 노동력을 착취하여 거들먹거리며 살던 이들은 변혁의 시대가 도래할 때 그들이 등을 돌릴지 모른다는 불안감에 사로잡히게 마련이다.

　시드기야와 고관들의 노예 해방 선언은 그런 우려를 불식시키기 위한 조처였던 것으로 보인다. 해방된 노예들이 자유민의 긍지를 가지고 나라를 위해 싸워준다면 금상첨화였을 것이다. 꼭 그렇게까지 볼 필요가 있을까 싶지만 그 다음에 벌어진 사건을 보면 이내 그들의 조처가 신앙적 행위가 아니라 정치적 행위였음을 알 수 있다. 10절과 11절 사이에는 깊은 단절이 있다.

> 후에 그들의 뜻이 변하여 자유를 주었던 노비를 끌어다가 복종시켜 다시 노비로 삼았더라(34:11).

어떤 사건 '후에' 이런 일이 일어났다는 말인가? 바벨론의 남진 정책에 오래된 제국의 안위가 위협받자 애굽 왕 바로는 군대를 출병시켜 바벨론을 저지하고자 했다. 애굽의 출병 소식을 들은 느부갓네살은 예루살렘에 대한 포위를 풀고 긴급한 상황에 먼저 대처하려 했다. 시드기야와 고관들은 포위가 풀린 것을 하나님의 개입으로 위기가 해소된 것으로 간주했다. 상황이 달라지자 그들은 어쩔 수 없어서 해방시켰던 노비들의 경제적 가치에 생각이 미쳤고 그래서 노비들을 다시 잡아들였던 것이다. 히브리 노예의 해방이라는 사건이 하나님의 명령에 대한 순종이 아니라 위기에서 벗어나기 위한 전략적 행동이었음이 여실히 드러났다. 하나님은 그것을 당신의 이름을 더럽힌 사건으로 간주하신다(34:16).

> 그러므로 여호와께서 이와 같이 말씀하시니라 너희가 나에게 순종하지 아니하고 각기 형제와 이웃에게 자유를 선포한 것을

실행하지 아니하였은즉 내가 너희를 대적하여 칼과 전염병과
기근에게 자유를 주리라(34:17).

'자유를 주리라'는 구절이 강력하다. 칼과 전염병과 기근이
하나님의 통제에서 벗어나 그 백성을 마음껏 유린하도록 하겠
다는 말이다. 이제 시드기야와 고관들의 생명은 바벨론 왕의 군
대에 넘겨질 것이다. 백성들 또한 공중의 새와 땅의 짐승의 먹
이가 될 것이고, 땅은 황폐하게 변할 것이다. 자업자득이다.

여자가 남자를 안으리라

"에브라임이 탄식하는 소리를 내가 분명히 들었다. '주님, 우리는 길들지 않은 짐승 같았습니다. 그러나 주님께서 우리를 가르쳐 주셨고, 순종하게 하셨습니다. 우리가 돌아갈 수 있게 이끌어 주십시오. 이제 우리가 주 우리의 하나님께 돌아갈 준비가 되었습니다. 주님을 떠난 다음에 곧 뉘우쳤습니다. 잘못을 깨달은 다음에 가슴을 치며 뉘우쳤습니다. 그리고 저의 젊은 시절의 허물 때문에 저는 수치와 수모를 겪어야 했습니다.' 에브라임은 나의 귀한 아들이다. 내가 가장 사랑하는 자식이다. 그를 책망할 때마다 더욱 생각나서, 측은한 마음이 들어 불쌍히 여기지 않을 수 없었다. 나 주의 말이다." "너는 길에 푯말을 세우고, 길표를 만들어 세워라. 네가 전에 지나갔던 길과 대로를 잘 생각하여 보아라. 처녀 이스라엘아, 돌아오너라. 너희가 살던 이 성읍들로 돌아오너라. 너 방종한 딸아, 네가 언제까지 방황하겠느냐? 주님께서 이 땅에 새 것을 창조하셨으니, 그것은 곧 여자가 남자를 안는 것이다"(예레미야 31:18-22).

인간의 본분

어떤 사람이 랍비에게 "축복이 무엇입니까?" 하고 물었습니다. 그러자 랍비는 창세기 1장의 창조 이야기와 관련된 수수께끼로 대답했습니다. "하나님은 처음 닷새 동안은 일을 마치신 후에 이루어진 일을 보시고는 '좋다'고 말씀하셨어요. 그런데 인간을 창조한 여섯째 날에는 '보시니 좋더라'는 말씀이 기록되어 있지 않아요. 여기서 어떤 결론을 내릴 수 있을까요?" 랍비의 물음에 그는 이렇게 대답했습니다. "인간이 좋지 않다는 결론을 내릴 수 있습니다." 랍비는 고개를 끄덕이며 말했습니다. "그럴 수도 있겠네요. 하지만 그럴듯한 설명은 아니군요."

그리고는 창세기에서 '좋다'는 뜻의 단어 '토브tov'는 '완전하다'로 번역되는 편이 나을 것이라고 설명했습니다. 하나님은 인간을 '토브'라고 선언하지 않으셨습니다. 인간은 불완전하게 창조되었어요. 인간은 하나님이 주신 가능성을 가지고 자기를 완성해가야 할 소명을 받은 존재입니다. 기성품이 아니라, 자기를 실현해가야 할 존재로 지음 받았다는 것, 이게 축복이란 말이지요.

그런데 사람 안에 있는 이 가능성이 문제입니다. 가능성은 선택을 전제합니다. 선택은 다른 것을 포기한다는 것을 의미합니다. 여러 가능성 가운데 하나를 선택한다는 것은 매우 어려운 일입니다. 이게 인생의 고뇌가 아닐까 싶습니다. 사람은 자기의 불완전한 부분을 죄로 채울 수도 있고, 아름다움으로 채울 수도 있습니다. 성경에서 아름다움이란 있어야 할 것이 있어야 할 곳에 있는 것입니다. 제 자리를 떠난 것은 추해 보입니다. 세상에 불필요한 것은 하나도 없습니다.

어쩌면 여러분은 세상에서 불필요한 것의 목록을 죽 머릿속에 떠올릴 겁니다. 파리, 모기, 질병, 눈물, 전쟁… 하지만 그것은 우리 생각일 뿐입니다. 우리는 세상의 어떤 것도 불필요한 것이라고 규정할 수 없습니다. 그것도 다 필요해서 생겨났을 겁니다.

뱀을 다 잡았더니, 들쥐들이 극성을 부린다지 않습니까? 미국의 옐로스톤 국립공원에서 초식동물을 잡아먹는 늑대, 이리를 다 죽였더니, 덩치 큰 초식동물이 급속도로 늘어나서 식물 세계가 황폐하게 되었다고 합니다. 결국에는 캐나다에서 육식 동물들을 사다 풀어놓았더니 공원의 생태계가 회복되더랍니다. 세상의 모든 것들은 다 기묘하게 연결되어 있습니다. 어쩌면 그것 자체로 한 몸인지도 모릅니다.

문제는 그것이 있어야 할 자리에 있느냐 하는 것입니다. 오존은 좋은 건가요, 나쁜 건가요? 사실 이 질문은 잘못된 것입니다. 왜냐하면 오존이 어디에 있느냐에 따라서 평가가 달라질 수 있기 때문입니다. 오존이 성층권에 있으면 우주로부터 들어오는 자외선을 차단해주기 때문에 우리 입장에서는 참 좋은 것입니다. 하지만 화석연료를 사용하면 오존이 발생하게 마련인데 지상에 있는 오존은 매우 파괴적인 오염물질입니다. 사람도 그런 것 같습니다. 특별히 좋은 사람, 나쁜 사람이 따로 있을까요? 다 비슷하다고 생각합니다. 물론 사람의 성향이 다르다는 것은 인정합니다. 하지만 아무리 좋은 사람이라 해도 그가 처한 상황에 따라 악마가 될 수도 있습니다. 아우슈비츠 수용소의 간수들이 다 악마였을까요? 그들도 행복을 추구하는 평범한 사람이었을 것입니다. 하지만 그가 서있는 삶의 자리가 그를 악마로 만들었던 것입니다. 우리 마음에 들지 않는 사람이 있다면 그를 무조건 미워할 게 아니라, '저 사람이 설 자리를 찾지 못했구나' 하고 생각해야 합니다. 그가 설 자리에 서도록 도와주는 것이 사랑일 것입니다.

길들지 않는 짐승 같은 우리

지나친 일반화처럼 들릴는지 모르겠지만, 사람이 있어야 할 자리는 하나님 앞입니다. 하나님 앞에서 살아갈 때 사람은 사람다워집니다. 하지만 사람 속에는 반역의 기질이 있어서 얌전하게 하나님 앞에서 살지 못합니다. 사람은 끊임없이 일탈을 꿈꾸곤 합니다. 일탈행위가 주는 짜릿함이 있어서 그럴까요? 뭔가 상궤를 벗어난 일을 하면서 사람들은 해방감을 맛보기도 합니다. 그러나 일탈은 일탈입니다. 그게 그의 삶일 수는 없습니다. 잠시 동안 방황했다 해도 곧 자기 자리로 돌아가야 합니다. 아버지 집을 떠났던 작은 아들도 결국은 아버지 집으로 돌아갑니다. 성경은 "돌아오라"는 하나님의 명령으로 가득 차 있습니다. 예언자들은 너나할 것 없이 있어야 할 자리를 벗어난 하나님의 백성들에게 돌아오라는 메시지를 전하고 있습니다. 그러나 사람은 참 우매한 존재입니다. 말로 타이를 때 깨닫는 법이 없습니다. 꼭 매를 맞고, 고생을 해봐야 그때서야 돌아섭니다.

오늘 예레미야의 본문도 마찬가지 상황을 보여주고 있습니다. 하나님을 거역했던 이스라엘은 바벨론에 포로로 잡혀갔습니다. 고통은 사람에게 생에 대한 질문을 던지게 합니다. "어쩌다 우리가 이 지경이 되었지?" 하고 묻던 그들은, 자기들이 겪는 민족적 비운은 하나님을 배신했기 때문임을 뼈저리게 깨달았습니다. 그래서 그들은 하나님 앞에서 탄식합니다.

주님, 우리는 길들지 않은 짐승 같았습니다. 그러나 주님께서 우리를 가르쳐 주셨고, 순종하게 하셨습니다. 우리가 돌아갈 수 있게 이끌어 주십시오. 이제 우리가 주 우리의 하나님께 돌아갈 준비가 되었습니다(31:18).

이스라엘은 자신을 길들지 않은 짐승, 곧 멍에에 익숙지 않은 송아지 같다고 고백하고 있습니다. 멍에를 좋아할 사람은 없을 것입니다. 멍에는 타율이기 때문입니다. 자의가 아니라 남의 명령이나 구속에 따라 행동하는 것은 부자연스러운 일입니다. 부모의 강압 때문에 하는 공부에는 즐거움이 없습니다. 두려움 때문에 하는 신앙생활에는 기쁨이 없습니다. 남들이 하니까 마지못해 따라 하는 봉사활동은 고역입니다. 하지만 우리가 멍에로 여기는 것들이 사실은 멍에가 아니라 우리 삶의 닻임을 알아야 합니다. 하나님이 우리 삶의 고삐를 잡고 계실 때 우리는 비로소 사람답게 살 수 있습니다.

이스라엘은 고난과 시련을 통해 하나님의 뜻대로 살아가는 것은 고역으로서의 멍에가 아니라, 진정한 자유와 기쁨의 통로라는 사실을 알게 되었습니다. 고난을 통해 이스라엘 백성들은 주님 안에 있는 행복을 새삼스럽게 발견하게 되었고, 주님께 순종함이 얼마나 아름다운 일인가를 알았습니다. 그래서 주님께 구합니다. 자기들을 이끌어 돌아가게 해달라고 말입니다.

하나님의 정념

잘못을 깨닫고 회개하는 백성들을 바라보면서 하나님은 안쓰러워하십니다.

에브라임은 나의 귀한 아들이다. 내가 가장 사랑하는 자식이다. 그를 책망할 때마다 더욱 생각나서, 측은한 마음이 들어 불쌍히 여기지 않을 수 없었다. 나 주의 말이다(31:20).

　주님은 회개하고 돌아오는 백성들을 측은히 여기십니다. 성경이 증언하고 있는 하나님은 무정한 초월자가 아닙니다. 인간의 기쁨이나 슬픔과 무관하게 존재하는 자족적인 존재가 아니라는 말입니다. 하나님은 정념pathos을 가지고 계십니다. 우리 때문에 웃고 우신다는 말입니다.

　민주화 운동의 열기가 고조되던 80년대 초반, 종로 5가 기독교회관에서는 민주화를 위한 목요 기도회가 늘 열렸습니다. 어느 날인가는 돌아가신 김근태 씨의 아내인 인재근 씨가 그 기도회에 참석해서 자기 남편이 당한 고문의 실상을 증언했습니다. 고문에 의해 황폐해진 남편을 보고 온 이야기를 하면서 한없이 울었습니다. 그러다가 그는 눈물을 닦고는 이제 울지 않겠다고 말했습니다. 눈물을 흘리는 대신 남편이 못 다한 일을 이루기 위해 싸우겠다고 했습니다. 우리는 다 숙연해졌습니다. 문익환 목사님께서 축도를 하셨는데, 그 기도가 우리 모두를 울렸습니다.

　하나님, 당신도 우리처럼 가슴이 찢기는 아픔을 느끼십니까? 하나님, 듣고 계십니까? 이 땅의 아들과 딸들의 울음소리를. 당신도 울고 계시지요? 하나님, 부족하지만 우리가 당신의 눈물을 닦아드리기 원합니다. 우리에게 믿음의 용기를 주십시오.

　저는 그 때 절감했습니다. 땅의 현실 때문에 하나님도 함께

아파하신다는 사실을. 내가 믿는 하나님은 나의 작은 신음에도
응답하시는 분이심을.

여자가 남자를 안으리라

하나님의 마음을 알아차린 예레미야는 이제 백성들에게 권
고합니다. 이전에 지나갔던 길과 대로에 푯말을 세우고 길표를
만들어 세워놓고 돌아오라고 합니다. 하나님께 돌아가기 위해
서는 어디서부터 우리가 하나님으로부터 멀어졌는지 유심히
살펴보아야 합니다. 그리고 우리 마음에서 하나님의 자리를 차
지하고 앉아있는 것들을 몰아내야 합니다. 옷을 갈아입으려면
먼저 벗어야 하듯이 옛 삶을 청산하지 않고는 새 삶을 살 수
없습니다. 병든 터전 위에 새로운 인생의 집을 지을 수는 없지
않겠습니까. 예언자는 주님께 돌아선 그의 백성들을 위해 시작
하신 새 일을 선포합니다.

주께서 이 땅에 새 것을 창조하셨으니 그것은 곧 여자가 남자를
안는 것이다(31:22).

"여자가 남자를 안는다." 제가 이 본문을 정하고는 몇 사람
에게 물어봤습니다. "여자가 남자를 안는다"는 말이 무슨 뜻이
냐고요. 그랬더니 다들 그럽니다. "좋은 데요." 뭐가 좋으냐고
물었더니 그냥 웃어요. 그렇습니다. 좋은 것은 설명이 필요 없

습니다. 여자가 남자를 안고 가는 것, 이게 구원입니다. 여기서 여자는 성으로서의 여성이 아닙니다. 여자는 '사랑'이고, '연민'입니다. 하나님은 죄지은 백성들의 아픔을 함께 아파하면서 그들을 품에 안으십니다.

하나님이 창조하시는 새 역사는 '사랑'과 '연민'이 우리 속에 있는 '반역의 기질'을 안고 가는 데서 시작되는 것입니다. 사람은 불완전한 존재입니다. 허물없는 사람은 하나도 없습니다. 하지만 우리는 자꾸 완성을 향해 가야 합니다. 그게 인간의 본분입니다. 가다 보면 실수도 많이 하고, 남에게 상처를 입힐 때도 있습니다. 세상에 사는 사람들은 다 저마다의 상처를 안고 있습니다. 겉으로는 웃고 있어도 속으로는 울고 있는 이들이 많습니다. 우리는 이제 남을 판단하고, 정죄하고, 따돌리고, 짓밟았던 옛 삶을 청산하고, '사랑'과 '연민'으로 서로를 보듬어 안고 나가야 합니다. 그게 여자가 남자를 안는 세상입니다.

그런데 여기서 중요한 것이 있습니다. '사랑'과 '연민'으로 남자를 보듬어 안을 때, 그 남자는 곧 하나님이기도 하다는 사실입니다. 예수님은 마태복음 25장에서 이렇게 가르쳐 주셨습니다. 주님은 가장 작은 자의 모습으로 우리 곁에 오신다고 말입니다. 우리가 사랑으로 가장 작은 자, 상처 입은 자, 방황하는 자를 부둥켜안을 때, 사실 우리는 하나님을 부둥켜안는 것입니다. 하나님을 부둥켜안는 것은 결국 인간이 되는 길입니다. 우리가 지향해야 할 새 세상은 "여자가 남자를 안는" 세상,

곧 사랑과 연민의 마음으로 서로를 대하는 세상입니다. 그 길
위에 있을 때 우리는 비로소 참 사람의 길 위에 있게 될 것입
니다. 그 길 위에서 우리는 예수님의 손을 잡게 될 것입니다.
그 길을 걸어서 마침내 하나님께 이르게 될 것입니다. 여러분
모두 그 길의 사람들이 되기를 기원합니다.

레갑 족속의 모범

예레미야 35:1-19

자유인의 초상

35장은 신앙생활의 귀감이 될 만한 한 가문을 소개하고 있다. 레갑 족속이 그들인데 여호야김 시대에 예레미야는 레갑 사람들을 성전의 한 방으로 데려가 포도주를 마시게 하라는 명령을 받는다. 예레미야는 그 명령에 순종하여 야아사냐와 그의 형제와 그의 모든 아들과 모든 레갑 사람들을 데리고 성전에 있는 하난의 아들들의 방에 들어갔다.

그곳에서 예레미야는 포도주가 담긴 술 단지와 잔을 내놓고, 그것을 마시라고 권하였다. 하지만 그들은 단호히 그 청을 거절했다. 그것은 선조들의 유지를 거스르는 일이라는 것이었다. 레갑을 중시조로 하는 이 가문은 유목민의 소박한 전통과 이스라엘의 종교적 이상을 충실히 지키는 것으로 유명했다.

레갑의 아들인 여호나답('요나답'으로 표기되기도 한다)은 불의한 오므리 왕조의 마지막 왕 아합을 제거한 후에 바알 신앙의 잔재를 없애기 위해 분투하던 예후의 혁명에 동참하기도 했다(열왕기하 10:15-16). 하지만 그는 혁명 주체로서의 기득권을 거부한 채 광야에 머물렀고 그의 후손들에게 아주 엄격한 유지를 남겼다. 후손들이 전승하고 있는 여호나답의 명령은 다음과 같다.

레갑의 아들 우리 선조 요나답이 우리에게 명령하여 이르기를 너희와 너희 자손은 영원히 포도주를 마시지 말며 너희가 집도 짓지 말며 파종도 하지 말며 포도원을 소유하지도 말고 너희는 평생 동안 장막에 살아라 그리하면 너희가 머물러 사는 땅에서 너희 생명이 길리라(35:6b-7).

네 가지 금지 명령과 한 가지 수행 명령이 매우 정연하게 열거되고 있다. 흥미로운 것은 유목적 삶을 지속하는 것이 땅에서의 존속을 보장한다는 사실이다. 포도주를 마시지 말라는 것은 소박하면서도 금욕적인 삶을 살라는 요구이다. 이것을 나실인에게 요구된 것(포도주 마시지 말 것, 머리에 삭도 대지 말 것, 죽은 것과 접촉하지 말 것)과 연결시킬 필요는 없다. 요나답의 명령에는 제의적 암시가 전혀 없으니 말이다.

다른 세 가지 금령, 즉 집을 짓지 말며, 파종도 하지 말며, 포도원을 소유하지도 말라는 것은 세상이 주는 안정성 위에 인생의 집을 짓지 말라는 뜻일 것이다. 소유와 잉여에 집착하는 순간 권력에의 욕망이 발생하고, 권력욕은 타자를 형제자매가 아닌 수단으로 삼도록 우리를 강제한다. 레갑 족속은 늘 세우거나 해체하기에 용이한 장막에서 살아야 한다.

수유리 빨래골에 있는 공초 오상순의 시비에 적혀 있는 글이 떠오른다.

흐름 위에
보금자리 친
오, 흐름 위에
보금자리 친
나의 혼.

정주가 안겨주는 안락함을 한사코 거부하고 늘 흔들릴 수밖에 없는 흐름 위에 자기 영혼을 얹으려 했던 시인의 자유혼이 느껍지 않은가. 흐름 위에서 사는 이들은 정주의 욕망에서 자유롭기에 권력의 회유에 쉽게 넘어가지 않는다. 레갑 족속들은 그런 삶의 모범을 보여주고 있다.

불순종하는 이들에게 내릴 심판

그들은 조상의 명령을 삶의 금과옥조로 여기며 살았다. 지금 잠시 동안 성내에 머물고 있는 것도 느부갓네살의 침공으로 성 밖의 생존이 위태로워진 상황에서 취한 부득이한 선택일 뿐이었다. 위기가 해소되면 그들은 또 다시 그 거칠고 척박한 광야로 나갈 것이다. 그렇기에 아무리 하나님의 사람인 예레미야의 권고라 해도 포도주를 마시라는 요구를 뿌리칠 수밖에 없었다. 이렇게 해서 시험은 지나갔다. 그때 여호와의 말씀이 다시 예레미야에게 임했다. 예언자가 예루살렘 주민과 유다 사람들에게 전해야 하는 말씀은 단순명료했다.

> 레갑의 아들 요나답이 그의 자손에게 포도주를 마시지 말라 한 그 명령은 실행되도다 그들은 그 선조의 명령을 순종하여 오늘까지 마시지 아니하거늘 내가 너희에게 말하고 끊임없이 말하여도 너희는 내게 순종하지 아니하도다(35:14).

'실행되도다'와 '순종하지 아니하도다'가 예리하게 대비되고 있다. 레갑 자손들의 순종은 하나님의 백성이라 자부하는 자들의 불순종을 절묘하게 드러내는 배경막 구실을 하고 있는 것이다. 예루살렘과 유다 주민들이 보인 불순종의 역사는 유구하다. 하나님께서 선지자들을 보내고 또 보내시면서 악한 길에서 돌이켜 행위를 고치고 다른 신을 따라 그를 섬기지 말라고 아무리 이르셔도 그들은 들을 생각이 없다.

마침내 이스라엘 자손에게 최종적인 말씀이 떨어진다. 불러도 대답하지 아니할 뿐만 아니라, 말씀을 듣고도 돌이키지 않은 유다와 예루살렘의 모든 주민에게 하나님이 이미 선포하신 재앙이 임할 것이다. 그러나 조상들의 명령을 성심으로 지켜온 레갑 가문에게는 하나님의 아름다운 약속이 주어진다.

레갑의 아들 요나답에게서 내 앞에 설 사람이 영원히 끊어지지
아니하리라 하시니라(35:19b).

하나님 앞에 설 사람이 끊어지지 않는다는 것은 자손 대대
로 하나님을 섬기는 기쁨을 누리게 될 것이라는 뜻이다. 레갑
족속은 세상 현실이 어떻게 변하든지 간에 마땅히 지켜야 할
근본을 든든히 붙잡고 살아가는 이들의 당당함을 여실히 보
여주고 있다. 레갑 족속과 예루살렘 주민들은 얻고자 하는 자
는 잃고, 잃고자 하는 자는 얻는다는 사실을 삶으로 증언하고
있다.

말씀은 사라지지 않는다

예레미야 36:1-32

_____ 여호야김 제 4년에 감옥에 갇혀 있던 예레미야에
게 다시 하나님의 말씀이 임한다. 요시야 시대부터 이제까지
주어졌던 모든 말씀을 기록하라는 것이었다. 이미 선포된 말씀
을 기록하라는 것은 하나님의 의지가 확고하다는 사실을 보여
줌으로써 백성들로 하여금 악한 길에서 돌이키도록 하기 위함
이다(36:3). 예레미야는 바룩을 불러 예언의 말씀을 불러 주었
고, 바룩은 그것을 남김없이 두루마리에 기록했다. 바룩은 연
금 상태에 있던 예레미야를 대신하여 금식일에 성전에 가서
모든 이들 앞에서 그 두루마리를 낭독했다.

금식 선포

'금식일'은 통상 '속죄일'을 일컫는 말이지만, 여기서는 왕이
요청하여 온 백성들이 참여하는 특별 금식일인 것으로 보인다.
바벨론왕 느부갓네살이 갈그미스 전투에서 애굽을 물리친 후
그 기세를 몰아 유다를 복속시키려 하자 여호야김은 크게 동
요했다. 든든한 원군이라 여겼던 애굽이 무너지자 여호야김이

더 이상 바라볼 곳이 없었다. 그래서 백성들에게 금식일을 선포함으로 하나님의 도우심을 받고자 했다.

바룩은 예레미야에게 호의적이었던 사반의 아들 서기관 그마랴의 방에서 그 책을 낭독하였다. 두루마리에 적힌 주님의 말씀을 들은 그마랴의 아들 미가야는 왕궁에 있는 서기관의 방으로 가서 그 모든 말씀을 사람들에게 전하였다. 고관들이 여후디를 바룩에게 보내 그 두루마리를 가지고 와서 자기들 앞에서도 낭독하라 일렀다. 두루마리에 기록된 말씀을 들은 고관들은 그 말씀을 왕에게도 전해야겠다면서 그 두루마리의 내용을 어떻게 적게 되었느냐고 묻는다. 바룩은 예레미야가 일일이 불러 준 말을 기록한 것이라고 대답한다. 고관들은 바룩에게 즉시 예레미야와 함께 아무도 모르는 곳에 가서 숨으라고 이른 후에 왕에게 이런 상황을 보고했다. 겨울 궁전에 머물고 있던 여호야김은 그 두루마리를 가져와서 자기 앞에서도 낭독하라 명한다.

여후디는 서기관의 방에서 그 두루마리를 가져와 임금과 그 곁에 있던 모든 대신들에게 읽어 주었다. 여호야김 앞에는 화롯불이 타고 있었다. 그런데 여후디가 서너 단을 읽을 때마다 왕은 서기관의 칼로 그것을 베어 화롯불에 던졌다.

왕과 그의 신하들이 이 모든 말을 듣고도 두려워하거나 자기들의 옷을 찢지 아니하였고 엘라단과 들라야와 그마랴가 왕께 두

루마리를 불사르지 말도록 아뢰어도 왕이 듣지 아니하였으며
(36:24).

'옷을 찢지 아니하였고'에서 '듣지 아니하였으며'로 이어지는 구절은 왕과 귀족들의 불순종을 온전히 드러내고 있다. 옷을 찢으며 참회하여야 할 순간에 왕은 말씀이 적힌 두루마리를 찢었고, 재를 뒤집어써야 할 시간에 그는 말씀을 화롯불 속에 던져 재로 만들었다. 백성들에게 금식할 것을 명령했지만 정작 자신은 참회할 생각이 없었던 것이다. "사십 일이 지나면 니느웨가 무너지리라"(요나 3:4)는 경고를 들었을 때 니느웨의 왕이 왕복을 벗고 굵은 베 옷을 입고 재 위에 앉은 것과 극단적으로 대조된다.

금식을 선포함으로 하나님의 도우심을 구하는 모양새를 갖추기는 했지만 여호야김은 하나님을 깊이 신뢰하지 않았다. 이사야는 참된 금식이 무엇인지를 명료하게 가르쳐주었다.

내가 기뻐하는 금식은 흉악의 결박을 풀어 주며 멍에의 줄을 끌러 주며 압제 당하는 자를 자유하게 하며 모든 멍에를 꺾는 것이 아니겠느냐 또 주린 자에게 네 양식을 나누어 주며 유리하는 빈민을 집에 들이며 헐벗은 자를 보면 입히며 또 네 골육을 피하여 스스로 숨지 아니하는 것이 아니겠느냐(이사야 58:6-7).

결박을 풀어주고 멍에를 꺾는 것, 사회적 약자들을 세심히 보살피는 것과 무관한 금식은 오히려 가증한 것이 될 수 있다. 권력에 취한 이들은 하나님의 말씀을 들으려 하지 않는다. 예언자들을 통해 전달된 하나님의 말씀은 늘 불편한 말씀일 뿐이기 때문이다. 그런 마음을 여호야김은 두루마리 불태우기라는 극단적인 형태로 나타낸 것이다.

다윗 왕조 몰락의 예고

그러나 두루마리를 태워버린다고 하여 하나님의 말씀이 사라지는 것은 아니다. 하나님은 숨어 있던 예레미야에게 다시 말씀을 기록하라 이르시면서 여호야김의 악한 행위를 준엄하게 책망하신다.

> 네가 이 두루마리를 불사르며 말하기를 네가 어찌하여 바벨론 왕이 반드시 와서 이 땅을 멸하고 사람과 짐승을 이 땅에서 없어지게 하리라 하는 말을 두루마리에 기록하였느냐 하도다(36:29).

예언자의 말 혹은 글은 임의로 변개할 수 있는 것이 아니다. 권력자의 비위를 맞추기 위해 급진성을 제거한다면 그것은 더 이상 하나님의 말씀이 아니다.

사람들이 보는 앞에서 하나님의 경고의 말씀을 불태움으로써 여호야김은 더 이상 하나님의 백성을 통치할 의사도 능력도 없음을 드러냈다. 하나님은 예레미야를 통해 유다 왕 여호야김이 맞이하게 될 운명을 예고하신다.

그에게 다윗의 왕위에 앉을 자가 없게 될 것이요 그의 시체는 버림을 당하여 낮에는 더위, 밤에는 추위를 당하리라 또 내가 그와 그의 자손과 신하들을 그들의 죄악으로 말미암아 벌할 것이라 내가 일찍이 그들과 예루살렘 주민과 유다 사람에게 그 모든 재난을 내리리라 선포하였으나 그들이 듣지 아니하였느니라 (36:30b-31).

하나님의 말씀을 만홀히 여기는 자의 운명이 이러하다. 영원하리라 믿었던 다윗 가문의 몰락이 기정사실이 되고 있다. 시온 불패의 신화는 권력자의 불신앙과 오만에 의해 이렇게 무너지고 말았다. 예레미야는 바룩으로 하여금 여호야김이 불태워버린 말씀은 물론이고 다른 말씀까지 다시 기록하게 하였다. 말씀은 죽지 않는다.

죽음의 문턱을 넘어

예레미야 37:1-38:13

허망한 낙관론

악연이라면 악연이겠다. 같은 시대를 살아가면서도 서 있는 삶
의 자리에 따라서 세상을 바라보는 사람들의 시선은 크게 엇
갈리곤 한다. 어떻게 해서든 권력과 현상 질서를 지키려는 사
람과 권력의 남용을 꾸짖고 상황을 바꿔나가려는 사람의 경우
는 더욱 그러하다. 왕과 예언자는 굳이 적이랄 것은 없지만 피
차 '가까이 하기엔 너무 먼 당신'이다. 37장은 시드기야가 느
부갓네살이 세운 허수아비 왕이 되었을 때의 이야기이다. 그때
의 분위기를 예레미야서는 이렇게 압축하고 있다.

> 그와 그의 신하와 그의 땅 백성이 여호와께서 선지자 예레미야
> 에게 하신 말씀을 듣지 아니하니라(37:2).

　　예언자가 존중받지 못하는 세상, 하나님의 말씀이 경청되지
않는 세상은 몰락을 앞두고 있다고 말할 수 있다.
　　그런데 어느 날 시드기야가 예레미야에게 사람을 보내 기도

를 부탁했다. 상황이 절박했기 때문일 것이다. 바벨론 왕 느부 갓네살이 예루살렘을 포위하고 있었던 것이다. 느부갓네살이 세운 왕이지만 일종의 민족주의적 감정에 사로잡혀 있던 시드 기야는 은밀히 애굽과 손을 잡고 바벨론의 지배에서 벗어나기 위해 노력하고 있었다. 선민의식으로 중무장한 일단의 사람들 은 시드기야의 그런 태도를 강력히 지지했다. 느부갓네살은 배 은망덕한 시드기야를 징치하기 위해 대군을 몰아 예루살렘을 압박했다. 내일을 기약할 수 없는 상황에서 시드기야와 그 신 하들이 바라볼 것은 하나님의 도움 밖에 없었다. 그들이 예레 미야에게 기도를 부탁한 것은 바로 그 때문이었다.

> 너는 우리를 위하여 우리 하나님 여호와께 기도하라(37:3b).

그런데 뜻밖의 일이 벌어졌다. 바로가 군대를 출병시켰다는 보고가 느부갓네살에게 들어왔고, 바벨론 왕은 즉시 포위를 풀 고 그 긴급 상황에 대비토록 했다.

> 바로의 군대가 애굽에서 나오매 예루살렘을 에워쌌던 갈대아인 이 그 소문을 듣고 예루살렘에서 떠났더라(37:5).

철수하는 군대를 바라보며 왕과 귀족들은 득의의 미소를 짓 지 않았을까? 그러나 예언자는 그들의 낙관론에 쉽게 동승하지 못한다. 오히려 그들의 낙관론에 찬물을 끼얹는 메시지를 전한다.

> 너희를 도우려고 나왔던 바로의 군대는 자기 땅 애굽으로 돌아 가겠고 갈대아인이 다시 와서 이 성을 쳐서 빼앗아 불사르리라 (37:7b-8).

갈대아인은 아주 떠난 게 아니라 잠시 동안 떠난 것이다. 현실은 냉혹하다. 아무리 용감하게 싸워도 패배는 기정사실이다 (37:10). 그것은 군사력의 문제가 아니라 하나님의 뜻이기 때문이다.

웅덩이로부터 구출되다

11절부터는 바벨론 군대의 포위가 풀렸을 때 벌어진 한 사건을 보여준다. 예레미야는 집안의 상속 재산을 물려받기 위해 베냐민 땅에 가려고 집을 나섰다. 그가 '베냐민 문'에 이르렀을 때 수문장 이리야가 적에게 투항하러 간다는 혐의를 씌워 그를 체포했다. 공을 세우고 싶었던지 이리야는 예레미야를 고관들에게 끌고 갔다. 고관들은 그에게 매질을 가하고는 서기관 요나단의 집에 있는 뚜껑 씌운 웅덩이에 그를 가뒀다. 이 사건은 유다의 패배를 공언하고 있는 예언자에 대한 적대감이 얼마나 광범위하게 퍼져 있었는지를 보여주는 증거이다.

하지만 시드기야는 예레미야의 영적 권위를 완전히 부인하
지는 않았던 것 같다. 그는 사람을 보내 예레미야를 왕궁으로
데려오도록 한 후 비밀스럽게 묻는다. "여호와께로부터 받은
말씀이 있느냐." 예레미야는 그때도 단호하게 대답한다.

왕이 바벨론의 왕의 손에 넘겨지리이다(37:17).

왕이 이렇게 비밀스럽게 하나님의 뜻을 물은 것은 왕권이
확립되지 못한 상황이었기 때문이다. 주전파들이 득세하는 상
황에서 왕은 이러지도 저러지도 못하는 곤경에 처해 있었다.
왕은 듣고 싶은 답을 듣지 못했다. 예레미야는 자기에게 씌워
진 혐의가 부당하다는 사실을 상기시키면서 자기를 서기관 요
나단의 집으로 돌려보내지 말아 달라고 부탁한다. 거기에 가면
살아나올 수 없다는 판단이 섰기 때문이다.

호전적인 귀족들은 예레미야를 불구대천의 원수처럼 여기
고 있었던 것이다. 시드기야는 부하들에게 예레미야를 근위대
뜰에 가두라면서 도성에서 떡이 떨어질 때까지 매일 떡 한 덩
이씩 가져다주라고 명한다.

근위대 뜰에서 예레미야는 비교적 자유롭게 사람들을 만날
수 있었던 것으로 보인다. 그는 만나는 사람들에게 항복하는
것만이 살 길이라고 설득했다. 그의 이런 행태가 고관들의 귀
에 들어갔고, 고관들은 예레미야를 죽이지 않으면 성중에 절망

의 독이 퍼질 것이라며 왕을 압박했다(38:4). 시드기야는 더 이
상 예레미야를 보호해 줄 수 없었다. 고관들은 예레미야를 줄
로 매달아 근위대 뜰에 있는 말기야의 웅덩이, 곧 물이 없는 진
창에 쳐 박았다. 예언자의 운명이 경각에 달했다.

　하지만 어디든 하나님의 숨겨진 일꾼은 있는 법이다. 이 소
식을 들은 왕궁 내시인 구스 사람 에벳멜렉은 베냐민 문에 앉
아 있던 왕에게 은밀히 다가가 예레미야를 죽음에 이르도록 방
기해서는 안 된다고 말한다. 왕에게 있어 예레미야는 뜨거운
감자였다. 하지만 왕은 결국 에벳멜렉에게 예레미야를 구하라
는 특명을 내렸고 그 명령은 그대로 수행되었다. 하나님의 백
성임을 자부하는 이들은 하나님의 일꾼을 죽이려 하지만 '구
스 사람 내시'라는 이중적 차별에 시달리던 사람이 하나님의
사람을 구하는 아이러니를 보라.

나를 이끌어 돌이키소서

"에브라임이 탄식하는 소리를 내가 분명히 들었다. '주님, 우리는 길들지 않은 짐승 같았습니다. 그러나 주님께서 우리를 가르쳐 주셨고, 순종하게 하셨습니다. 우리가 돌아갈 수 있게 이끌어 주십시오. 이제 우리가 주 우리의 하나님께 돌아갈 준비가 되었습니다. 주님을 떠난 다음에 곧 뉘우쳤습니다. 잘못을 깨달은 다음에 가슴을 치며 뉘우쳤습니다. 그리고 저의 젊은 시절의 허물 때문에 저는 수치와 수모를 겪어야 했습니다.' 에브라임은 나의 귀한 아들이다. 내가 가장 사랑하는 자식이다. 그를 책망할 때마다 더욱 생각나서, 측은한 마음이 들어 불쌍히 여기지 않을 수 없었다. 나 주의 말이다." "너는 길에 푯말을 세우고, 길표를 만들어 세워라. 네가 전에 지나갔던 길과 대로를 잘 생각하여 보아라. 처녀 이스라엘아, 돌아오너라. 너희가 살던 이 성읍들로 돌아오너라. 너 방종한 딸아, 네가 언제까지 방황하겠느냐? 주님

께서 이 땅에 새 것을 창조하셨으니, 그것은 곧 여자가 남자를
안는 것이다"(예레미야 31:18-22).

웨슬리 회심 주일인 오늘 저는 생뚱스럽게도 악어가 득실거
리는 강을 건너는 아프리카 초원의 누를 떠올립니다. 누 무리
는 강둑에 서서 위험이 도사리고 있는 강을 바라봅니다. 그 강
만 건너면 살 길이 열립니다. 어느 순간 누 한 마리가 땅을 박
차고 힘차게 물 속으로 뛰어듭니다. 그러자 다른 누들도 망설
임 없이 물에 뛰어듭니다. 물론 악어에게 희생당하는 녀석들도
있기는 하지만, 많은 누 무리들이 강 건너편의 단단한 땅을 딛
고 서서는 가쁜 숨을 몰아 쉽니다.

저는 그 광경을 볼 때마다 가슴이 뜁니다. 어쩌면 역사란 그
런 게 아닐까 하는 생각이 듭니다. 모두가 강 언덕에 서서 망설
이고만 있다면 악어의 공격은 받지 않을지 모르지만, 결국은
굶주림으로 죽고 말 겁니다. 강으로 뛰어드는 그 한 마리의 무
모한 용기가 누 무리를 살리듯이, 역사는 변화의 강물에 뛰어
든 소수의 사람들에 의해 앞으로 나가는 것 같습니다.

웨슬리는 어쩌면 18세기의 영국이라는 강물에 힘 있게 뛰
어든 그 첫 번째 누인지도 모르겠습니다. 18세기의 영국은 참
암담한 나라였습니다. 산업혁명으로 자기 땅에서 쫓겨난 사람
들이 도시로 몰려들었습니다. 그들은 전형적인 도시빈민의 삶
을 살게 되었고, 그들을 기다리고 있는 것은 가난과 질병과 범

죄라는 악어 떼였습니다. 사람들의 심성은 거칠어지고, 폭력과 파괴가 일상화되고 있었습니다. 이런 상황에서 웨슬리의 감리교 운동은 사람들에게 잃어버렸던 하늘을 되돌려주는 역할을 감당했던 것입니다. 한 사람의 변화가 역사 변혁의 초석이 되는 것입니다.

두 번의 회심

웨슬리의 첫 번째 회심은 1725년에 일어났습니다. 웨슬리는 그때 "어떤 경우에도 나는 흠 없이 거룩하게 살겠다"고 결심합니다. 시간을 정하여 성경을 연구하고, 기도에 정진하고, 어려운 이들을 돕는 일에 그는 최선을 다했습니다. 작심삼일로 그치지 않았습니다. 재능이란 결국 지속에의 열정이라는 말이 있지요? 어떤 일을 시작하는 것은 쉽지만, 지속하는 일은 어렵습니다. 실망과 권태를 이기고 처음 뜻을 고스란히 간직하기란 여간 어려운 일이 아닙니다. 웨슬리는 그런 의미에서 항심恒心을 가진 사람이라 할 수 있습니다.

하지만 그에게는 두 번째 회심이 필요했습니다. 그는 지성과 감성과 의지가 균형을 이룬 사람이었습니다. 하지만 그에게는 또 다른 것이 필요했습니다. "하나님의 은혜로 말미암지 않고는 그 어떤 인간도 의로울 수 없다"는 깨달음 말입니다. 1738년 5월 24일은 그가 새로운 존재로 거듭난 날입니다. 하나님의 은혜가 아니고는 자기는 아무 것도 할 수 없음을 절실하게 깨달은 날이기 때문입니다. 좀 이상하지요? 자기가 아무 것도 아니라는 사실을 자각하는 것이 좋은 날이라니요?

앙드레 말로는 살아오면서 가장 기쁜 날이 언제였느냐는 질문에 '나 자신이 아무 것도 아니라는 사실을 깨달은 날'이라고 대답했습니다. 이것은 겸양지사가 아닙니다. 자아로부터 해방됨을 이렇게 표현한 것입니다. 내가 할 수 있는 일이 지극히 작다는 사실을 자각할 때 우리는 비로소 하나님을 굳게 의지합니다. 그리고 결과에 매이지 않는 자유인이 됩니다.

내적인 변화, 역사 변화의 초석

그러니까 지금 우리가 기념하는 것은 웨슬리의 위대함이 아니라, 무력함에 대한 그의 깊은 자각입니다. 바울 사도의 고백이 우리의 이해를 위해 도움이 되겠습니다.

> 그리스도의 능력이 내게 머무르게 하기 위하여 나는 더욱더 기쁜 마음으로 내 약점들을 자랑하려고 합니다(고린도후서 12:9b).

웨슬리는 이 일을 계기로 자기 지성과 의지로 사는 사람이 아니라, 하나님의 마음과 능력으로 사는 사람이 되었습니다. 그렇다고 하여 그의 지성과 의지가 쓸모없다는 말이 아닙니다. 그것은 주님의 사랑 안에서 더욱 아름다운 내용을 부여받게 되었습니다.

한 사람의 내적인 변화가 역사의 변화로 이어짐을 웨슬리의 삶은 웅변적으로 증거하고 있습니다. 한 움큼의 누룩이 가루 서 말을 부풀리는 것처럼, 하나님의 손에 들린 한 사람이 이루는 일은 위대합니다. 가난을 누이로 삼았던 12세기의 성자 프란치스코의 삶이 그러하고, 하나님의 손에 들린 몽당연필을 자처했던 마더 테레사 수녀의 삶이 그러합니다. 그렇다면 우리는 어떠합니까? 갑자기 마음이 답답해집니다. 믿는다고 고백은 하면서도 우리는 여전히 자신의 경험과 지식과 연줄에 의지해서 인생을 풀어보려 합니다. 하나님의 뜻을 모르지는 않습니다. 잘 압니다. 하지만 선뜻 그 뜻을 따를 용기를 내지 못합니다. 살아가면서 우리 속에 형성된 거짓된 자아가 강력한 힘을 발휘하기 때문입니다. 꿈인 줄 알면서도 깨어나지 못하는 악몽처럼 우리는 거짓 자아가 이끄는 대로 살아갑니다.

멍에를 메고

이스라엘 백성들도 그런 헛된 꿈에서 깨어나지 못했다가 하나님의 징벌을 받았습니다. 바벨론의 침공이 그것입니다. 큰 시련을 겪고 나서야 백성들은 자기들의 허물을 인정합니다.

멍에에 익숙지 못한 송아지 같은 내가 징벌을 받았나이다(개역개 정, 31:18b).

큰일을 겪고서야 이런 깨달음에 이르는 것이 우리들의 병통인가 봅니다. 물론 큰일을 겪고도 깨달음은커녕 마음이 더욱 각박해지는 사람도 있습니다. 이스라엘은 자신을 '멍에에 익숙지 못한 송아지 같다'고 고백합니다. 길들지 않는 송아지를 부룩송아지라고 합니다. 부룩송아지는 멍에를 메고 밭을 갈 수 없습니다. 부룩송아지 같은 신자도 역시 하나님의 일을 할 수 없습니다. 어찌해야 합니까?

사마(駟馬)라고 들어보셨습니까? 저도 얼마 전에 알았습니다. 사마는 말 넷이 끄는 수레를 뜻합니다. 보통은 한 두 마리가 끄는데 네 마리가 끄니까 대단한 위용이겠습니다. 그런데 사마의 바깥 쪽 좌우의 말을 참(곁말 참)이라고 합니다. 안쪽의 두 말은 복(服)이라고 하는데, 이 복이란 말은 안쪽에서 멍에를 끼고 달리는 말입니다. 그러니까 복의 두 말은 멍에를 끼고 수레를 끄는 상머슴 말이고, 참의 두 말은 그야말로 덩달아 가는 곁마인 셈입니다. 처음부터 수레를 제대로 끌 수는 없을 겁니다. 그러니까 복(服)의 곁에 서서 그가 이끄는 대로 달리는 연습을 해야 합니다.

예수님은 "나의 멍에를 메고 내게 배우라"고 하셨습니다. 부룩송아지같은 우리가 하나님의 뜻을 받들어 살기 위해서는 먼저 주님과 멍에를 함께 짊어져야 합니다. 이스라엘 백성들은 하나님께 이렇게 기도합니다.

노스탤지어

우리가 돌아갈 수 있게 이끌어 주십시오. 이제 우리가 주 우리의
하나님께 돌아갈 준비가 되었습니다(31:18).

스스로 돌이키면 될 일이지 군이 이끌어달랄 게 뭔가 생각
할 수도 있습니다. 하지만 회개 혹은 회심이라는 것의 주도권
은 우리에게 있지 않습니다. 바울은 선을 행하고자 하는 자기
의지와는 관계없이 번번이 악을 행하는 자기에 대해 절망했습
니다. 누군가가 이끌어주지 않으면 우리는 돌이킬 수 없습니
다. 탕자는 자기 발로 집으로 돌아온 것 같지만, 그를 잡아 끈
것은 아버지의 사랑이었습니다.

얼마 전 세계석학강좌가 성균관대학교에서 열렸습니다. 강
사로 오신 정재식 박사님은 대학원 시절 저의 은사이기도 하
십니다. 정 박사님은 강연중에 고국을 떠난 지 근 50년이 되었
는데, 지금도 여전히 자기 정체성의 뿌리는 고향인 원주라고
말하다가 목이 메어 잠시 말을 잊지 못했습니다. 고향은 거기
에 있다는 것만으로도 우리를 이끌어줍니다.

향수를 뜻하는 노스탤지어nostalgia는 그리스어로 '돌아옴'을
뜻하는 'nostos'와 '고통'을 뜻하는 'algos'라는 말로 이루어
진 것입니다. 향수란 돌아가고 싶은 열망으로 말미암은 고통입
니다. 여러분, 어떠십니까? 문득 '내가 너무 멀리 떠나왔구나!'

하는 생각이 드실 때가 없나요. 사람들은 누구나 할 수만 있다면 이전의 순수함을 회복하고 싶어 합니다. 하지만 쉽지 않습니다. 그렇기에 우리는 기도합니다. "나를 이끌어 돌이키소서." 우리가 이렇게 기도할 수 있는 것은 "내가 그를 책망하여 말할 때마다 깊이 생각하노라 그러므로 그를 위하여 내 마음이 측은한즉 내가 반드시 그를 긍휼히 여기리라" 하시는 주님의 사랑 때문입니다.

모든 것을 맛있게 하라

예전에 〈한겨레신문〉에서 '나눔으로 아름다운 세상'이라는 기획물을 흥미 있게 읽은 적이 있습니다. 그중에서도 매우 인상적인 분이 있었습니다. 한림재활의학과 원장 서경배 씨였는데 그는 8년 전부터 매달 수입의 20%를 각종 단체에 후원금으로 낸다고 합니다. 교회에 내는 십일조까지 합하면 30%를 조건 없이 내놓는 셈입니다. 그가 후원하는 곳은 빈곤지역 공부방, 지역 사회복지관, 가톨릭 사회복지관 등입니다. 그가 이런 나눔 운동에 동참하게 된 것은 형편이 좋아서가 아니었습니다. 그에게도 시련의 시기가 있었습니다. 병원경영 실패로 많은 빚을 지고, 눈덩이처럼 불어나는 적자에 가족의 생계조차 책임지기 어려웠습니다. 하루하루 삶이 버거웠던 때 그에게 일종의 '각성'이 왔습니다.

"그때까진 내가 잘난 줄 알았습니다. 그런데 내 재능은 남에게 베풀라고 주어진 것이라는 걸 깨달았어요. 그 와중에 누군가 나를 대가 없이 돕고 있다는 생각이 들었습니다. 스스로 결심했지요. 기사회생하면 내가 도움 받은 것처럼 다른 이들과 나누며 살겠다고요."

그는 고통스러웠지만 그 고통 속에서 하나님과 더 깊이 만났고, 자기 자신이 서야 할 자리를 찾았고, 고통 받는 이웃들을 발견했습니다. 삶이 밝아진 겁니다. 그 후 그는 최선을 다했습니다. 그의 결단을 장하게 여기심인지 하나님은 그에게 아이디어를 주셨습니다. 수술 없이 휜 다리를 교정하는 물리치료법을 개발한 것입니다. 약속대로 그는 번 돈을 어려운 사람들에게 내놓기 시작했습니다. 고통 속에서 찾아온 깨달음이 그의 삶을 새롭게 만들었고, 그를 통해 많은 이들이 삶의 희망을 되찾기 시작했습니다. 그의 소망은 이것입니다.

"그들도 커서 남과 나눌 줄 아는 사람이 되겠지요. 자신들이 받은 것처럼. 이게 제가 받는 보상입니다. 그걸 떠올리면 누구나 나눔을 이어갈 수 있다는 생각이 듭니다."

이제 방황을 그쳐야 합니다. 여호와께서 새 일을 시작하십니다. 지금은 '여자가 남자를 안을 때'입니다. 물론 예레미야 본문에 나온 '여자'는 이스라엘 백성이고, '남자'는 하나님이십니다. 웨슬리의 회심을 기념하는 것만으로 우리 영혼의 허기증이 해결되지 않습니다. 회심에 이르러야 하는 것은 바로 우리들이고, 그때는 바로 지금입니다. 온 몸과 마음으로 주님을 얼싸

안으십시오. 하나님께로 돌이켜 그분을 얼싸안는 순간, 우리는 변혁의 누룩이 됩니다. 세상의 빛이 됩니다. 세상의 소금이 됩니다. 그리고 우리가 있어 세상은 더욱 선하고 평화롭고 안전한 곳으로 바뀝니다. 웨슬리 목사님의 말 한 마디를 오늘의 결론으로 삼겠습니다.

"모든 것을 맛있게 하는 것이 바로 기독교인 된 당신의 본분이다."

예 루 살 렘   함 락

예레미야 38:14-39:18

나약한 왕의 뒷모습

심약한 왕 시드기야는 예레미야를 은밀히 불러 하나님의 뜻을 묻는다. 예레미야는 어떤 말을 하든 자기를 죽이거나 적대자들에게 넘기지 않겠느냐고 묻자 왕은 그러겠다고 맹약한다. 예레미야는 왕이 만일 바벨론 왕의 고관들에게 항복하면 왕과 그 가족들은 살아남을 것이고 예루살렘 성도 불사름을 당하지 않을 것이라고 말한다. 절망의 심연을 비추는 작은 불빛인 셈이었다. 하지만 시드기야는 쉽게 결단을 내리지 못한다. 화친만이 살 길이라며 이미 바벨론에 투항한 유다인들로부터 학대나 조롱을 받지 않을까 두려웠기 때문이다. 왕으로서의 책임감이나 의연함은 찾아보기 어렵다. 공포에 빠져 건전한 판단력을 잃어버린 나약한 존재의 누추함만이 도드라진다. 다윗 왕조는 이렇게 막을 내리게 되는 것이다.

예레미야는 갈대아인들이 왕을 그들에게 넘기지 않을 거라며 시드기야를 안심시킨다. 하지만 왕이 항복하기를 거절하는 순간 파국이 다가올 것이다. 유다 왕궁의 여인들이 바벨론 사람들에게 끌려가면서 대신들에게 쉽게 휘둘렸던 왕을 원망할 것이고, 왕의 아내와 아들들도 다 끌려갈 것이다. 시드기야는 예레미야에게 고관들 가운데 아무에게도 둘이 나눈 이야기를 해서는 안 된다고 신신당부한다. 나약한 왕은 예레미야를 통해 전달된 하나님의 뜻이 분명했음에도 불구하고 그 뜻을 따를 생각이 없다. 그를 사로잡고 있는 것은 부릅뜬 고관들의 눈이었을 뿐이다. 예언자가 할 수 있는 일도 없었다. 예레미야는 예루살렘이 멸망하는 날까지 근위대 울안에서 지냈다.

39장은 예루살렘의 멸망을 다룬다. 거의 1년 6개월에 걸친 포위 공격을 받은 끝에 예루살렘은 바벨론의 느부갓네살에 의해 함락되었다. 시드기야의 제 십일 년 넷째 달 아홉째 날(기원전 587년 6월 말)이었다. 비극적인 그날을 예레미야는 이렇게 명토 박아 기록하고 있다. 하나님과 다윗 사이에 맺어졌던 언약은 이렇게 해서 해소되고 말았다. 전후 처리를 위해 바벨론 왕의 모든 고관들이 도성 안에 있던 중문, 곧 공개회의나 재판이 열리는 곳에 모여들었다. 정복자들의 잔치가 마침내 시작되는 순간이었다.

시드기야는 한밤중에 근위대의 호위를 받으며 왕실 정원 길을 따라서 성벽 사이의 통로를 지나 도성 밖으로 달아났다. 그러나 아라바 쪽으로 향하다가 추격자들에 의해 여리고 벌판에서 체포되고 말았다. 그들은 시드기야를 하맛 땅 립나에 있던 느부갓네살에게로 데려갔다. 바벨론 왕은 시드기야가 보는

앞에서 그의 아들들과 유다의 모든 귀족을 죽였고, 시드기야
의 눈을 빼고, 바벨론으로 이송하기 위해 사슬로 결박했다. 홀
로 살기 위해 백성을 버리고 달아나던 임금에게 가해진 처절
한 모욕이었다. 임진왜란 때 백성들을 버리고 의주까지 도망갔
던 선조 임금이나, 한국전쟁 때 적이 패주하고 있으니 서울을
굳게 지키자고 말하면서 한강 다리를 끊고 대구까지 달아났던
이승만 대통령이 떠오르는 것은 왜일까.

구원은 예기치 않은 곳에서 온다

갈대아인들은 왕궁과 백성들의 집을 불살랐고 예루살렘 성벽
을 허물었다. 성벽을 허무는 것은 패자들에게 그들을 지켜줄
자가 더 이상 없다는 사실을 확인시키는 행위였을 것이다. 특
이한 것은 예루살렘 성전 파괴에 대해서 말하지 않는다는 사
실이다. 성은 무너졌지만 하나님의 역사는 끝난 것이 아니라
는 사실을 암시하기 위한 것일까? 바벨론 군의 사령관 느부사
라단은 "성중에 남아 있는 백성과 자기에게 항복한 자와 그 외
의 남은 백성을 잡아 바벨론으로 옮겼다"(39:9). 잡혀간 사람들
이 겪어야 했던 고통과 절망감이 얼마나 깊었을까? 그러나 그
들은 이스라엘을 회복시키려는 하나님의 꿈의 단초였다. 절망
의 그루터기에서 희망의 움이 돋아나오는 법이다.

느부사라단은 또한 아무 소유가 없는 빈민을 유다 땅에 남
겨 두고, 포도원과 밭을 그들에게 주었다. 정복군이 마치 사회

적 약자들에게 관대한 것처럼 처신하고 있다. 항상 남의 눈치나 보며 살던 사람들에게 무상으로 주어진 땅은 은총처럼 여겨지지 않았을까? 무자비한 정복자가 은인으로 변신하고 있는 것이다. 그 땅에서 반역이 일어날 가능성은 줄어들고 바벨론 제국이 거둬들일 세금은 늘어날 것이다. 제국의 통치술은 이렇게 교묘하다.

느부갓네살은 느부사라단에게 "그를 데려다가 선대하고 해하지 말며 그가 네게 말하는 대로 행하라"(39:12)고 명령한다. 느부사라단은 사람을 보내 경비대 울안에 있던 예레미야를 데리고 나가 사반의 손자 아히감의 아들 그다랴에게 넘겼다. 이들은 예레미야에게 매우 호의적인 사람들이었다. 하나님은 당신의 일꾼을 바벨론 군대의 힘을 이용해 구해내셨다.

15절부터 18절까지는 왕의 내시였던 구스 사람 에벳멜렉(고유 명사라기보다는 '왕의 종'이라는 뜻의 직책명이었을 가능성이 크다)을 기억하시고 그를 구원하시는 하나님의 세심한 섭리를 다루고 있다. 하나님의 백성임을 자부하는 이들이 서슴없이 하나님을 거역할 때 이방 사람인 에벳멜렉은 하나님의 뜻을 수행하기 위해 위험을 무릅썼다(38:7-13). 하나님은 예레미야를 구하기 위해 한 그의 행동을 하나님에 대한 믿음으로 간주하셨다(39:18). 중요한 것은 인종이 아니라 하나님의 뜻을 경외심으로 받드느냐이다.

그 다 랴 시 대

예레미야 40:1-41:18

미스바로 돌아가다

이미 석방되어 자유의 몸이 되었던 예레미야가 어떤 연고로 다시 사슬에 묶인 채 바벨론으로 끌려가던 포로민 행렬에 끼어들게 되었는지는 알기 어렵다. 예레미야는 라마에서 사령관 느부사라단의 도움으로 풀려났다. 1절은 그때 여호와의 말씀이 임했다고 보도하고 있지만 말씀의 내용이 무엇인지는 알 수 없다. 느부사라단의 말이 차라리 예언자의 말처럼 들린다.

> 네 하나님 여호와께서 이 곳에 이 재난을 선포하시더니 여호와께서 그가 말씀하신 대로 행하셨으니 이는 너희가 여호와께 범죄하고 그의 목소리에 순종하지 아니하였으므로 이제 이루어졌도다 이 일이 너희에게 임한 것이니라(40:2-3).

패배자에 대한 조롱인가? 그럴 수도 있지만 이 말 속에는 아이러니도 있다. 이방 나라의 장군이 신실하지 못한 하나님의 백성을 통렬히 꾸짖고 있으니 말이다.

느부사라단은 예레미야에게 바벨론으로 함께 가면 선대하
겠다면서도 그의 자유를 구속하지는 않는다. 그가 머물고자 하
는 곳 어디에 머물러도 괜찮다는 것이다. 예레미야는 길 양식
과 선물을 안겨주는 느부사라단의 호의를 받아들여 미스바에
있는 사반의 손자 아히감의 아들 그다랴의 집으로 향한다.

'미스바'는 다윗 왕조가 세워지기 전에 이스라엘 제의의 중
심지였다. 미스바는 사무엘 시대에 대참회운동이 벌어졌던 곳
이다(사무엘상 7:5). 왕조가 몰락한 후 예언자가 향한 곳이 미스바
라는 사실이 의미심장하다. 거의 패배가 예정되었던 싸움에서
물러나 광야에 머묾으로 참화를 면했던 군 지휘관들이 권력의
공백 상태에 빠진 그 땅을 돌보는 책임을 맡은 그다랴를 찾아
온다. 친바벨론파의 대표격인 그다랴는 두려워하지 말고 갈대
아인들을 섬기라면서, 지금은 생존을 위해 최선을 다해야 할
때라고 말한다. 각지에 흩어졌던 유다 사람들이 미스바로 모여
들었다. 지리하고 참혹한 전쟁이 그치고 상대적이긴 할망정 평
화의 시기가 도래했다. '포도주와 여름 과일과 기름'(40:10)은
바로 그런 시대에 대한 상징이다.

불안정한 평화의 종말

그러나 불안정한 평화는 오래 지속되지 않았다. 군 지휘관 가
운데 유력한 사람인 요하난이 그다랴를 찾아와 첩보를 전한다.
암몬 왕 바알리스가 이스마엘을 보내 그다랴를 암살하려 한다

는 것이다. 요하난은 이런 사태가 벌어지기 전에 자기가 이스마엘을 제거하겠다고 제안하지만, 그다랴는 그런 청을 거절한다. 모처럼 찾아온 평화가 피비린내 나는 암투로 인해 깨질 수도 있었기 때문이다.

이스마엘은 다윗 왕가의 사람이었다(41:1). 이스마엘이 자기 수하를 거느리고 미스바에 왔을 때 그다랴가 그를 친교의 식탁으로 청한 것은 비록 무너졌다고는 하지만 왕가에 속한 사람에 대한 배려였을 것이다. 그러나 그 친교의 자리는 피로 얼룩지고 말았다. 이스마엘은 그다랴와 다른 유다 사람들 그리고 그곳에 있던 갈대아의 군사들까지도 도륙하고 말았다. 나라를 잃어버린 백성들을 안돈시켜 살아갈 용기를 심어주려 했던 평화주의자는 이렇게 무기력하게 살해되고 말았다.

이스마엘이 그런 참혹한 일을 저지른 까닭은 무엇일까? 다윗 왕가에 속하지 않은 사람이 지도권을 행사하는 것을 받아들일 수 없던 것 같다. 나라가 망한 마당에 왕가의 후손이라는 자부심이 대체 무엇이란 말인가. 하지만 인간은 이처럼 미욱하다. 그가 왕가의 복원을 꾀했는지는 분명치 않다. 하지만 분명한 것은 그가 그 가련한 땅에 공포와 적개심의 씨를 심었다는 사실이다. 그는 어느 날 세겜, 실로, 사마리아에서 출발하여 여호와의 성전(예루살렘의 파괴된 성전인지 미스바의 성소를 가리키는지 분명치 않다)을 향해 순례 길에 나섰던 사람들을 잘 영접하는 척하다가 잔혹하게 살해했다. 무너진 성전과 멸망당한 나라를 생각하며 애통하는 순례의 무리들을 그는 왜 구태여 죽인 것일까? 도무지 납득할 수 없는 처사였다. 그는 순례자 80명 가운데 밭에 숨겨둔 밀과 보리와 기름과 꿀을 바치겠다는 10명만 남기고 다른 이들을 잔혹하게 살해하여 구덩이에 던져 넣었다. 그는 다만 탐욕스러운 학살자였던 것이다. 이스마엘은 남은 사람들을 사로잡아 암몬으로 데려가려 했다. 그곳에서 세력을 키울 생각이었을 것이다.

하지만 그가 벌인 참극이 요하난과 다른 군 지휘관들의 귀에 들어갔고, 그들은 이스마엘을 추격하기 시작했다. 마침내 기브온 큰 물 가에서 이스마엘을 따라잡자 미스바에서부터 그에게 잡혀가던 사람들이 다 요하난에게로 돌아섰다. 역부족임을 알아차린 이스마엘은 겨우 몇 명의 부하들과 함께 암몬 자손의 땅으로 달아났다. 이스마엘의 그런 행실은 다윗 가문의 몰락이 돌이키기 어려울 지경에 이르렀음을 보여준다.

요하난은 미스바에서 잡혀갔던 사람들 곧 "군사와 여자와 유아와 내시를 기브온에서 빼앗아 가지고 돌아와서"(41:16) 베들레헴 근처에 있는 게롯김함에 머물렀다. 그들을 애굽으로 데리고 갈 생각이었다. 비록 이스마엘에 의해 자행된 것이긴 하지만 바벨론이 세워놓은 그다랴가 암살됨으로써 바벨론의 보복이 있을지 모른다는 두려움 때문이었다. 형제의 피가 흐른 땅은 더 이상 사람들을 품어 안지 못하는 불모지로 변하기 쉬운 법이다.

애굽은 구원의 땅이 아니다

예레미야 42:1-22

당신의 하나님, 너희의 하나님

사방에 두려움이 넘치고 한치 앞도 내다보기 어려운 상황에서 사람들은 일쑤 하늘을 바라본다. 기브온에서 돌아온 요하난을 비롯한 군대 지휘관들과 백성들은 예레미야를 찾아가 기도를 부탁한다.

> 당신의 하나님 여호와께서 우리가 마땅히 갈 길과 할 일을 보이시기를 원하나이다(42:3).

'마땅히 갈 길과 할 일'을 여쭙는 것은 참으로 적절한 태도이다. 이 단락에서 눈에 띄는 것은 하나님에 대한 표현의 미묘한 차이이다. 백성들은 하나님을 '당신의 하나님 여호와'라 칭한다. 하나님의 뜻을 받들지 못한 지난 삶이 만들어낸 거리감 때문일까? 아니면 역사를 이끌어가시는 하나님에 대한 경외심 때문일까? 예레미야는 기도를 약속하며 하나님을 '너희 하나님 여호와'라 칭한다. 하나님이 비록 진노하셨다 해도 그 백성

을 온전히 버린 것은 아니라는 뜻을 그렇게 넌지시 드러낸 것
이다. 백성들이 하나님께서 무슨 말씀을 하시든 그대로 행할
것이라고 약속하는 6절에 이르러서는 표현이 또 한 번 바뀐다.

> 우리가 당신을 우리 하나님 여호와께 보냄은 그의 목소리가 우
> 리에게 좋든지 좋지 않든지를 막론하고 순종하려 함이라 우리
> 가 우리 하나님 여호와의 목소리를 순종하면 우리에게 복이 있
> 으리이다 하니라(42:6).

마침내 백성들은 하나님을 '우리 하나님'이라 칭한다. 무슨
말씀이든 따를 것을 약속하는 이 대목은 시내 산 계약이 체결
될 때 한 맹세를 연상시킨다(출애굽기 24:7). 하나님의 응답은 즉
각적이지 않았다. 열흘 후에야 하나님의 말씀이 임했다. 여기
서 '열흘'은 일곱째 달 열흘날 시행되는 '대속죄일'을 연상시킨
다(레위기 23:27). 신탁을 받기 위해 필요한 것은 참회였던 것이
다. 참회는 물론 하나님께로 돌아섬을 의미한다.

> 너희가 이 땅에 눌러 앉아 산다면 내가 너희를 세우고 헐지 아니
> 하며 너희를 심고 뽑지 아니하리니 이는 내가 너희에게 내린 재
> 난에 대하여 뜻을 돌이킴이라(42:10).

길에서 넘어진 자는 그 길을 딛고 일어서야 한다. 비록 그곳

에서 참담한 경험을 했다고는 해도 하나님이 주신 그 땅에서 벗어나는 것이 능사가 아니다. 죄 지은 백성에 대한 하나님의 심판은 이미 끝났다. 하나님은 남은 자들을 중심으로 하여 나라를 다시 세우고, 백성을 그 땅에 심으려 하신다. 애굽으로 돌아가는 것은 출애굽의 역사를 뒤집는 일일 뿐이다. 하나님은 곡진한 언어로 그 남은 자들을 격려하신다.

> 너희는 너희가 두려워하는 바벨론의 왕을 겁내지 말라 내가 너희와 함께 있어 너희를 구원하며 그의 손에서 너희를 건지리니 두려워하지 말라 내가 너희를 불쌍히 여기리니 그도 너희를 불쌍히 여겨 너희를 너희 본향으로 돌려보내리라(42:11-12).

'겁내지 말라', '내가 너희와 함께 있겠다', '너희를 건지겠다', '본향으로 돌려보내겠다.' 폭포가 쏟아지듯 주어지는 약속이 강력하다.

경청되지 않는 하나님의 뜻

불순종의 가능성도 있었기에 하나님은 경고를 잊지 않으신다. 만일 그들이 말씀에 복종하기를 거부하고 그 땅을 떠나려 한다면 오히려 파멸이 그 뒤를 따를 것이라는 것이다. 오랜 전란에 시달린 백성들에게 애굽 땅은 전쟁의 소용돌이가 미치지 못하는 땅, 전투를 독려하는 나팔소리가 들리지 않는 땅, 양식이 떨어져 굶주리지 않아도 되는 땅으로 이상화되고 있었다. 사람은 듣고 싶은 것만 듣는다. 무슨 말씀을 하시든 하나님의 뜻에 따르겠다고 했던 백성들의 장한 맹세가 얼마나 허약한 것인지 하나님은 너무나 잘 아셨다.

> 너희가 만일 애굽에 들어가서 거기에 살기로 고집하면 너희가 두려워하는 칼이 애굽 땅으로 따라가서 너희에게 미칠 것이요 너희가 두려워하는 기근이 애굽으로 급히 따라가서 너희에게 임하리니 너희가 거기에서 죽을 것이라(42:15b-16).

죽음을 피해 달아난 땅이 그들의 무덤이 될 것이라는 말이다. 도우심과 구원과 자비 대신 칼과 기근과 전염병이 그들을 따를 것이다.

18절부터는 예언자를 통해 전달된 하나님의 말씀을 거역하는 이들에 대한 경고가 다시 반복된다. 하나님의 말씀은 긴급하고 격렬하다.

> 만군의 여호와 이스라엘의 하나님께서 이와 같이 말씀하시되 나의 노여움과 분을 예루살렘 주민에게 부은 것 같이 너희가 애굽에 이를 때에 나의 분을 너희에게 부으리니 너희가 가증함과 놀램과 저주와 치욕 거리가 될 것이라 너희가 다시는 이 땅을 보지 못하리라 하시도다(42:18).

하나님의 말씀을 거역한 백성에게 임한 심판의 참극을 직접 경험하고도 그들은 하나님의 뜻보다 자기들의 경험이나 판단을 신뢰한다. 하나님은 또 다시 오쟁이를 진 남편 신세가 되었다(예언자들은 하나님과 그 백성의 관계를 혼인관계에 빗대 설명하곤 했다).

하나님의 뜻을 여쭈어달라고 부탁하기는 했지만 요하난과 다른 지휘관들은 이미 애굽으로 내려갈 것을 결의해놓고 있었다. 그들이 필요로 했던 것은 자기들의 결정에 대한 하나님의 추인이었다. 하나님은 이렇게 거듭 능멸 당하신다. 인간의 어리석음과 완고함에 막혀 하나님의 뜻은 경청되지 않는다. 예레미야는 그런 사실을 준엄하게 꾸짖으며 애굽으로의 피신이 결국은 파멸로 귀결될 것임을 거듭 경고한다. 예언자의 운명이 또 한 번 출렁일 수밖에 없는 상황이 다가오고 있다.

은총의 순간들

나 주가 이렇게 말한다. 너희들은 '이 곳이 황폐하여 사람도 없고 짐승도 없다'고 말하지만, 지금 황무지로 변하여, 사람도 없고 주민도 없고 짐승도 없는 유다의 성읍들과 예루살렘의 거리에, 또다시, 환호하며 기뻐하는 소리와 신랑 신부가 즐거워하는 소리와 감사의 찬양 소리가 들릴 것이다. '너희는 만군의 주께 감사하여라! 진실로 주는 선하시며, 진실로 그분의 인자하심은 영원히 변함이 없으시다' 하는 소리가 들릴 것이다. 주의 성전에서 감사의 제물을 바치는 사람들이 이렇게 찬양할 것이다. 내가 이 땅의 포로들을 돌아오게 하여 다시 옛날과 같이 회복시켜 놓겠다. 나 주의 말이다. 나 만군의 주가 이렇게 말한다. 지금은 황폐하여 사람도 없고 짐승까지 없는 이 곳과 이 땅의 모든 성읍에, 다시 양 떼를 뉘어 쉬게 할 목자들의 초장이 생겨날 것이다. 산간지역의 성읍들과 평지의 성읍들과 남쪽의 성읍들과 베냐민

땅과 예루살렘의 사방과, 유다의 성읍들에서, 목자들이 그들이
치는 양을 셀 것이다. 나 주의 말이다(예레미야 33:10-13).

하나님의 말없는 말

비가 내린 후 날이 차갑습니다. 거리를 지나는 사람들은 누
가 시키지 않아도 옷깃을 여며 바람을 막습니다. 이제 겨울이
멀지 않았습니다. 오늘은 절기상으로 상강霜降입니다. 이 찬 바
람 속에서 국화는 더욱 짙은 향기를 머금을 것입니다.《논어》
의 자한子罕편에는 날이 차가워진 후에야 소나무와 잣나무가
늦게 진다는 것을 안다歲寒然後知松栢之後凋는 말이 있습니다. 상강
절후는 어쩌면 우리에게 자신을 돌아보라는 하늘의 추상같은
명령이 아닌가 싶습니다. 계절의 변화를 몸으로 느낄 때마다
저는 대홍수 이후에 하나님께서 노아에게 주셨던 약속을 떠올
립니다.

땅이 있는 한, 뿌리는 때와 거두는 때, 추위와 더위, 여름과 겨울,
낮과 밤이 그치지 아니할 것이다(창세기 8:22).

계절의 변화는 어쩌면 하나님의 은총을 상기하라는 초대장
인지도 모르겠습니다. 많은 사람들이 단풍 구경에 나서고 있습
니다. 아름다운 빛에만 취할 일이 아니라, 그 오묘한 자연의 조
화 속에 깃든 하나님의 말없는 말을 들을 수 있으면 좋겠습니

다. 하나님은 우리에게 말씀의 선포를 통해서 말을 건네시지만, 말없는 말을 통해서도 우리에게 말을 건네십니다.

어느 문인은 《말없음표의 속말들》이란 제목의 책을 썼습니다. 저는 그 책을 보면서 말없음표의 속말을 굳이 드러내서 뭐 하자는 거냐며 역정 아닌 역정을 낸 적이 있습니다. 때로 삶에는 생략이 필요하거든요. 남김없이 표현하면 다른 이들이 공감할 수 있는 여지는 그만큼 줄어드는 겁니다. 전문가들은 어떤 사람의 문장을 한 문단만 보아도 그가 어느 정도의 공력을 가진 사람인지 알 수 있습니다. 물론 글의 성격에 따라서 다르기는 하지만 다른 이들과 정서적으로 소통하기를 원한다면 생략할 줄 알아야 감동도 전할 수 있는 법입니다. 하나님은 어떤 의미에서 생략의 선수이십니다. 하지만 우리 영의 눈이 밝아지고 영의 귀가 열리면 그 말없는 말들을 다 들을 수 있습니다. 시편 19편은 제가 제일 좋아하는 시편 가운데 하나입니다.

하늘은 하나님의 영광을 드러내고, 창공은 그의 솜씨를 알려준다. 낮은 낮에게 말씀을 전해주고, 밤은 밤에게 지식을 알려준다. 그 이야기 그 말소리. 비록 아무 소리가 들리지 않아도 그 말씀 세상 끝까지 번져간다(시편 19:1-4).

부재를 통해 느끼는 그의 존재

우리가 비록 소음으로 가득 찬 도시에 살지만 우주에 가득 찬 이런 소리를 들을 수 있다면 우리 삶이 한결 풍요로워질 것입니다. 환한 전깃불을 끄지 않고는 달빛의 호사를 누릴 수 없고, 텔레비전과 라디오 그리고 컴퓨터를 끄지 않고는 한 밤중이라도 그 신비한 소리를 들을 수 없습니다. 인생에서 가장 큰 손해가 뭔지 아십니까? 신비에 대한 감수성을 잃어버린 채 사는 것, 감동을 잃은 채 사는 것입니다. 길들여진다는 것, 이것처럼 슬픈 것이 없습니다.

여러분, 여기 한 사람이 있습니다. 단정하게 좌정하고 앉아 있던 그가 몸을 일으킵니다. 그는 눈을 감은 채 산책길에 나섭니다. 한 걸음, 두 걸음, 그리고 반 걸음을 걷자 섬뜩한 철문입니다. 몸을 돌이켜 한 걸음, 두 걸음, 그리고 반 걸음을 걷자 코앞에 쇠창살이 있습니다. 그는 다람쥐 쳇바퀴 돌 듯 그렇게 걷다가 어느 순간 속으로부터 터져 나오는 소리를 듣습니다.

그곳에는 이슬 젖은 산책길이 있나요
그곳에는 저물어가는 들길이 있나요

시장 골목에 손님 부르는 소리 들려오나요
길모퉁이 술집에는 술국이 끓고 있나요

지금도 철롯길에는 밤 기차가 달리나요
강둑 길에는 들꽃이 피고 아이들이 달리나요

거리에는 연인들이 팔짱을 끼며 걷고 있나요

- 박노해, 〈나는 미친 듯 걷고 싶다〉 중에서

짐작하셨겠지만 그는 지금 감옥에 갇혀 있습니다. 망망대해에 떠있는 작은 섬처럼 외로운 곳, 그리움이 목젖까지 차오르는 곳에서, 그가 정작 그리워하는 것은 너무나 일상적인 사람살이의 풍경입니다. 우리들에게는 너무나 익숙해져서 오히려 권태롭고, 때로는 벗어나고 싶은 그 일상 말입니다. 우리가 일에 지쳐 탈출하고 싶은 그 일상이 갇힌 자에게는 가장 가고 싶은 곳입니다. 어떤 사람의 존재감을 우리가 절실히 느끼는 것은 그의 부재를 통해서입니다. 곁에 계실 때는 몰랐던 어머니, 아버지가 세상을 떠나시면 문득 그분들의 빈자리가 너무 크다는 것을 새삼스럽게 자각하는 것과 같습니다.

비오는 날의 풍경, 황홀하게 물들어가는 단풍, 저녁노을… 이런 것들을 볼 수 있다는 사실이 얼마나 큰 복인지 모릅니다. 어느 것도 당연하지 않습니다. 우리가 살아가는 오늘은 하나님의 선물입니다. 우리는 이것을 잊고 삽니다. 웬 사설이 이리 긴가 염려하시는 분이 계실 것 같네요. 너무 염려하지 마십시오. 가야 할 길은 분명히 알고 있습니다. 여러분은 '평화'라는 단어를 들으면 어떤 이미지가 떠오르십니까? 제 아버지는 돌아가시기 두어 달 전까지 쓰신 〈나의 일생〉이라는 글을 이렇게 마감하고 있습니다.

이제는 몸이 아프고 힘들어서 더 이상 못 쓰겠다. 다만 나는 후
손들이 살아갈 세상이 아름다운 세상이 되기를 원한다. 고요한
호수에 유람선이 선유하고, 고운 옷 입은 아이들의 밝은 웃음을
볼 수 있는 곳.

이게 제 아버지가 생각하는 평화로운 세상이었습니다. 그런
데 히브리인들의 꿈은 훨씬 더 소박합니다. 내가 가꾼 무화과
와 포도열매를 따먹을 수 있고, 내가 지은 집에서 소박하게 살
아가는 것, 그들이 그리는 평화의 이미지는 이런 것이었습니
다. 오늘의 본문도 마찬가지입니다.

생각은 마음의 밭

예루살렘이 초토화되었을 때 사람들은 깊은 절망에 빠졌습
니다. 가까운 이들이 비극적으로 죽임을 당하는 것과, 굴비 두
름처럼 엮인 채 먼 이방 나라로 끌려가는 것을 목격했습니다.
먹을 것, 입을 것이 없는 것도 고통이었습니다. 찬 이슬과 바람
을 피할 집이 없는 것도 고통이었습니다. 하지만 그보다 이스
라엘 사람들이 더 견딜 수 없었던 것은 거룩한 도성 예루살렘
이 속절없이 무너졌다는 믿을 수 없는 현실이었습니다. 그들
에게 예루살렘은 세상의 어떤 힘도 무너뜨릴 수 없는 만세반

석이었습니다. 하나님이 함께 계셨기 때문입니다. 하지만 현실은 그렇지 못했습니다. 그들은 넋이 나간 듯이 하늘을 보며 믿을 수 없는 현실 때문에 울부짖을 수밖에 없었습니다. 하지만 그들은 다시 일어서야 했습니다. 인간의 위대함은 '생각'에 있습니다. 생각을 나타내는 '생각 사思'자는 '밭 田'과 '마음 心'이 결합된 단어입니다. 생각이야말로 우리의 마음이 자라나는 밭입니다. 생각하고 반성하지 않는 정신은 클 수 없습니다. 마침내 그들의 입에서 이런 고백이 흘러나옵니다.

주님, 우리는 길들지 않은 짐승 같습니다(31:18).

하나님의 뜻을 따라 살지 않고, 제멋대로 욕망에 따라 춤을 춘 결과가 오늘의 삶이라는 것입니다. 바로 이게 고난의 신비입니다. 고난이 없으면 생각도 일어나지 않습니다. 오죽하면 히브리서 기자가 "그는 아드님이시지만, 고난을 당하심으로 순종을 배우셨습니다"(히브리서 5:8) 하고 말했겠습니까? 고난은 우리 영혼을 벼리는 숫돌입니다. 사람은 넘어지기도 하고, 죄를 짓기도 합니다. 문제는 그 후입니다. 그것을 통해 무엇을 배우느냐가 중요합니다. 하나님은 고난을 통해 삶을 깊이 돌아보고, 자기 자리를 찾을 때면 우리에게 새로운 선물을 마련해 주십니다. 바울 사도는 하나님께서 우리가 감당할 수 있는 능력 이상으로 시련을 겪는 것을 허락하지 않으신다고 말합니

다. 시련과 함께 그것을 벗어날 길도 마련해 주심으로써 우리
가 그 시련을 견디어 낼 수 있게 해주신다는 것이지요(고린도전
서 10:13).

시련을 넘어

산그늘이 내린 밭 귀퉁이에서 할머니와 손자가 참깨를 텁니
다. 보아하니 할머니는 슬슬 막대기질을 하십니다. 어두워지기
전에 집으로 돌아가고 싶은 손자는 한 번을 내리치는 데도 힘
을 더합니다. 세상사에서 어려움을 많이 겪었던 손자는 한 번
을 내리쳐도 쏴아쏴아 쏟아지는 참깨를 보며 신이 납니다. 그
런데 할머니는 그런 손자를 가볍게 나무랍니다. "아가, 모가지
까지 털어져선 안 되느니라." 김준태 시인의 시 가운데 나오는
장면입니다. 이 마음을 아시겠지요? 하나님은 그의 백성들이
고난의 짐에 짓눌려 무너지는 것을 차마 보실 수 없는 분입니
다. 그렇기에 성도들에게 완전한 절망이란 없습니다.

이스라엘 백성들은 고난을 통해 자기들의 본래의 자리를 찾
게 되었습니다. 하나님이 그들에게 고난을 허락하신 것은 그들
을 고쳐 새로운 백성으로 만들기 위함이었습니다.

너희를 두고 계획하고 있는 일들은 오직 나만이 알고 있다. 내가
너희를 두고 계획하고 있는 일들은 재앙이 아니라 번영이다. 너
희에게 미래에 대한 희망을 주려는 것이다. 나 주의 말이다(예레

미야 29:11).

하나님은 예레미야를 통해 회개한 이스라엘이 회복될 것이라고 약속하십니다. 오늘 본문은 그 약속의 일부입니다. 황무지로 변하여, 사람도 없고 주민도 없고 짐승도 없는 유다의 성읍들과 예루살렘의 거리에, 사람들이 환호하며 기뻐하는 소리, 신랑 신부가 즐거워하는 소리와 감사의 찬양 소리가 들려올 것이라는 것입니다. 황폐하던 그 땅에 목자들의 초장이 생길 것이고, 그곳에서 한가롭게 풀을 뜯는 양떼를 보게 될 것이라는 것입니다. 삶은 다른 데 있지 않습니다. 내 삶의 자리, 바로 그곳이야말로 하나님의 약속이 실현되는 자리입니다. 우리가 머무는 자리에서 생을 경축하며 사는 이야말로 하나님의 약속 안에서 살아가는 사람입니다.

저는 이곳저곳을 떠도는 난민들과 세월호 유가족들의 일상적 삶이 회복되기를 기도하고 있습니다. 울부짖던 이들의 얼굴에 웃음을 돌려주고 싶습니다. 이 일이야말로 부름 받은 우리의 할 일입니다. 여러분, 행복의 파랑새를 멀리서 찾지 마십시오. 눈을 뜨고 바라보면 우리 삶의 순간순간이 은총의 순간임을 알게 될 것입니다. 이 좋은 가을날, 느른했던 우리 정신이 서리처럼 맑고 차갑게 깨어나기를 빕니다.

최후의 경고

예레미야 43:1-44:14

벧세메스도 안전지대가 아니다

아사랴와 요하난과 모든 오만한 자들은 예레미야를 통해 전달된 하나님의 말씀을 받아들일 생각이 없었다.

> 네가 거짓을 말하는도다 우리 하나님 여호와께서 너희는 애굽에서 살려고 그리로 가지 말라고 너를 보내어 말하게 하지 아니하셨느니라(43:2).

하나님의 뜻을 여쭈어 달라던 때와는 사뭇 다른 반응이다. 그들은 자기 뜻을 관철시키기 위해 예레미야의 말을 거짓으로 단정한다. 예레미야가 남은 자들을 갈대아인의 손에 넘기려는 바룩의 부추김을 받아 지어낸 말이라는 것이다. 지도자들은 자기들의 계획과 욕망을 이루기 위해 민족주의적인 감정을 획책하고 있다. 그들은 자신을 예레미야와 바룩의 반민족주의적 행태에 제공을 건 애국자로 포장했다. 하나님의 말씀은 이렇게 해서 간단하게 처리되었다.

요하난을 비롯한 군 지휘관들은 예레미야와 바룩은 물론 남은 백성들을 다 이끌고 애굽의 다바네스로 내려갔다. 바벨론 제국의 칼날을 피해 또 다른 제국에 몸을 의탁하는 것이 과연 지혜로운 일일까? 본문은 이러한 그들의 선택을 "그들이 여호와의 목소리를 순종하지 아니함"(43:7)이라는 말로 간단하게 요약한다.

다바네스에서 하나님의 말씀이 다시 예레미야에게 임했다. 하나님은 특정한 장소에 국한되어 활동하지 않으신다. 온 세상이 그의 땅이기 때문이다. 하나님은 유다 사람들이 보는 앞에서 큰 돌들을 날라다가 다바네스의 궁전 입구에 있는 진흙 벽돌이 깔린 광장을 파고 거기에 묻은 후에 그 상징행동의 의미를 사람들에게 밝혀주라 이르신다. 예레미야는 머지않은 장래에 하나님은 당신의 종 바벨론 왕 느부갓네살을 그곳으로 부를 것이고, 그는 예레미야가 숨겨 두었던 돌을 초석으로 삼아 그곳에 왕좌를 세운 후에 그 위에 화려한 장막을 칠 것(43:10)이라고 예언한다.

여기서 느부갓네살은 다시금 '내 종'이라 지칭되고 있다(25:9, 27:6절 참고). 하나님은 역사를 지배하는 것은 강대국들처럼 보이지만 실은 그렇지 않다는 사실을 백성에게 일깨우려 하신다. 느부갓네살은 "애굽 땅을 치고 죽일 자는 죽이고 사로잡을 자는 사로잡고 칼로 칠 자는 칼로 칠 것"(43:11)이다. 애굽의 신당들은 불태워질 것이고, 벧세메스의 석상들도 파괴될 것이다. '태양의 집'을 뜻하는 벧세메스는 애굽 북부의 신전 도시 헬리오폴리스를 가리킨다. 하나님의 약속을 저버리고 태양신 '레Re'의 가호에 의탁하려는 이들은 예상치 못한 시련에 직면하게 될 것이다. 하나님의 보호를 피해 달아난 백성들이 의탁할 곳은 없다.

반복되는 역사

44장은 믹돌, 다바네스, 놉, 바드로스 지방 등 애굽 땅 곳곳에 흩어져 살던 유다 공동체에게 주어진 하나님의 말씀이다. 예언은 전쟁의 참화를 겪은 예루살렘과 유다 성읍들이 황무지로 변해 인적조차 드문 땅이 되고 말았다는 말로 시작된다. 그 땅이 그렇게 변한 것은 "너는 나 외에는 다른 신들을 네게 두지 말라"(출애굽기 20:3)는 계명을 어겼기 때문이다. 제사장 나라와 거룩한 백성으로 부름 받은 이들이 다른 신들에게 분향하는 악행을 저지름으로 여호와의 심판을 자초했다. 하나님은 선지자들을 보내 그들에게 지속적으로 경고했지만 그들은 듣지 않았다.

E. H. 카는 "역사란 현재와 과거의 끊임없는 대화"라고 말했다. 과거로부터 배우지 못하는 이들은 부끄러운 역사를 반복하게 마련이다. 부정적 자산도 자산은 자산이다. 하지만 참담하고 참혹한 사건을 겪었으면서도 애굽으로 피신한 이들은 돌이킬 줄 모른다. 공포와 두려움에 사로잡혔던 영혼은 늘 곁눈질

을 하는 법이다. 역사의 한복판을 응시할 힘이 없기 때문이다. 오직 용기 있는 자만이 하나님을 철저히 신뢰할 수 있다.

어찌하여 너희가 너희 손이 만든 것으로 나의 노여움을 일으켜 너희가 가서 머물러 사는 애굽 땅에서 다른 신들에게 분향함으로 끊어 버림을 당하여 세계 여러 나라 가운데에서 저주와 수치 거리가 되고자 하느냐(44:8).

문제는 '망각'이다. 기억해야 할 것은 자랑스러운 과거만이 아니다. 부끄러운 과거를 군이 기억해야 하는 것은 다시는 역사를 그런 부끄러운 방향으로 퇴행시키지 않기 위해서이다. 부끄러운 기억은 숨긴다고 하여 사라지지 않는다. 그것은 오히려 은밀하고 지속적으로 영향을 미친다. 유다 땅과 예루살렘 거리에서 저지른 조상들의 악행, 왕과 왕비들의 죄악, 평범한 사람들의 죄악이 애굽에서도 반복되고 있다.

그들이 오늘까지 겸손하지 아니하며 두려워하지도 아니하고 내가 너희와 너희 조상들 앞에 세운 나의 율법과 나의 법규를 지켜 행하지 아니하느니라(44:10).

여기서 '겸손하지 아니하다'는 말은 교훈이 되는 일을 경험하고도 배우지 못하는 것을 가리킨다. 전쟁을 피해 애굽으로 내려왔지만 그들의 뜻은 성취되지 못할 것이다. 유다가 망한 것처럼 고집을 피우며 애굽으로 피신한 이들도 결국 다 엎드러질 것이다. 낮은 자부터 높은 자까지 예외는 없다.

칼과 기근에 죽어서 저주와 놀램과 조롱과 수치의 대상이 되리라(44:12b).

그들이 그렇게도 돌아가 살고 싶어 하는 유다 땅으로 귀환할 사람도 없을 것이다. 몰락은 언제나 마음의 무너짐으로부터 시작된다. 바랄 수 없는 중에 신뢰하는 것이 참 믿음이다.

반 역 하 는 백 성 들

예레미야 44:15-30

하늘 여왕을 숭배하는 사람들

예레미야는 일찍이 하나님의 말씀을 전하다가 외톨박이가 된 자기 처지를 한탄한 바 있다.

> 나는 무리의 비방과 사방이 두려워함을 들었나이다(20:10a).

　파멸과 멸망을 선포하는 사람이 환영받기는 어려운 법이다. 세월이 지나도 그의 처지는 개선되지 않았다. 그를 통하여 전달되는 하나님의 말씀은 사람들을 회개에 이르게 하기는커녕 격렬한 저항을 낳곤 했다. 들을 생각이 없는 사람들에게 하나님의 말씀을 전할 수밖에 없는 예언자의 운명이 참으로 가혹하다. 세상 모든 민족의 저주와 놀램과 조롱과 수치의 대상이 되리라는 예언자의 말을 들은 유다 공동체의 반응은 어떠했던가?

　아내가 다른 신들에게 향을 피운다는 사실을 아는 남자들, 무리를 지어 그 자리에 있던 여인들, 애굽 땅 바드로스(상부 애굽, 곧 애굽의 남부를 이르는 말)에 사는 모든 백성이 예레미야에게 그의 말을 들을 생각이 없다는 뜻을 분명히 했다.

> 네가 여호와의 이름으로 우리에게 하는 말을 우리가 듣지 아니
> 하고 우리 입에서 낸 모든 말을 반드시 실행하여 우리가 본래 하
> 던 것 곧 우리와 우리 선조와 우리 왕들과 우리 고관들이 유다 성
> 읍들과 예루살렘 거리에서 하던 대로 하늘의 여왕에게 분향하고
> 그 앞에 전제를 드리리라 그 때에는 우리가 먹을 것이 풍부하여
> 복을 받고 재난을 당하지 아니하였더니 우리가 하늘의 여왕에게
> 분향하고 그 앞에 전제 드리던 것을 폐한 후부터는 모든 것이 궁
> 핍하고 칼과 기근에 멸망을 당하였느니라 하며(44:16-18).

'하늘 여왕'은 메소포타미아에서 금성과 동일시되던 이쉬타
르 여신(가나안 땅에서는 아스다롯 혹은 아세라로 변형되어 등장)을 일컫는
말이다. 이쉬타르는 전쟁과 사랑의 여신으로서 세상의 질서를
안정되게 유지하는 역할을 감당한다고 믿어졌다. 예루살렘 성
전이 건재하던 시절에도 많은 여인들이 하늘 여왕을 숭배했다
(예레미야 7:18절 참조). 하늘 여신 모양의 과자를 만들어 바침으로
그들은 먹을거리가 떨어지지 않기를 빌었던 것이다.

요시야의 종교개혁 때도 일월성신日月星辰을 위하여 만든 모
든 산당들과 제기들을 파괴했던 사실에 비춰보면(열왕기하 23:4-
6) 혼합주의적 신앙이 이스라엘에 성행했음이 틀림없다. 경제
적으로 궁핍한 삶이 낳은 소극만은 아니었다. 여호와 하나님만

을 주님으로 섬기는 일이 일반 대중들에게는 쉽지 않았던 모양이다.

불신앙과 우상숭배를 꾸짖는 예레미야에게 여인들은 자기들의 경험에 근거하여 하늘 여왕 섬기기를 그만 두었더니 궁핍이 찾아오더라면서, 하늘 여왕 앞에 분향하고 그 앞에 전제를 드리겠다는 뜻을 분명히 밝힌다. 예레미야는 그래도 완악한 그들을 깨우쳐주기 위해 최선을 다한다. 그는 유다 땅이 황무하게 변한 것은 백성들의 악행과 우상숭배를 더 이상 참아낼 수 없었던 하나님의 징계라고 말한다. 그들의 죄는 세 가지로 요약된다.

첫째, 하늘 여왕에게 분향한 것, 둘째, 여호와의 목소리를 순종하지 않은 것, 셋째, 여호와의 율법과 법규와 여러 증거대로 행하지 아니한 것이다. '증거대로 행하지 않았다'는 말은 하나님의 구원을 경험하고도 그 속에서 교훈을 얻지 못했다는 말이다. 모든 죄는 참된 소리를 듣지 않으려는 완악함에서 시작된다(44:23). 들을 귀 있는 자들은 들을지어다!

종교 혼합주의를 경계함

예레미야는 모든 백성들 특히 여인들에게 맹세하고 서원한 대로 하늘의 여왕에게 분향하고 전제를 드려보라고 말한다. 이것은 물론 적극적인 권장이 아니라 반어적 권장이다. 하지만 우상 앞에 절하는 이들은 만군의 여호와께서 하시는 말씀을 들어야 한다.

> 그러므로 애굽 땅에서 사는 모든 유다 사람이여 여호와의 말씀
> 을 들으라 여호와께서 말씀하시되 보라 내가 나의 큰 이름으로
> 맹세하였은즉 애굽 온 땅에 사는 유다 사람들의 입에서 다시는
> 내 이름을 부르며 주 여호와의 살아 계심을 두고 맹세하노라 하
> 는 자가 없으리라(44:26).

하나님은 만홀히 여김을 받으실 분이 아니다. '다른 신'을 섬
기며 '여호와'를 동시에 섬길 수는 없다. '다른 신들'은 대개 강
자들의 이익에 복무한다. 또한 그 신들은 신자들의 윤리적 삶
에는 관심이 없다. 그런 신을 믿는 이들은 제의를 충실히 거행
하는 것으로 신의 호의를 살 수 있다고 믿는다. 하지만 여호와
는 그런 신들과 확연히 구분된다. 여호와는 역사의 그늘진 땅
에서 바장이는 이들을 일으켜 세우시는 해방자이시다. 하나님
은 사람들이 바치는 제물에는 큰 흥미가 없다. 하나님께 중요
한 것은 백성들이 당신의 뜻을 받들어 살아가는 것이다. 그 삶
은 하나님에 대한 경외와 이웃에 대한 사랑으로 표현된다.

하나님을 등진 백성에게 닥쳐올 운명은 파멸뿐이다. 애굽 땅
으로 피신한 사람들은 모두 칼과 기근에 망하여 멸절될 것이
다. 아주 소수의 사람들만이 애굽 땅을 벗어나 유다 땅으로 돌
아가게 될 터인데 그때서야 하나님의 말씀이 참이었음이 드러

날 것이다. 하나님은 이런 일이 반드시 일어날 것이라면서 그 징조로 애굽 왕 바로 호브라가 그의 원수들의 손에 넘어갈 것이라 말씀하신다. 그 원수들이 바벨론을 뜻하는지 애굽 내에 있는 반대 세력을 뜻하는지는 분명하지 않다. 하지만 이 예언은 애굽으로 피신한 사람들이 믿고 의지하려던 애굽 왕이 실은 부러진 갈대 지팡이에 지나지 않는다는 사실을 일깨워주고 있다.

애굽에 닥친 운명

예레미야 45:1-46:28

_____ 우리는 젊은 날의 꿈을 수십 번 배신하며 살아간다. 예기치 않았던 일들이 우리 생을 엉뚱한 방향으로 이끌어가기 일쑤이다. '되고 싶은 나'와 '현실의 나'는 언제나 불연속적이다. 예언자들은 자기 운명을 하나님께 맡긴 사람들이다. 그들은 자기 삶을 능동적으로 기획할 수 없다. 다만 불확실한 미래에 자기 삶을 던질 뿐이다.

바룩에게 주어진 메시지

예레미야도 그렇지만 그와 연루되어 살았던 서기관 바룩도 잘 닦인 대로를 걷지 못했다. 유다가 망한 후에 그들은 유다의 남은 백성들과 함께 애굽으로 내려갔다. 그 낯선 땅에서 바룩은 장래를 기약할 수 없는 자기 삶을 가늠하며 처연한 느낌에 사로잡혔을 것이다. 자기 운명이 멸망당할 백성과 어쩔 수 없이 연결되어 있다는 사실을 부인할 길이 없었다. 희망의 빛은 어디에서도 찾아볼 수 없었다. 그의 탄식이 심연처럼 깊다.

여호와께서 나의 고통에 슬픔을 더하셨으니 나는 나의 탄식으
로 피곤하여 평안을 찾지 못하도다(45:3).

고단한 인생 가운데 불청객처럼 슬픔과 탄식 그리고 평안
없음이 그를 찾아왔다. 미래를 기약할 수 없는 암담함이 그의
마음을 더욱 스산하게 만들었다. 그때 예레미야를 통해 한 말
씀이 그에게 임한다.

보라 나는 내가 세운 것을 헐기도 하며 내가 심은 것을 뽑기도
하나니 온 땅에 그리하겠거늘 네가 너를 위하여 큰 일을 찾느냐
그것을 찾지 말라(45:4-5a).

믿음의 반대말은 불신앙이 아니라 숙명론이라 한다. 할 수
있는 일이 아무 것도 없다는 무력감에 사로잡힐 때 사람들은
흔히 하나님을 원망한다. 그러나 하나님은 예레미야를 통해 역
사를 주관하시는 이가 하나님이라는 사실을 간명하게 알리신
다. 세운 것을 헐기도 하고, 심은 것을 뽑기도 하시는 하나님이
살아계신다. 지금은 암담하게 보여도 역사는 하나님의 뜻 안에
서 진행될 것이다. 이런 믿음이야말로 흔들리기 쉬운 우리 삶
의 든든한 토대가 된다.

출렁이는 강물 같은 애굽이라 해도

46장 1절에 나오는 "이방 나라들에 대하여 선지자 예레미야에게 임한 여호와의 말씀이라"는 구절은 51장까지 이어지는 열방에 대한 심판 이야기를 이끄는 도입부라 할 수 있다. 46장은 애굽의 패망과 이스라엘의 회복을 다룬다. 2절부터 12절까지의 내용은 여호야김 4년(주전 605년)에 바벨론과 애굽이 지금의 시리아와 터키의 접경지대인 갈그미스에서 벌였던 전쟁을 다루고 있다. 애굽은 세차게 불어나면서 출렁거리는 나일 강물처럼 기세좋게 싸움에 나섰지만 결국 패퇴하고 말았다. 예레미야는 그 싸움을 애굽에 대한 하나님의 심판으로 이해한다.

그 날은 주 만군의 여호와께서 그의 대적에게 원수 갚는 보복일이라(46:10a).

여기서 말하는 보복은 아마도 유다 임금 요시야를 죽인 것에 대한 보복을 말하는 것으로 보인다. 처녀 딸 애굽은 수치를 당하게 되었고, 그 부르짖음이 온 땅을 가득 채웠고, 용사들도 다 넘어지고 말았다.

그걸로 끝이 아니었다. 46장 13-26절은 느부갓네살의 힘이 애굽에까지 미치게 될 현실을 언급하고 있다. 굳건하리라 믿는 애굽의 요새형 도시들이 속절없이 무너질 터인데, 그것은 여호와께서 그들을 몰아내시기로 작정하셨기 때문이다(46:15). 하나님은 애굽 사람들에게 '포로의 짐을 꾸리라'고 이르신다. 심히 아름다운 암송아지 같은 애굽이 북쪽에서 온 쇠파리떼에 시달릴 것이다. 애굽 사람들은 벌목자들에게 쫓겨 황급히 달아나는 뱀과 같은 운명이 될 것이다. 예레미야는 그것이 국제정세의 변동으로 말미암은 것이 아니라, 하나님의 확고한 의지 안에서 일어날 일임을 밝히고 있다.

한 가지 눈여겨 볼 것은 하나님이 애굽을 '딸'(46:19, 24)로 부르신다는 사실이다. 물론 세계 모든 나라가 다 하나님의 통치 아래 있기에 딸이라는 말이 전혀 근거 없는 명칭은 아니지만, 여기서는 조금 다른 뜻을 내포하고 있다고 보아야 할 것이다. 딸이라는 호칭은 그들의 벌거벗은 수치를 도드라지게 하기 위해 의도적으로 선택된 단어이다. 하나님은 애굽 사람들만 심판하는 것이 아니라 그들이 믿고 의지하는 신들과 신의 대리인으로 행세하는 왕들도 심판하신다.

> 만군의 여호와 이스라엘의 하나님께서 말씀하시니라 보라 내가 노의 아몬과 바로와 애굽과 애굽 신들과 왕들 곧 바로와 및 그를 의지하는 자들을 벌할 것이라(46:25).

애굽으로 피신한 남은 자의 무리들도 이 엄중한 심판 앞에서 떨 수밖에 없었다. 하지만 하나님의 위로가 그들에게 주어진다.

> 내 종 야곱아 내가 너와 함께 있나니 두려워하지 말라 내가 너를
> 흩었던 그 나라들은 다 멸할지라도 너는 사라지지 아니하리라
> 내가 너를 법도대로 징계할 것이요 결코 무죄한 자로 여기지 아
> 니하리라(46:28).

하나님은 그 백성의 죄가 없는 것처럼 여기지는 않는다. 그
렇게 한다면 하나님의 공의가 부정될 것이기 때문이다. 하나님
은 죄지은 자들을 법대로 징계하시지만, 그들이 다 멸망하도록
버려두지도 않으신다. 하나님은 노하기를 더디 하시는 분이시
다. 역사의 길목에서 절망의 어둠과 희망의 서광이 이렇게 교
차하고 있다.

message 16

두길마 보기

주님께서 예레미야에게 말씀하셨는데, 그 때에는 이미 유다 왕 시드기야가 종들에게 자유를 줄 것을 선포하는 언약을 예루살 렘에 있는 모든 백성과 맺은 뒤였다. 이 언약은, 누구나 자기의 남종과 여종이 히브리 남자와 히브리 여자일 경우에, 그들은 자 유인으로 풀어 주어서, 어느 누구도 동족인 유다 사람을 종으로 삼는 일이 없도록 한다는 것이었다. 모든 고관과 모든 백성은 이 계약에 동의하여, 각자 자기의 남종과 여종을 자유인으로 풀어 주고, 아무도 다시는 그들을 종으로 삼지 않기로 하고, 그들을 모두 풀어 주었다. 그러나 그 뒤에 그들은 마음이 바뀌어, 그들 이 이미 자유인으로 풀어 준 남녀 종들을 데려다가, 남종과 여종 으로 부렸다(예레미야 34:8-11).

억압에서 자유로

오늘은 3·1절 98주년을 기념하는 주일입니다. 3·1절은 아무리 억압이 심해도 자유를 향한 인간의 꿈을 막을 수는 없다는 사실을 보여주는 역사적 계시 가운데 하나입니다. 그 위대한 독립의 선언이 겨울과 봄의 교차점에서 이루어졌다는 사실이 참 의미심장합니다. 얼었던 대지를 뚫고 일어서는 풀들을 주목해 보신 적이 있습니까? 생명은 장엄합니다. 누르는 힘이 강할수록 솟구쳐 오르려는 힘도 커집니다. 생명은 일어섬입니다. 오늘 우리의 삶은 어떠합니까? 우리는 과연 예수의 혼에 사로잡혀 일어선 자가 되었습니까? 여전히 세상에 붙들린 채 욕망의 종노릇을 하고 있는 것은 아닙니까?

오늘 본문은 바벨론의 침공으로 위기에 처한 예루살렘에서 벌어진 한 사건을 보여줍니다. 앗시리아를 물리치고 신흥 강자로 떠오른 바벨론은 세력을 키우기 위해 주변의 나라들을 무력으로 복속시키기 시작했습니다. 유다도 예외는 아니었습니다. 압도적인 힘을 가진 바벨론 군대는 파죽지세로 유다 전 지역을 유린했습니다. 유다의 요새화된 성읍들은 거의 다 무너졌고 남은 것은 라기스와 아세가뿐이었습니다.

예루살렘의 운명도 풍전등화였습니다. 주전 588년 1월 중순이었습니다. 바로 그때 하나님의 말씀이 예레미야에게 임했습니다. 예언자는 시드기야 임금에게 나아가 하나님의 말씀을 전했습니다. 메시지는 비관적입니다. 첫째, 시드기야는 바벨론 왕의 손에서 벗어나지 못할 것이고 결국 포로로 잡혀갈 수밖에 없다는 것. 둘째, 그럼에도 불구하고 시드기야는 평안하게 죽음을 맞이할 것이라는 것이었습니다.

시드기야는 어떻게 보면 비운의 임금입니다. 그는 남왕국 유다의 마지막 임금입니다. 다시 말해 그의 통치 기간중에 나라가 망해버렸다는 말입니다. 마치 백제의 마지막 왕인 의자왕과 같은 신세입니다. 의자왕은 늘 삼천궁녀와 더불어 기억되기 때문에 아주 방탕한 임금으로 취급되고 있지만 그는 어버이를 효성스럽게 섬기고 형제간의 우애가 깊어 해동증자(海東曾子)로 불리던 인물입니다. 그러나 나당연합군의 야욕을 막아낼 수 없었기에 그는 역사 속에서 그런 오명을 쓰고 등장하는 것입니다.

시드기야도 처지가 비슷했습니다. 그는 왕위에 올라 석 달 열흘 동안 나라를 다스리던 조카 여호야긴이 바빌로니아로 끌려간 후, 바빌로니아 왕의 지명을 받아 왕이 된 사람입니다. 그때가 주전 597년이었고 시드기야는 스물한 살이었습니다. 시드기야는 일단 바빌로니아 왕 느부갓네살에게 충성을 맹세하였지만 얼마 가지 않아 반기를 들었습니다. 느부갓네살이 예루살렘에 재침공한 것이 앞서 말씀드린 대로 주전 588년입니다. 시드기야가 왕이 된지 9년이 될 무렵이었습니다.

평등 공동체의 붕괴

그동안 시드기야는 자기 뜻대로 정책을 펴나갈 수 없었습니다. 여호야긴을 지지하는 귀족들의 저항이 만만치 않았기 때문입니다. 가까운 곳에서 왕을 도와야 할 고관들과 내시, 그리고 제사장들이 시드기야의 견제세력 역할을 했습니다. 특히 왕후인 느후스다 즉 여호야긴의 어머니가 큰 걸림돌이었습니다.

'느후스다'라는 이름은 '느후스단'과 밀접한 관계가 있는 것으로 보입니다. 느후스단은 병 고치는 능력이 있다고 생각했기 때문에 예루살렘 성전에 두고 숭배하던 구리 뱀 형상을 일컫는 말입니다. 히스기야 임금이 종교를 정화할 때 아세라 목상과 더불어 파괴했던 것이지만, 백성들 사이에 특히 궁궐의 여성들 사이에 느후스단을 숭배하는 이들이 여전히 남아 있었던 모양입니다. 왕후인 느후스다가 그 숭배의 중심에 있었습니다. 귀족들은 자기들의 이권을 지키기 위해 느후스다를 중심으로 뭉쳐 있었습니다. 어느 시대에나 권력 주변에는 이권을 중심으로 뭉치는 이들이 있는가 봅니다.

귀족들과 왕후의 세력을 견제할 필요가 있었던 시드기야는 하나님의 말씀의 대언자인 예언자 예레미야의 권위에 기대려고 했습니다. 시드기야는 긍정적인 평가를 받지 못하는 왕이었음에도 불구하고 예레미야를 죽을 고비에서 몇 차례 살려준 것은 그 때문입니다. 친 애굽 정책을 펼치고 있던 고관들에 의해 예레미야가 지하 감옥에 갇혀 있을 때 왕은 그를 데려다가 근위대에 머물게 하고 먹을 것도 넉넉하게 공급해주도록 지시했습니다(37:11-21). 예레미야가 귀족들에 의해 물 없는 웅덩이에 던져졌을 때에도 군인들을 보내 그의 탈출을 도왔습니다.

귀족들과 시드기야의 힘겨루기가 절정에 다다랐을 무렵 느부갓네살이 재침공했고 예루살렘은 절체절명의 위기에 직면하게 되었습니다. 바벨론의 압도적인 군사력 앞에 파멸은 기정사실처럼 보였습니다. 위기는 때때로 서로 경쟁하던 정파도 하나로 묶어줍니다. 시드기야는 이제 믿을 구석은 하나님 밖에 없다면서 하나님의 도우심을 얻으려면 지난날의 잘못을 참회하고 율법의 가르침에 따라야 한다고 귀족들을 설득했습니다. 귀족들도 그 말을 거역할 명분이 없었기에 왕의 말에 동의했습니다. 왕은 하나님에 대한 순종을 가시적으로 드러내는 조치를 취하자고 했습니다. 토라가 규정한 대로 히브리 종들을 해방시키자는 것이었습니다.

평등공동체를 지향했던 이스라엘에 웬 종인가 싶지만, 왕정국가가 되면서 종 혹은 노예가 되는 이들이 생겨났던 것 같습니다. 그 과정은 매우 단순합니다. 왕들은 우선 국방력 강화에 전념했습니다. 명분은 외적들을 막기 위한 것이었지만 실제로는 자기 권력을 강화하기 위한 조처였습니다. 막대한 국방비를 조달하는 게 문제였습니다. 그래서 왕들은 외국과의 교역에 적극 뛰어들지 않을 수 없었습니다. 수출품을 조달하기 위해서 그는 촌락 공동체에 속한 사람들에게 특성화된 작물을 재배하도록 요구하거나 강제했습니다. 단일 작물이 경작되면서 농민들이 져야 하는 위험 부담도 늘어났습니다. 기후의 영향이 농민들의 삶에 고스란히 반영되었습니다. 가뭄이 계속되면 농민들은 먹고 살 길이 막연하게 되었고, 돈 많은 이들에게 빚을 얻어 살 수밖에 없었습니다. 장리長利빚은 눈덩이처럼 늘어났고, 빚을 갚기 위해 그들은 토지를 다른 이들에게 넘기거나 종으로 전락할 수밖에 없었습니다. 이렇게 해서 신분상의 노예가 아니라 채무 노예debt servitude가 발생하게 된 것입니다.

오늘 우리들의 상황도 이와 다르지 않습니다. 자본주의는 빚을 기반으로 작동됩니다. 자본주의는 인간의 욕망을 확대재생산함을 통해 유지됩니다. 욕망과 그것을 충족할 수 있는 경제능력 사이에는 언제나 간극이 있습니다. 그런데 사람들은 그 간극을 메우기 위해 빚을 집니다. 은행 대출을 받아 집을 사고, 신용 카드로 물건을 구매합니다. 이 과정에서 우리는 빚쟁이가 되어 삽니다. 작년에 우리나라의 가계 빚 규모는 1천 300조가 넘는다고 합니다. 국민 1인당 부채는 2천 300만원에 이릅니다. 주택담보대출이 가계 빚 증가의 주원인입니다. 현대인들은 어떤 의미에서는 '채무 노예'들입니다.

빚이 일상화된 세상에서 민심이 흉흉해지는 것은 어쩌면 당연한 일인지도 모르겠습니다. 얼마 전 슈퍼마켓 지분을 배분하는 문제로 다투던 한 50대 남성이 엽총으로 세 사람을 살해하고 자살한 사건이 벌어졌습니다. 돈 문제 때문에 70대 노인이 80대의 자기 형과 형수를 엽총으로 쏴 죽이는 일도 일어났습니다. 어처구니없는 일이긴 합니다만 사람들이 얼마나 팍팍하게 살고 있는지를 보여주는 상징적 사건들입니다. 지난 26일은 송파구 세 모녀가 가난을 견디다 못해 자살한지 3년이 되는 날이었습니다. 빈부 격차가 좁혀지지 않는 사회는 시한폭탄과 같습니다.

위기 속에서

그런데 히브리 노예들을 해방하자는 시드기야의 제안은 순수한 신앙심의 발로가 아니라는 데 문제가 있습니다. 그는 이런 기회를 이용해 귀족들의 세력을 약화시키고 싶어 했습니다. 종들을 내보낸다는 것은 노동력 상실을 의미하고, 노동력 상실은 생산성 약화로 이어질 것이고, 생산성 약화는 귀족들의 물적 토대를 뒤흔들고, 그러면 세도를 부리지 못할 거라는 계산이 작용했던 것일까요? 귀족들이 그 제안을 받아들일 수밖에 없었던 것은 하나님의 환심을 사서 어떻게든 그 위기에서 벗어나고 싶은 마음 때문이었을 겁니다. 그들이 정말 율법이 정한 대로 히브리 종들을 해방했는지는 알 수 없습니다.

신명기 법전에는 히브리 종들을 해방할 때 주인들이 해야 할 일이 명시되어 있습니다. 종이 여섯 해 동안 주인을 섬겼으면 일곱째 해에는 그에게 자유를 주어 내보내야 했고, 자유를 주어서 내보낼 때에는 넉넉하게 주어서 내보내야 한다고 규정되어 있습니다(신명기 15:12-14). 역사 속에서 이 규정이 제대로 지켜진 적이 있었는지는 의문입니다. 그런데 바빌로니아의 침공이라는 절체절명의 순간에 신명기 법전의 요구가 현실 속에서 구현될 수 있는 기회가 다가온 것입니다.

유다의 지도자들과 예루살렘의 지도자들, 내시들과 제사장들, 그리고 일부 백성들은 하나님 앞에서 종들을 해방하겠다고 맹세했습니다. 그들은 맹세의 징표로 송아지를 두 조각으로 갈라놓고 그 사이로 지나갔습니다. 그것은 맹세 혹은 언약을 지키지 않는 자는 두 조각으로 갈라진 송아지와 같은 운명이 되어도 좋다는 뜻을 가시적으로 드러낸 것입니다.

삶의 큰 위기에 직면한 사람들은 하나님의 도우심을 얻기 위해 서원을 하는 경우가 많습니다. 서원은 자기희생 혹은 헌신의 약속과 더불어 이루어집니다. '이번에 도와주시면 제가 ~을 하겠습니다.' 희생이 클수록 하나님의 응답도 신속하리라 여기는 이들도 있습니다. 이런 서원은 자칫하면 하나님을 시험하는 게 될 수도 있습니다. 그런데 더 큰 문제는 생의 위기가 해소되고 나면 그 서원이 거추장스러워진다는 데 있습니다.

시편 15편은 주님의 장막에서 살 수 있는 사람들을 언급하면서 "맹세한 것은 해가 되더라도 깨뜨리지 않고 지키는 사람"도 포함시키고 있습니다. 서원을 지킨다는 것이 결코 쉬운 일이 아님을 알 수 있습니다.

두 마음

상황이 달라지자 예루살렘의 귀족들은 하나님 앞에서 한 맹세를 철회하고 말았습니다. 애굽 왕 바로의 군대가 국경지대로 이동하고 있다는 보고를 들은 바벨론 군대는 일단 예루살렘에 대한 포위를 풀고 퇴각했습니다. 그러자 귀족들은 기다렸다는 듯이 맹세를 깨뜨리고, 해방했던 종들을 불러들였습니다. 다시는 그들을 종으로 삼지 않겠다는 굳은 맹세는 여지없이 깨지고 말았습니다. 자기 이익을 지키려는 마음이 하나님에 대한 신실함이라는 동기를 압도한 것입니다. 그들에게 하나님은 자기들의 어려움을 해결하기 위해 언제라도 동원할 수 있는 방편에 지나지 않았습니다. 그들로 인해 주님의 이름이 더럽혀졌습니다. 이것이 바로 하나님의 이름을 망령되이 일컫는 것입니다. 이사야의 탄식도 같은 사실을 가리키고 있습니다.

슬프다! 죄 지은 민족, 허물이 많은 백성, 흉악한 종자, 타락한 자식들! 너희가 주님을 버렸구나. 이스라엘의 거룩하신 분을 업신여거서, 등을 돌리고 말았구나. 어찌하여 너희는 더 맞을 일만 하느냐? 어찌하여 여전히 배반을 일삼느냐? 머리는 온통 상처투성이고, 속은 온통 골병이 들었으며, 발바닥에서 정수리까지 성한 데가 없이, 상처 난 곳과 매 맞은 곳과 또 새로 맞아 생긴 상처뿐인데도, 그것을 짜내지도 못하고, 싸매지도 못하고, 상처가 가라앉게 기름을 바르지도 못하였구나(이사야 1:4-6).

'거룩한 분을 업신여긴다'는 표현이 참 아프게 다가옵니다. 지켜야 할 것이 많은 사람일수록 하나님의 마음으로부터 멀어지기 쉽습니다. 하나님을 자기 이익을 위한 방편으로 삼으려는 것처럼 악마적인 것이 없습니다. 하나님은 그 백성에게 실망하셨습니다. 그래서 예레미야를 통해 심판을 예고하십니다. 백성들의 배신으로 인해 하나님과 백성 사이에 맺어졌던 언약은 해소되었고, 따라서 울타리가 되어 그 백성을 지키셨던 하나님의 보호도 철회되었다는 것입니다. 이제 백성들은 전쟁과 염병과 기근으로 죽게 될 것이라는 것이었습니다.

이 예언은 그대로 현실이 되었습니다. 느부갓네살이 재침공하였을 때 예루살렘은 속절없이 무너졌고, 유다 왕국의 역사도 종언을 고하게 된 것입니다. 역사에는 가정이 없다고 합니다만, 만약 그들이 자기들의 언약에 신실했다면 어떤 일이 벌어졌을까요? 하나님께서 친히 그들을 지키는 불병거가 되지 않으셨을까요?

오늘 설교 제목인 두길마 보기(두길 보기)는 '양쪽에 다리를 걸치고 유리한 쪽을 엿보아 살피는 일'을 이르는 말입니다. 신앙은 결단이고 모험입니다. 예수님은 하나님과 재물을 겸하여 섬길 수 없다고 말씀하셨습니다. 바울도 그리스도와 벨리알이 화합할 수 없고, 주님의 몸인 성전과 우상이 일치될 수 없다고 말했습니다(고린도후서 6:15-16).

잊지 마십시오. 예수님은 로마 제국이 지배하는 세상 한복판에서 하나님 나라의 꿈을 사람들에게 심어주셨습니다. 우리는 예수를 길로 삼은 사람들입니다. 예수의 꿈을 우리 꿈으로 삼은 사람들입니다. 우리가 오늘 예수를 믿는다는 것은 지금 여기에서 하나님 나라를 살아내는 것입니다.

산수유가 꽃망울을 터뜨리는 모습을 저는 날마다 경이롭게 지켜보고 있습니다. 아직 찬바람이 가시지 않았지만 산수유는 봄이 멀지 않았다는 사실을 우리에게 일깨워줍니다. 주님은 믿음의 사람들을 불러 긴 겨울 추위에 지친 사람들에게 봄소식이 되라 명하십니다. 봄소식이 되기 위해서는 하늘의 빛과 온기를 우리 가슴에 모셔야 합니다. 신앙생활은 눈치 보기도 거래도 아닙니다. 신앙생활은 주님의 뜻을 이루기 위해 우리 삶을 기꺼이 주님께 내어드리는 것입니다. 지금까지 우리는 얕은 물가에서 찰박거리며 지냈습니다. 이제는 은혜의 강물 깊은 곳으로 들어가야 합니다. 사순절 순례의 여정을 통해 우리 믿음의 키가 더욱 자라나기를 기원합니다.

<h1 style="text-align:center">블레셋과 모압의 심판</h1>

예레미야 47:1-48:47

블레셋에서 들려오는 외침

47장과 48장은 블레셋과 모압에 내릴 심판을 다루고 있다. 블레셋은 지중해 연안의 다섯 부족 연맹체를 지칭하는 말이다. 그들은 발전된 철기문화를 가지고 주위 나라들을 압박했다. 노도처럼 밀려드는 바벨론의 대군 앞에서 블레셋만 예외일 수는 없었다. 제 아무리 강성한 문화를 영위했다 해도 압도적인 군사력 앞에서는 어쩔 도리가 없는 법이다. 그러나 예레미야는 그것 역시 하나님의 섭리 가운데 일어나는 일이라고 말한다.

> 여호와께서 이와 같이 말씀하시되 보라 물이 북쪽에서 일어나 물결치는 시내를 이루어 그 땅과 그 중에 있는 모든 것과 그 성읍과 거기에 사는 자들을 휩쓸리니 사람들이 부르짖으며 그 땅 모든 주민이 울부짖으리라(47:2).

군마와 병거가 거칠게 내달리고, 군인들이 거센 물결처럼 몰려올 때, 사람들은 공포에 질려 울부짖는다. 재앙 앞에 서는 것은 블레셋 다섯 부족만이 아니다. 그들과 동맹관계를 맺고 있던 두로와 시돈도 그 물결 앞에 속절없이 떠내려가 버릴 것이다. 블레셋 사람들의 원뿌리라 할 수 있는 갑돌 섬(크레타)에 있는 이들도 바벨론의 칼날을 피할 수는 없다.

가사는 대머리가 되었고 아스글론과 그들에게 남아 있는 평지가 잠잠하게 되었나니 네가 네 몸 베기를 어느 때까지 하겠느냐 (47:5).

'대머리'가 되었다는 말은 장례식에 대한 암시이다. 아스글론은 말문이 막힌다. 블레셋 사람들은 폭력과 파괴가 그치기를 바라지만, 그들을 치라는 하나님의 명령이 철폐되지 않는 한 칼의 질주는 끝나지 않을 것이다.

오만한 나라에 닥칠 운명

48장은 모압에 내릴 심판을 예고한다. 모압은 아브라함의 조카 롯의 아들인 모압을 시조로 하는 도시 국가이다. 이스라엘과는 오랫동안 적대관계를 유지했다. 1868년에 클라인 목사가 디본의 폐허에서 발견한 모압 왕 메사의 비문Mesha Inscription 은 성경 이야기가 역사에 바탕을 두고 있음을 입증해주는 소중한 자료이다. 그 비문에서 메사는 자신을 그모스 신의 아들로 지칭하면서 이스라엘의 오므리 왕조와의 전투에서 자신이 거둔 승리를 자세히 기록하고 있다. 예레미야는 모압 역시 역사의 변전 앞에서 무풍지대일 수 없음을 예고했다. 모압의 여러 도시들인 느보, 기랴다임, 맛멘, 호로나임, 디본, 아로엘이 속절없이 무너질 것이라는 것이다. 도시들은 적막하게 변할 것이고, 곳곳에서 울부짖는 소리가 들려올 것이고, 골짜기든 아르논 계곡의 북쪽에 있는 평원지대든 모두 황폐하게 변하고 말 것이다.

그들이 그렇게 멸망할 수밖에 없는 까닭은 무엇인가? 자기들의 업적과 보물을 의뢰하였기 때문이다(48:7). 그모스 신이 자기들을 보호할 뿐만 아니라 복을 내려준다는 확신 속에서 너무 기고만장했다는 것이다.

모압은 젊은 시절부터 평안하고 포로도 되지 아니하였으므로 마치 술이 그 찌끼 위에 있고 이 그릇에서 저 그릇으로 옮기지 않음 같아서 그 맛이 남아 있고 냄새가 변하지 아니하였도다 (48:11).

외세에 의해 유린되거나 포로로 잡혀간 적도 없기 때문에 그들은 자기에 대한 과도한 확신에 사로잡혀 있었다. "우리는 용사요 능란한 전사라"(48:14)는 자부심은 얼마나 허망한 것인가? 하나님은 술을 옮겨 담는 사람을 보내 그 그릇을 기울여서 비게 한 후에 그 병을 부수어버릴 것이라 말씀하신다. 그들이 의지하는 그모스도 그 거대한 역사적 변혁을 막지 못한다. 그모스는 본래 헛것이기 때문이다. 쓰라린 일을 많이 겪지 않았기에 그들은 연약한 처지에 있는 다른 민족들을 연민의 시선으로 바라보지 않았다. 이스라엘이 앗시리아에 의해 멸망 당할 때 모압은 이스라엘을 조롱했다(48:27). 차마 해서는 안 될 일이다.

춘추전국시대의 현인인 노자는 도덕경 30장에서 군사를 일으키는 일의 의미를 이렇게 설명하고 있다.

군대가 처한 곳에는 가시덤불이 생겨나고, 대군이 일어난 후에는 반드시 흉한 해가 따른다. 부득이해서 어려움을 잘 구해줄 뿐이지 무력으로 남을 취하지 않는다. 좋은 성과가 있어도 뽐내지 아니하며 좋은 성과가 있어도 교만치 아니한다(김용옥, 〈길과 얻음〉, 통나무, 73쪽).

모압은 어려움에 처한 주변 나라들을 연민의 시선으로 바라보지 않았다. 하나님은 그것을 당신을 향한 모독으로 여기신다.

모압으로 취하게 할지어다 이는 그가 여호와에 대하여 교만함이라 그가 그 토한 것에서 뒹굴므로 조롱 거리가 되리로다(48:26).

우리가 모압의 교만을 들었나니 심한 교만 곧 그의 자고와 오만
과 자랑과 그 마음의 거만이로다(48:29).

모압이 여호와를 거슬러 자만하였으므로 멸망하고 다시 나라를
이루지 못하리로다(48:42).

모압은 세상의 조롱거리로 변하고 말 것이다. 두려움과 올무
와 함정이 그들을 기다릴 것이다. 자업자득이다. 하지만 하나
님은 모압과 그 백성으로 인하여 신음을 삼키신다(48:36). 그들
도 당신의 백성이기 때문이다. 그렇기에 하나님은 모압에게 희
망의 싹을 남겨두셨다가 마지막 날에 그 포로들을 돌려보내실
것이다.

열방에 대한 심판

예레미야 49:1-39

암몬과 에돔

국가는 영원하지 않다. 수많은 나라들이 세워졌다가 무너지곤 했다. 헤겔은 인간의 역사를 주인과 노예의 투쟁, 즉 적대하는 세력 간의 투쟁이라 말했다. 국가는 가족이나 시민사회에 속한 구성원들을 하나로 묶는 집단적 실체이다. 몇 백 년을 지속하는 국가도 있지만 불꽃처럼 타올랐다가 재처럼 식어버리는 국가도 있다. 역사는 국가들의 흥망성쇠와 깊이 연관되어 있다.

역사는 특정한 목표를 향해 나아가는 것일까? 역사를 지배하는 힘이 정말 있는가? 성경은 하나님이 역사를 주관하신다고 고백한다. 성경 기자들은 세속의 역사를 넘어서는 구원의 역사에 주목한다. 하나님의 구원 이야기와 무관한 나라들은 명멸하는 불빛처럼 스러진다.

49장은 암몬, 에돔, 다메섹, 게달과 하솔, 엘람의 운명에 대한 예고이다. 암몬은 앗시리아에 의해 이스라엘이 멸망당한 후에 갓 지파가 터잡고 살던 땅을 차지했다. 갓 지파에게 분배되었던 땅은 암몬의 수호신인 말감 신에게 넘어가고 만 것이다.

예레미야는 전쟁의 함성이 암몬을 삼킬 것이라고 말한다. 그들이 자랑하던 도시 랍바는 폐허더미로 변할 것이고, 마을들은 불에 탈 것이다. 암몬이 파괴되는데 수호신인 말감은 무력하기만 하고, 국민들이 울부짖어도 고관들은 어떤 도움도 주지 못한다. 그들이 멸망할 수밖에 없는 것은 흐르는 골짜기를 자랑하고 재물을 의뢰하기 때문이다.

에돔은 야곱의 쌍둥이 형 에서를 시조로 하는 나라이다. 사해의 동편 지역 험준한 붉은 바위 지형에 터잡고 살던 그들도 역사의 거대한 쓰나미를 피할 길이 없었다. 지혜가 사라지고 명철한 자의 책략이 끊어지는 순간 견고한 요새 같던 그 나라도 무너질 수밖에 없다. 그러나 에돔의 멸망은 하나님의 계획 아래 벌어지는 사건이다. 그들은 진노의 잔을 마실 수밖에 없다.

바위 틈에 살며 산꼭대기를 점령한 자여 스스로 두려운 자인 줄로 여김과 네 마음의 교만이 너를 속였도다 네가 독수리 같이 보금자리를 높은 데에 지었을지라도 내가 그리로부터 너를 끌어내리리라 이는 여호와의 말씀이니라(49:16).

에돔의 죄는 오바댜서에 상세히 지적되고 있다. 유다가 침략자들의 말발굽 아래 짓밟힐 때 에돔은 오불관언吾不關言의 태도로 방관했고 심지어 쾌재를 부르기까지 했다. 전쟁의 참화 속에서 허둥거리는 유다의 성읍들을 약탈했고, 전란을 피하여 달아나는 사람들의 길목을 지키고 있다가 그들을 사로잡아 적에게 팔아넘기기까지 했다. 그들은 스스로 높은 곳에 거하기에 안전하다고 생각했지만, 하나님은 그들을 가장 낮은 곳으로 끌어내리시겠다 이르신다. 하나님은 그곳에서 주민들을 몰아내고 하나님이 택하신 지도자를 세우실 것이다(49:19).

다메섹과 게달과 하솔, 그리고 엘람

시리아의 수도인 다메섹을 여호와는 '찬송의 성읍', '나의 즐거운 성읍'이라 부르신다. 하지만 그런 다메섹도 멸망을 면할 수는 없다. 다메섹의 멸망은 다른 나라에 비해 상대적으로 소홀히 다루어지고 있다. 게달과 하솔은 광야에서 살아가는 아랍 부족들이다. 느부갓네살은 기원전 599년에 아라비아 반도를 휩쓸었다. 성문도 빗장도 없이 평화롭게 살던 주민들이 제국의 무자비한 칼날 앞에 스러졌다. 그들의 죄가 무엇인지는 적시되지 않았다. 세상에는 합리적으로 설명할 수 없는 일들이 많이 벌어진다. 하지만 무죄한 자들에게 가해진 폭력은 결국 가해 당사자에게 되돌아갈 수밖에 없다. 이것이 역사의 교훈이다.

　기원전 7세기 경 그리스에서 활동한 서사시인 "헤시오도스는 인간의 시대를 금, 은, 동, 영웅, 그리고 철의 다섯 시대"로 나누었다(임철규,《고전-인간의 계보학》, 한길사, 351쪽). 황금시대는 모든 인간이 어떠한 근심도 없이 살고, 신들의 식탁에 앉아 음식을 먹고, 대지는 인간이 필요로 하는 모든 것을 내주었기 때문에 인간은 노동으로부터 해방된 채 평화를 누리고 살았다. 이사야 11장에 나오는 해 됨도 상함도 없는 세상의 꿈은 바로 그러한 인류의 이상향으로서의 황금시대를 그리고 있다. 그 시대에는 모든 것이 갖춰져 있었기에 사람들은 경쟁을 할 필요도 없었다. 하지만 역사는 흐르고 흘러 철의 시대에 이르렀다. 철의 시대는 신과 인간 사이의 교류가 사라지고 정의가 아니라 폭력과 불의가 판을 치는 세상이다. 철의 시대는 제국들의 발흥과 더불어 시작된다. 전쟁이 그칠 사이 없다. 무고한 나라들도 그 제국의 칼날 앞에 무너지곤 한다.

바벨론의 동쪽에 있던 나라인 엘람 역시 마찬가지 운명이었다. 기원전 삼천 년대부터 존속해온 나라이지만 바벨론 제국에 의해 괴롭힘을 당한다. 그들의 죄가 무엇인지는 알기 어렵다. 다만 엘람의 주력 무기인 활을 꺾어버리실 것(49:35)이라는 구절에 비춰볼 때 엘람 역시 힘을 숭상하는 나라였던 것 같다. 힘을 숭상하는 나라에 대한 하나님의 분노는 성경의 일관된 주제이기도 하다. 하나님은 엘람에 재앙과 진노, 그리고 칼을 보내 그들을 멸망시키실 것이라고 말씀하신다. 하지만 그것으로 엘람의 역사가 끝난 것은 아니다. 하나님은 엘람의 포로들을 자기들의 땅으로 되돌리실 것이다. 죄로 얼룩진 땅이 정화되면 새로운 역사가 시작되는 법이다.

말씀은 사라지지 않는다

예레미야가 불러 주고 바룩이 받아 쓴 그 두루마리를 왕이 태운
뒤에, 주님께서 예레미야에게 다시 다른 두루마리를 구해다가,
유다 왕 여호야김이 태워 버린 첫째 두루마리에 기록하였던 먼
젓번 말씀을 모두 그 위에 다시 적고, 유다 왕 여호야김에게 주
님의 말을 전하라고 하셨다. "나 주가 말한다. 너는 예레미야에
게 '왜 두루마리에다가, 바빌로니아 왕이 틀림없이 와서 이 땅
을 멸망시키고 사람과 짐승을 이 땅에서 멸절시킬 것이라고 기
록하였느냐' 하고 묻고는, 그 두루마리를 태워 버렸다. 그러므로
유다 왕 여호야김을 두고서 나 주가 말한다. '그의 자손 가운데
는 다윗의 왕좌에 앉을 사람이 없을 것이요, 그의 시체는 무더운
낮에도 추운 밤에도, 바깥에 버려져 뒹굴 것이다. 나는 이렇게,
여호야김과 그의 자손에게만이 아니라 그의 신하들에게도, 그
들이 저지른 죄를 벌하겠다. 그들뿐만 아니라 예루살렘 주민과

유다 사람에게, 내가 경고하였으나 그들이 믿지 않았으므로, 내
가 모든 재앙을 그들에게 내리겠다.'" 그래서 예레미야가 다른
두루마리를 구해다가 네리야의 아들 서기관 바룩에게 주었다.
바룩은 예레미야가 불러 주는 대로, 유다 왕 여호야김이 불에 태
운 두루마리에 기록한 말씀을 모두 기록하였는데, 이번에는 그
와 비슷한 말씀이 더 많이 추가되었다(예레미야 36:27-32).

날줄이 가지런해야

대설大雪도 지나고 이제 바야흐로 겨울이 깊어가고 있습니
다. 문득 긴긴 겨울밤, 식구들이 아랫목에 붙어앉아, 이따금 화
롯불을 다독이면서 이야기꽃을 피웠던 때가 생각났습니다. 어
머니가 들려주시는 민담을 들으며 신기해하던 기억, 짓궂은 형
이나 누나가 들려주는 귀신 이야기에 오금이 저리던 생각이
납니다. 무서운 귀신 이야기에 질릴 때쯤 되면 저는 슬며시 일
어나 건넌방으로 갔습니다. 그곳에는 가마니틀이 한 대 있었는
데, 아버지는 그곳에 앉아 가마니를 짜고 계셨던 것입니다. 볏
짚으로 가늘게 꼰 새끼줄로 날을 걸고, 바농대에다가 짚을 물
려서 새끼 사이에 밀어 넣고, 바디로 내리쳐 탄탄히 다지는 그
일련의 과정을 지켜보면서, 저는 그 놀라운 직조의 마술에 매
료되곤 했습니다. 그러다가는 그 일에 나도 동참시켜달라고 아
버지께 졸라대곤 했습니다. 다른 건 몰라도 바디로 내리치는
일은 나도 할 수 있으니 일을 시켜달라구요. 아버지는 짚이나

고르라고 하시다가도 막내의 떼를 받아주시곤 했습니다. 바디를 힘껏 내리쳐야 벼가 새지 않는다고 주의를 주곤 하셨지만, 제가 쳤던 곳은 언제나 허술했던 기억이 납니다.

또 비교적 한가하실 때면 자리틀에 고드렛돌을 매놓고 부들자리를 매시던 모습도 아련히 떠오릅니다. 그런데 그때마다 아버지가 유난히 공을 들이는 것이 있었습니다. 그것은 날을 매는 것이었습니다. 날줄이 흔들리면 자리는 술 한 잔 먹은 것처럼 흔들리게 됩니다. 저는 오늘 유년시절의 그 가물가물한 기억을 더듬다가 스스로에게 묻지 않을 수 없었습니다. '너는 인생의 날줄을 제대로 걸고 사니? 그게 제대로 서야 생이 반듯한 법인데.'

창조의 매체가 말씀이라는 사실

날줄이 가지런해야 인생의 천도 바로 짜이는 법입니다. 날줄을 가리켜 경經이라 하고, 씨줄을 가리켜 위緯라 합니다. 경과 위가 합쳐진 경위經緯라는 말은 일의 자초지종을 일컫는 말입니다. 잘 살려면 '경'이 바로 서 있어야 한다고 말씀드렸습니다만, 우리 삶의 기준이 되는 것을 기록해 놓은 책을 가리켜 우리는 '경전'이라 합니다. 유교는 사서삼경四書三經을 가지고 있습니다. 논어·맹자·중용·대학이 사서이고, 시경·서경·주역이 삼경입니다.

기독교인은 구약 39권과 신약 27권을 가지고 있습니다. 우리는 그 책을 '거룩한 경전', 곧 성경이라 합니다. 우리가 성경을 읽는 까닭은 한마디로 사람다운 생활을 하기 위함입니다. 성경은 우리가 날마다 거울에 내 모습을 비추어보듯, 매일 가까이 두고 내 삶의 실상을 비춰보아야 할 영혼의 거울인 셈입니다. 성경을 읽지 않는 기독교인은 네모난 세모꼴이란 말처럼 형용 모순입니다. 우리는 말씀을 통해 주님과 만납니다. 말씀은 곧 그분 자신이기 때문입니다. 말씀 속에 그분의 영이 담겨 있고, 말씀 속에 주님의 꿈이 담겨 있습니다. 또한 말씀이 우리 속에 들어오면 우리는 예전의 사람일 수 없습니다. 말씀은 뭔가 사건을 일으킵니다. 하나님은 말씀으로 세상을 창조하셨습니다. 창조의 매체가 말씀이었다는 것은 참으로 놀라운 통찰력입니다. 왠지 아세요? 참말 속에는 알이 들어있기 때문입니다. 사람의 말은 빈 말이 많지만, 하나님의 말씀은 빈 말이 없습니다. 이사야는 시적인 은유로 이것을 표현했습니다.

> 비와 눈이 하늘에서 내려서, 땅을 적셔서 싹이 돋아 열매를 맺게 하고, 씨뿌리는 사람에게 씨앗을 주고, 사람에게 먹거리를 주고 나서야, 그 근원으로 돌아가는 것처럼, 나의 입에서 나가는 말도, 내가 뜻하는 바를 이루고 나서야, 내가 하라고 보낸 일을 성취하고 나서야, 나에게로 돌아올 것이다(이사야 55:10-11).

그런데 하나님의 말씀은 우리 마음에 들 때도 있고, 들지 않을 때도 있습니다. 우리를 책망하는 말씀은 듣기 싫습니다. 격려하고 위로하는 말씀은 좋아합니다. 하지만 그 둘이 다 필요합니다. 특히 내 마음에 들지 않는 말씀이 내게 다가올 때 그 말씀에 마음을 열어야 우리 영혼이 자랍니다. 오늘 본문은 말씀을 영접하지 못한 못난 사람의 이야기를 우리에게 들려주고 있습니다.

말씀은 사라지지 않는다

예레미야는 참담한 시대를 살았던 예언자입니다. 개혁적인 통치자였던 요시야 임금은 애굽의 북진을 막기 위해 전쟁터에 나갔다가 전사하고 맙니다. 그에게는 엘리야김과 여호아하스라는 두 아들이 있었습니다. 둘 중의 누가 왕이 되느냐가 상당히 심각한 문제가 되었을 때 백성들은 애굽에 대해 굴욕적인 외교를 거절하는 여호아하스를 왕으로 세웠습니다. 하지만 애굽 왕 느고는 즉시 예루살렘에 쳐들어와 여호아하스를 사로잡아 애굽으로 데려가고, 엘리야김을 애굽왕으로 세웁니다. 꼭두각시 왕인 셈입니다. 그들은 엘리야김의 이름을 여호야김으로 바꾸는데, 그 이름의 뜻은 '여호와께서 세우셨다'입니다. 일종의 사기입니다.

여호야김은 25세에 왕이 되어 11년을 다스렸습니다만 유다는 국체를 잃어버린 허깨비 나라가 되고 말았습니다. 여호야김은 느고에게 조공을 바치면서 신하 국가를 자청했습니다. 조공을 바치자니 그는 점점 백성들에게 가혹한 폭군이 되어갔습니다. 폭군은 외롭기 마련이지요. 그는 점점 이기적으로 변해갔고, 외로움을 보상받으려는지 아주 사치스럽게 살았답니다. 그뿐 아니라 그는 하나님을 등지고 우상숭배에 깊이 빠져들었습니다. 이런 삶의 결국을 우리는 어렵지 않게 예측해볼 수 있습니다. 나중에 그는 친 애굽정책을 괘씸하게 여긴 바벨론의 느부갓네살 임금에게 사로잡혀 쇠사슬에 묶인 채 바벨론으로 잡혀가 거기서 죽었습니다. 비극적인 최후였습니다. 그에게 기회가 없었던 것은 아닙니다.

하나님께서는 왕궁의 시위대 뜰에 갇혀 있던 예레미야에게 말씀을 주셨습니다. 그 말씀을 두루마리에 기록하여 그것을 백성들에게 알리라는 것이었습니다. 예레미야는 제자인 바룩을 불러서 하나님의 말씀을 받아 적게 하고, 성전에 가서 백성들 앞에서 그 말씀을 읽으라고 지시합니다. 바룩은 지시대로 했습니다. 그들이 하나님의 진노하심을 깨닫고 돌이키면 허물을 용서받을 수 있는 기회가 아직은 있었습니다. 백성들도 고관들도 그 말씀을 듣고 놀랐습니다. 하나님의 진노의 잔이 목전에까지 왔음을 그들은 느낀 것입니다. 아직 그들은 하나님의 말씀에 대한 경외심을 간직하고 있었습니다. 그들은 바룩에게 명하여 예레미야와 함께 은신할 것을 권한 다음 왕에게로 달려갑니다. 그리고 왕에게 그 두려운 예언을 다 들려 아룁니다. 이제 모든 것은 왕의 결정에 달린 것입니다.

그러나 여호야김은 갈 데까지 간 사람이었습니다. 그는 우상
숭배의 죄에다가 '휴브리스'의 죄까지 짓고 맙니다. 왕은 여후
디를 보내어 그 두루마리를 가져오라고 합니다. 여후디는 달려
가 그 두루마리를 가져다가 왕과 고관들 앞에서 예언을 낭독
했습니다. 그때 왕은 겨울 별궁에 머물고 있었는데, 왕의 앞에
는 난로가 있었습니다. 그는 여후디가 읽은 부분을 칼로 잘라
내어서 그것을 난로에 집어 넣곤 했습니다. 몇몇 신하들이 그
러지 말라고 간청했지만 그는 들은 척도 하지 않았습니다. 그
는 두루마리를 다 태운 후에 예레미야와 바룩을 잡아 오라고
합니다. 하지만 하나님이 그들을 이미 안전한 곳에 숨겨두셨습
니다.

성경은 참으로 통렬한 이야기를 들려줍니다. 그후에 하나님
이 예레미야에게 명하셔서 여호야김이 태워버린 말씀은 물론
이고, 그보다 더 많은 말씀을 기록하게 하셨습니다. 하나님의
말씀은 사람이 인위적으로 없앨 수 없습니다. 두루마리를 불
에 태울 수는 있습니다. 하지만 하나님의 말씀은 태울 수 없습
니다. 하나님의 말씀에 사로잡힌 이들이 있는 한 하나님의 말
씀은 거듭거듭 침묵을 뚫고 솟아나오게 마련입니다. 예수님은
"하늘과 땅은 없어질지라도, 나의 말은 절대로 없어지지 않을
것"(마태복음 24:35)이라고 하셨습니다.

하나님의 말씀을 먹으라

하나님의 말씀은 귀로 듣기만 해서는 아무 소용이 없습니다. 말씀을 먹어야 합니다. 하나님은 당신의 종들을 사람들에게 보내실 때 종종 말씀을 먹으라고 하셨습니다. 하나님은 에스겔을 부르시고는 이렇게 말씀하십니다.

사람아, 내가 너에게 주는 이 두루마리를 먹고, 너의 배를 불리며, 너의 속을 그것으로 가득히 채워라(에스겔 3:3).

하나님의 사람은 말씀으로 배를 채워야 합니다. 이 말은 말씀이 육신이 되어야 한다는 말입니다. 말 따로, 삶 따로라면 누가 우리가 전하는 이야기를 듣겠습니까? 말과 행실이 일치되는 삶을 가리켜 우리 옛 사람들은 '성誠'이라 했습니다. 그런데 말씀의 맛은 어떠하던가요? 달던가요, 아니면 쓰던가요?

계시록의 저자인 요한은 아주 솔직한 이야기를 들려줍니다. 그는 천사의 손에 있는 두루마리를 받아 먹습니다. 그 두루마리에는 세상에 대한 하나님의 경륜이 기록되어 있었습니다. 그런데 요한은 그 말씀의 맛을 이렇게 표현하고 있습니다.

그것이 내 입에는 꿀같이 달았으나, 먹고 나니, 뱃속은 쓰라렸습니다(요한계시록 10:10).

하나님의 말씀은 때로는 달콤한 약속과 확신의 말씀으로 다가오지만, 때로는 아주 무서운 경고와 심판의 예언으로도 다가옵니다. 우리가 낙심할 때 주님의 말씀은 우리 삶을 든든히 비끄러맬 기둥으로 다가옵니다. 하지만 우리가 교만에 빠져 진리의 길에서 벗어날 때 주님의 말씀은 준엄한 채찍질이 되어 우리를 칩니다. 아프지만 하나님의 말씀에 귀를 기울이고, 그 말씀을 입으로 삼켜 내 몸이 되게 할 때 우리는 더 나은 존재로 살아가게 될 것입니다.

성경은 우리 삶의 날줄입니다. 시간이 없어서 성경을 볼 수 없다는 말씀은 하지 마십시오. 날줄이 흔들리면 우리가 짜는 삶의 천은 엉망이 됩니다. 날마다 성경 말씀을 먹어야 합니다. 그 말씀 속에 생명이 있습니다. 일제시대에 YMCA의 총무로 활동하셨던 현동완 님의 글이 마음에 깊이 와 닿습니다.

"참 찾아 예는 길에/한참 두참 쉬지 말라/참참이 찾아가서 영원한 참 갈 것이니/참된 마음 참 참을 보면/가득참을 얻으리."

내용은 단순합니다. 하나님을 찾아가는 구도의 길에서 한눈을 팔거나 넋을 놓고 있어서는 안 된다는 것입니다. 물론 살다 보면 그 길을 걷는 것이 힘겨울 때도 있지요. 하지만 휴식에의 유혹을 참아내면서 끝끝내 애쓰다보면 어느 새 우리 속에 참이 가득 차게 된다는 것입니다. 교우 여러분 모두가 날마다 영혼의 양식인 하나님의 말씀으로 배부르고, 말씀이 육신으로 화하는 기쁨 속에 사시기를 기원합니다.

역사의 뒤집힘

민족들에 대한 심판 이야기는 바벨론에 대한 매우 긴 신탁들로 이어진다. 50장과 51장은 당시 중근동의 패권자인 바벨론의 몰락을 예고한다. 힘의 정점에서 몰락을 본다는 것처럼 급진적인 것이 또 있을까? 신의 눈으로 역사를 주석하는 자인 예언자는 역사의 이면에서 작동하고 있는 근원적인 힘과 흐름을 간파한다. 예언자들은 우주의 힘은 정의의 방향으로 나아간다는 확신 위에서 세상을 해석한다. 자기들의 이름을 널리 알리고 흩어짐을 면하고자 하여 시날 평지에 벽돌과 역청을 사용해 쌓아올린 바벨탑은 무너질 수밖에 없었다.

너희는 나라들 가운데에 전파하라 공포하라 깃발을 세우라 숨김이 없이 공포하여 이르라 바벨론이 함락되고 벨이 수치를 당하며 므로닥이 부스러지며 그 신상들은 수치를 당하며 우상들은 부스러진다 하라(50:2).

'벨'은 바알처럼 '주인'을 뜻하는데 바벨론의 중요한 신에게 붙여진 명칭이다. '므로닥'은 '태양신의 젊은 황소'라는 뜻으로 바벨론의 수호신 마르둑을 가리킨다. 바벨론 창조 서사시인 〈에누마 엘리쉬〉에 의하면 마르둑은 용의 모습을 한 혼돈과 싸워 이긴 뒤에 그 용의 몸으로 세상을 창조한 신이다. 가장 강력한 바벨론의 신들이 수치를 당하고, 부스러진다. 한 나라가 북쪽에서 나와 그 땅을 쳐서 황폐하게 할 것이다. 구약성경에서 북쪽은 언제나 재앙이 오는 방향을 상징한다. 방위와는 별 관계가 없다. 실제로 바벨론을 무너뜨린 페르시아는 바벨론의 남동쪽에서 발흥했다. 바벨론의 몰락은 이스라엘과 유다의 회복으로 이어진다.

여호와의 말씀이니라 그 날 그 때에 이스라엘 자손이 돌아오며 유다 자손도 함께 돌아오되 그들이 울면서 그 길을 가며 그의 하나님 여호와께 구할 것이며 그들이 그 얼굴을 시온으로 향하여 그 길을 물으며 말하기를 너희는 오라 잊을 수 없는 영원한 언약으로 여호와와 연합하라 하리라(50:4-5).

이스라엘 자손과 유다 자손이 함께 돌아온다. 예언자는 시온을 향하여 나아가는 이들의 행렬을 머리에 그리고 있다. 울면서 그 길을 간다는 말은 민족적 회개를 암시한다. 그들은 시온에서 여호와와 잊을 수 없는 영원한 언약을 맺게 될 것이다. 목자들의 죄와 부주의함으로 인해 길을 잃었던 양떼들, 산으로 언덕으로 헤매다가 사나운 짐승에게 잡아먹히기도 했던 양떼들이 본래 있어야 할 곳으로 돌아온다. 하나님의 백성들은 비록 두렵더라도 몰락이 임박한 땅을 떠나야 한다. 하나님이 이미 바벨론의 몰락을 정해 놓으셨기 때문이다. 큰 민족들이 일어나 바벨론에 맞설 것이다. 그리고 바벨론 사람들은 약탈을 당할 것이다.

> 나의 소유를 노략하는 자여 너희가 즐거워하며 기뻐하고 타작하는 송아지 같이 발굽을 구르며 군마 같이 우는도다 그러므로 너희의 어머니가 큰 수치를 당하리라 너희를 낳은 자가 치욕을 당하리라 보라 그가 나라들 가운데의 마지막과 광야와 마른 땅과 거친 계곡이 될 것이며(50:11-12).

이스라엘의 회복

세상을 노략질하며 기뻐했던 나라가 이제는 수치를 당한다. 그 아름답고 풍성했던 문명은 다 훼손되고 그 땅은 인적조차 드문 거친 곳으로 변할 것이다. 지나가는 사람들이 그 참상을 보고 비웃을 것이다. 앗수르 왕에게 약탈당하고, 바벨론의 느부갓네살에 의해 뼈가 꺾였지만 하나님은 당신의 백성들을 그냥 버리지 않으신다. 겨울의 한복판에 봄기운이 스며들듯 사람의 눈에는 보이지 않아도 하나님의 역사는 조용히 진행되고 있다.

새로운 역사를 시작하신다. 이제 이스라엘은 새로운 역사를 향해 길을 떠나야 한다.

> 너희는 바벨론 가운데에서 도망하라 갈대아 사람의 땅에서 나오라 양 떼에 앞서가는 숫염소 같이 하라(50:8).

'숫염소'같이 되라는 말은 자기 운명을 개척하기 위해 용기를 내라는 말이다.

> 이스라엘을 다시 그의 목장으로 돌아가게 하리니 그가 갈멜과 바산에서 양을 기를 것이며 그의 마음이 에브라임과 길르앗 산에서 만족하리라(50:19).

'갈멜'은 수목이 울창하고 그 아래로는 기손 강이 흐르는 아름다운 산으로 아름다운 곳을 이야기할 때 즐겨 등장하는 곳이다. '바산'은 요단강 건너편 동쪽의 고원 지대로 목장으로 유명한 곳이다. 여호와는 이스라엘의 회복을 일상의 회복 이미지를 통해 보여주신다.

> 여호와의 말씀이니라 그 날 그 때에는 이스라엘의 죄악을 찾을지라도 없겠고 유다의 죄를 찾을지라도 찾아내지 못하리니 이는 내가 남긴 자를 용서할 것임이라(50:20).

고난을 통한 정화가 일어난다. 고난은 때로 사람들을 하나님의 마음에 비끌어매는 끈이 되기도 한다. 하나님께서 남겨 놓으셨던 이들과 더불어 새로운 역사의 여명이 밝아온다. 강자가 늘 이기는 것은 아니다. 강함은 오히려 죽음에 더 가깝다.

교만이 부른 비극

한때 하나님의 심판의 도구가 되어 "온 세계의 망치"(50:23) 노릇을 하던 바벨론이 세계의 조롱거리가 될 것이다. 왜 그럴까? 자기 한계를 알지 못했기 때문이다.

그가 이스라엘의 거룩한 자 여호와를 향하여 교만하였음이라 (50:29c).

도구가 주인의 자리를 차지하려 할 때, 주인은 그 도구를 벌할 수밖에 없다.

교만한 자여 보라 내가 너를 대적하나니 너의 날 곧 내가 너를 벌할 때가 이르렀음이라(50:31).

누군가에게 자기 의지를 강제할 수 있는 자리에 있는 이들은 일쑤 자기의 한계를 알지 못한다. 자기 힘에 대한 과신은 그를 몰락으로 몰아간다. 바벨론은 하나님이 놓으신 올무를 보지 못하고 그 올무에 걸려들고 말았다. 하나님은 당신의 병기창을 열고 분노의 무기를 꺼내셨다. 바벨론의 운명은 정해진 것이나 마찬가지이다. 정현종 시인은 "권좌는 저주의 수렴이요, 치욕의 원천이요, 강력한 오점"(〈권좌〉)이라 노래했다. 권력의 타락 가능성을 이보다 명확히 보여줄 수는 없는 것 같다.

> 이는 여호와의 말씀이니라 너희는 올라가서 므라다임의 땅을 치며 브곳의 주민을 쳐서 진멸하되 내가 너희에게 명령한 대로 다하라 그 땅에 싸움의 소리와 큰 파멸이 있으리라(50:21-22)

'므라다임'은 유프라테스 강과 티그리스 강의 하구 지역을 가리키는 말로 아카드어로는 '함몰된 땅'이라는 뜻이다. 물론 이 도시명은 지형적 특색과 관련된 것이지만 바벨론 심판의 맥락에서 본다면 바벨론의 함몰을 상징하고 있다고도 할 수 있을 것이다. 브곳은 므라다임의 한 지역을 가리킨다. 메소포타미아 문명권을 상징하는 그 땅에서 전쟁의 소음이 거세게 일어날 것이다.

여호와는 먼 곳에 있는 이들까지 불러 바벨론을 치라 하신다. 바벨론을 곡식더미처럼 쌓아 올리고 없애 버리라 하신다. 바벨론의 모든 황소를 죽이고 그들을 도살장으로 끌고 가라 하신다. '황소'는 물론 백성의 우두머리를 가리킨다. 거들먹거리며 세상 위에 군림했던 이들은 도축 당하는 소처럼 죽임을 당할 것이다. 그들은 각 나라에게 행한 대로 되돌려 받게 된다. 바벨론이 이렇게 참혹한 운명을 맞이하게 되는 까닭은 이스라엘의 거룩한 자 여호와를 향하여 교만하였기 때문이다(50:29b). 교만이야말로 하나님이 가장 미워하시는 것이다.

> 주 만군의 여호와의 말씀이니라 교만한 자여 보라 내가 너를 대적하나니 너의 날 곧 내가 너를 벌할 때가 이르렀음이라 교만한 자가 걸려 넘어지겠고 그를 일으킬 자가 없을 것이며 내가 그의 성읍들에 불을 지르리니 그의 주위에 있는 것을 다 삼키리라 (50:31~32).

교만한 자 곧 바벨론에 대한 심판 드라마는 이스라엘 자손들과 유다 자손들의 해방에 대한 예고에 의해 잠시 단절된다. 바벨론은 그들을 돌려보내기를 거절했지만 언약을 지키시는 하나님, 만군의 주님은 억눌린 이들의 탄식을 외면하지 않으신다.

> 그들의 구원자는 강하니 그의 이름은 만군의 여호와라 반드시 그들 때문에 싸우시리니 그 땅에 평안함을 주고 바벨론 주민은 불안하게 하리라(50:34).

하나님을 신뢰하는 이들은 당장 역사적 현실이 어렵다 하여 낙심하지 않는다. 왜곡된 역사를 바로잡으실 하나님이 살아계심을 믿기 때문이다. 성경의 하나님은 강자들에 의해 억압당하고 수탈당하는 이들의 신음소리를 '당신의 나라가 임하소서'라는 기도로 들으신다. 이스라엘의 해방은 바벨론의 해체와 더불어 진행된다.

춤추는 칼

심판의 칼이 바벨론 위에 떨어질 것이다. 주민들, 고관들, 지혜로운 자들 어느 누구도 예외는 없다. 그 칼은 '자랑하는 자'의 위에도 떨어진다. 자랑하는 자는 거짓 예언자를 가리키는 말이다. 용사들, 말들과 병거들, 그리고 용병이 되어 바벨론을 위해 싸우던 사람들, 그들이 소중히 여기던 보물들 위에도 칼이 떨어질 것이다. 물 위에 떨어지면 물도 말라버릴 것이다. 신상들이 많은 나라, 우상들에게 미친 그 나라는 결국 사막 짐승들의 놀이터가 될 것이고, 다시는 사람이 살지 못하는 불모의 땅이 될 것이다. 바벨론 왕은 몰려드는 적들의 소식을 듣고 절망에 사로잡히고 마치 해산하는 여인처럼 괴로움에 사로잡힌다.

보라 사자가 요단의 깊은 숲에서 나타나듯이 그가 와서 견고한 처소를 칠 것이라 내가 즉시 그들을 거기에서 쫓아내고 택한 자를 내가 그 자리에 세우리니 나와 같은 자 누구며 출두하라고 나에게 명령할 자가 누구며 내 앞에 설 목자가 누구냐(50:44).

이 구절은 바룩에게 주신 말씀, 즉 "나는 내가 세운 것을 뽑기도 하며 내가 심은 것을 뽑기도 하나니 온 땅에 그리하겠거늘 네가 너를 위하여 큰 일을 찾느냐 그것을 찾지 말라"(45:4-5a)는 말씀에 상응한다. 예언자들은 강력한 제국의 힘을 무시하지 않는다. 그들은 때로는 여호와의 진노의 막대기가 되어 열국을 징계한다. 하지만 예언자는 제국의 힘 앞에 주눅 들지 않는다. 그들의 권세라는 것이 결국은 하나님의 섭리 안에 있음을 알기 때문이다. 한계를 모르는 권력은 결국 제 무게를 못 이겨 비가 되어 쏟아지는 먹구름과 다를 바 없다. 믿음의 사람들은 절망의 심연에서 오히려 희망을 본다.

찬가와 애가

예레미야 51:1-32

금잔의 몰락

바벨론 멸망에 대한 예고가 계속된다. 여호와는 바벨론과 당신을 대적하는 자('레브 카마이', 바벨론을 가리킴)를 치기 위해 멸망시키는 이들, 바벨론을 키질하는 이들을 보내 그 땅을 비우리라 말씀하신다. 군인들과 젊은이들은 무력하게 죽임을 당할 것이다. 하지만 그 땅에서 유배살이 하고 있던 이스라엘과 유다는 멸절을 면할 것이다.

> 이스라엘과 유다가 이스라엘의 거룩하신 이를 거역하므로 죄과가 땅에 가득하나 그의 하나님 만군의 여호와에게 버림 받은 홀아비는 아니니라(51:5).

언약에 충실하지 않은 백성이지만 여호와는 그들을 폐기물로 취급하지 않으신다. 바벨론의 몰락과 그 백성의 구원이 대조되고 있다. 하나님의 백성들은 바벨론 땅에서 벗어나 자기 목숨을 건져야 한다.

"여호와의 손에 잡혀 있어 온 세계가 취하게 하는 금잔"
(51:7)이었던 바벨론, 뭇 민족을 취하게 만들었던 바벨론, 폭력
으로 세상을 물들이던 바벨론이 갑자기 넘어져 파멸에 이른다.
　플라톤의 《국가》에서 트라시마코스는 '정의는 강자의 편'이
라고 말했다. 힘 있는 이들은 자기 좋을 대로 하는 것이 정의라
고 말한다. 하지만 그런 논리에 매몰되는 순간 그 혹은 그런 국
가는 하나님의 심판을 자초한다. 거대한 나무가 한 번 기울면
바로 세울 수 없는 것처럼 거대한 제국 바벨론의 상처는 이미
치유할 수 있는 단계를 지났다. 여호와는 메대 왕들의 마음을
부추겨 바벨론을 징벌하도록 하셨다. 메대 왕들은 여호와의 보
복을 대행한다.

　많은 물 가에 살면서 재물이 많은 자여 네 재물의 한계 곧 네 끝
　이 왔도다. 만군의 여호와께서 자기의 목숨을 두고 맹세하시되
　내가 진실로 사람을 메뚜기 같이 네게 가득하게 하리니 그들이
　너를 향하여 환성을 높이리라 하시도다(51:13-14).

　'많은 물 가'는 유프라테스 강과 도심을 흐르는 운하를 가
리키는 말로 바벨론 번영의 상징이다. 헤로도토스는 《역사》에
서 바벨론의 여왕 니토크리스가 도시 위쪽에 운하 몇 개를 팜
으로써 곧게 흐르고 있던 유프라테스 강이 완만하게 흐르도록
했고, 도시 위에 호수를 파고, 운하 좌우로 높은 제방을 쌓아올

려 물을 다스렸다고 말한다(헤로도토스, 《역사上》, 박광순 옮김, 범우사, 137쪽). 그 아름답고 화려하던 도시도 수를 헤아릴 수 없을 정도로 몰려드는 적군들로 인해 삽시간에 무너질 수밖에 없다.

창조의 신비 앞에 서라

세상을 다스리는 것은 제국이 아니다. 제국은 역사 속에서 부침을 겪을 수밖에 없다. 현실은 비록 무질서해 보일지 몰라도 궁극적으로 세상을 다스리는 분은 창조주 하나님이시다. 나치가 득세하여 온 세상을 소란케 하던 1934년 5월 말 독일의 목사긴급동맹 지도자들이 부퍼 강변에 있는 도시 바르멘에 모여서 총회를 개최했다. 그리고 그 유명한 바르멘 선언을 채택했다.

그 선언문 가운데는 "성경에서 우리에게 증언하는 예수 그리스도는 우리가 들어야 하는 하나님의 유일한 말씀, 우리가 살든지 죽든지 신뢰하고 따라야 할 하나님의 유일한 말씀이다", "우리는 마치 국가가 자신의 특정 임무를 넘어서 인간의 삶의 유일하고 전체주의적인 체제가 되어야 하고, 그래도 되며, 교회의 사명도 완수할 수 있다는 듯이 가르치는 사설을 배격한다"(에릭 메택시스, 《디트리히 본회퍼》, 김순현 옮김, 포이에마, 327-328쪽에서 재인용)는 항목이 있다. 국가는 절대적 가치가 아니다. 국가는 하나님의 질서 안에 있을 때만 온전하다.

15절부터 16절은 창조주 하나님에 대한 찬가이다.

여호와께서 그의 능력으로 땅을 지으셨고 그의 지혜로 세계를 세우셨고 그의 명철로 하늘들을 펴셨으며 그가 목소리를 내신 즉 하늘에 많은 물이 생기나니 그는 땅 끝에서 구름이 오르게 하시며 비를 위하여 번개를 치게 하시며 그의 곳간에서 바람을 내시거늘(51:15-16).

역사의 전망이 불투명할 때, 삶의 길이 보이지 않을 때 우리는 잠시 현실에서 눈을 돌려 장엄한 세계를 바라볼 필요가 있다. 초월자의 암호로 가득한 세계의 신비에 깊이 잠겨들 때 우리 삶을 짓누르고 있던 무게감은 줄어들게 마련이다. 경탄의 능력을 잃어버린 이들은 제 아무리 많은 것을 소유하고 있다해도 빈곤하다. 자기보다 큰 세계 앞에 겸허히 엎드리지 않을때 우리 마음에는 공허가 깃든다. 그 공허함을 달래기 위해 사람들은 존재가 아닌 존재자들에게 매달린다.

사람마다 어리석고 무식하도다 금장색마다 자기가 만든 신상으로 말미암아 수치를 당하나니 이는 그 부어 만든 우상은 거짓이요 그 속에 생기가 없음이라(51:17).

헛된 것에 집착하는 이들이 맛볼 것은 허망함뿐이다. 만물을 지으신 분, 만군의 여호와를 의지하는 사람만이 절망의 심연속에서도 빛을 본다. 20절부터 32절까지는 바벨론에 대한 애가이다. 온 세상을 파괴한 멸망의 산 바벨론은 시온에서 저지른 죄에 대한 대가를 받아야 한다. 그 형벌은 철저해서 마치 불에 탄 산처럼 될 것이고 주춧돌 하나 남지 않을 정도로 완전히 파괴될 것이다.

> 땅이 진동하며 소용돌이치나니 이는 여호와께서 바벨론을 쳐서 그 땅으로 황폐하여 주민이 없게 할 계획이 섰음이라(51:29).

들을 귀 있는 자는 들을지어다!

깊이 가라앉는 바벨론

예레미야 51:33-64

슬프다, 세삭이 함락되었도다

51장 33절부터 64절까지는 이스라엘 사람들의 탄원, 여호와의 도우심에 대한 확약, 바벨론의 멸망에 대한 조가, 바벨론에 내릴 심판과 멸망, 그리고 바벨론의 멸망이 돌이킬 수 없다는 사실에 대한 행위 예언으로 구성되어 있다. 시온 주민들과 예루살렘 주민들이 바벨론으로부터 당한 수모를 기억하며 그 억울함을 풀어달라고 기원할 때, 하나님은 타작마당을 차리시고 추수를 준비하신다. 하나님은 억울한 이들의 탄식을 외면하지 않으신다.

> 그러므로 여호와께서 이와 같이 말씀하시되 보라 내가 네 송사를 듣고 너를 위하여 보복하여 그의 바다를 말리며 그의 샘을 말리리니 바벨론이 돌무더기가 되어서 승냥이의 거처와 혐오의 대상과 탄식 거리가 되고 주민이 없으리라(51:36-37).

'바다'와 '샘'은 바벨론의 풍요로움을 상징한다. 타자에 대한 폭력 혹은 수탈에 기댄 풍요로움은 지속되지 않는다. 하나님은 불의를 자행하는 이들을 벌하신다. 그러면 화려하던 도시는 돌무더기로 변하고 사람들로 북적이던 도로는 인적이 끊겨 쓸쓸하고 황량한 곳으로 변한다. 일상의 소음이 사라진 자리야말로 디스토피아 아니던가. 바벨론은 젊은 사자처럼 소리지르며 으르렁거리겠지만, 하나님이 베푸신 죽음의 연회를 피하지 못한다. 그들은 폭력에 취했다가 결국 깨어나지 못한다. 자기 힘에 대한 과도한 확신이 도살장으로 이어진 죽음의 길임을 그들은 알지 못했다.

슬프다 세삭이 함락되었도다 온 세상의 칭찬 받는 성읍이 빼앗겼도다 슬프다 바벨론이 나라들 가운데에 황폐하였도다(51:41).

'세삭'은 바벨론의 다른 이름이다. 그 유명한 성읍이 무너져 황폐하게 변하고 말았다. 흉용한 바다 물결처럼 적들이 들이닥치자 그 땅은 폐허로 변했다. 하나님은 '벨' 신을 벌하신다. 제국의 불의한 위계질서를 종교적으로 뒷받침하던 제국의 신들이 벌을 받는다. 여호와 앞에서는 그 신들은 무력하기만 하다. 여호와는 기세등등하게 성전에 들어가 가증한 일을 벌인 바벨론의 만행을 벌하신다. 거룩함에 손을 댄 자는 결국 그 대가를 치를 수밖에 없다. 보복의 날이 다가왔다. 지금 바벨론에 머물고 있는 하나님의 백성은 어떤 소문이 들려온다 해도 두려워할 필요가 없다. 바벨론이 무너지면 하늘과 땅과 그 안에 있는 모든 것이 바벨론으로 말미암아 기뻐 노래할 것이다(51:48).

구원의 행진

칼을 피한 자들이여 멈추지 말고 걸어가라 먼 곳에서 여호와를 생각하며 예루살렘을 너희 마음에 두라(51:50).

제2의 출애굽, 구원의 행진이 바야흐로 시작된다. 어떤 장애물이 있다 해도 그 길을 중단해서는 안 된다. 길은 처음부터 있는 것이 아니라 여러 사람이 걸어 생긴다. 흑인 민권운동에 나섰던 마틴 루터 킹 목사는 결실이 보이지 않는 긴 싸움에 지친 사람들을 향해 이렇게 외쳤다.

새벽이 오기 직전이 가장 어둡다는 것은 여러분도 잘 알고 계실 것입니다. 우리는 주님께서 우리와 함께 하신다는 확고한 믿음을 가지고 몇 달 동안 움직여 왔습니다. 이제껏 겪어왔던 수많은 경험들은 이러한 우리의 믿음이 헛된 것이 아님을 입증해 주었습니다. 우리는 이전과 똑같은 믿음, 똑같은 확신을 가지고 나서야 합니다. 길이 없는 곳에도 길을 만드시는 주님의 능력을 확신해야 합니다(마틴 루터 킹 자서전, 〈나에게는 꿈이 있습니다〉, 클레이본 카슨 엮음, 이순희 옮김, 바다출판사, 121쪽).

두려워할 필요가 없다. 믿는 이들은 이미 확고하게 예정된 하나님의 싸움에 동참하는 것이다. 바벨론의 성벽은 무너질 것이고, 그 높은 문들은 불에 탈 것이고, 백성들의 수고는 헛될 것이다(51:58). 예레미야는 여러 해 전에 벌어진 일을 다시금 상기시킨다. 아직 유다가 멸망하기 전, 시드기야가 바벨론에 갈 때 예레미야는 바룩의 친형제인 병참감 스라야에게 여호와의 말씀을 전한다. 예레미야는 바벨론에 닥칠 재난을 기록한 책을 그에게 주면서, 바벨론 땅에 이르거든 그 책에 적힌 모든 예언을 낭독한 후에 그 책에 돌을 매어 유프라테스 강에 던지면서 "바벨론이 나의 재난 때문에 이같이 몰락하여 다시 일어서지 못하리니 그들이 피폐하리라 하라"(51:64)고 지시한다.

이 예언의 말씀의 청중이 누구인지는 분명하지 않다. 어쩌면 그 예언이 이미 그곳에 잡혀가 있던 이들을 향한 것이었을 수도 있다. 스라야를 통한 그러한 예언자적 상징행동은 절망의 땅에 머물고 있는 이들의 가슴에 희망의 씨앗 하나를 심는 일이었을 것이다. 그리고 그 예언이 마침내 실현될 날이 이르렀다. 돌을 매단 채 강물에 잠긴 그 책처럼 바벨론은 다시 떠오르지 못할 것이다. 힘으로 세상을 뒤흔들려는 이들의 운명 역시 이와 다를 바 없을 것이다.

절망을 넘어

예레미야 52:1-34

황금시대의 종언

51장은 "예레미야의 말이 이에 끝나니라"로 마무리된다. 52장에 예레미야는 더 이상 등장하지 않는다. 그렇다면 이것은 나중에 예레미야의 텍스트에 덧붙여진 부록인 셈이다. 예루살렘이 함락되던 상황이 재진술되고 있는데, 그 어조가 너무 담담하여 낯설 정도이다. 눈물의 예언자 예레미야의 파토스가 드러나지 않는다. 내용은 열왕기하 24-25장과 거의 유사하다. 세부적인 사항에서만 조금씩 차이가 날 뿐이다. 시드기야의 통치는 "그가 여호야김의 모든 행위를 본받아 여호와 보시기에 악을 행한지라"(52:2)라는 한 문장으로 요약되고 있다. 그의 악행은 백성들의 악행으로 이어졌고, 하나님은 크게 진노하셨다.

여호와께서 예루살렘과 유다에게 진노하심이 그들을 자기 앞에서 쫓아내시기까지 이르렀더라(52:3a).

아주 단순하다. 유다의 패망은 국력이 약해서도 아니고, 국제정세가 변해서도 아니다. 하나님의 백성답게 살지 못했기 때문이다. 세속의 역사가라면 이렇게 기록하지 않았을 것이다. 하지만 구원사의 시선으로 역사를 바라보는 성경 기자의 눈은 전혀 다른 곳을 바라보고 있다.

예루살렘의 패망은 시드기야가 바벨론 왕을 배반하면서 가속화된다. 민족주의적 감정으로 보면 시드기야의 태도는 자주적이라 할 수도 있다. 하지만 아름찬 그의 결기는 나라의 멸망으로 귀결된다. 느부갓네살의 포위 공격으로 말미암아 도성은 기근에 시달렸고, 마침내 성벽이 뚫리자 왕은 호위병들을 거느리고 밤을 틈타서 도망하였다. 백성을 버리고 달아나는 것은 못난 군주들의 공통점이다. 하지만 시드기야는 추격군들에 의해 사로잡혔고, 그는 아들들과 고관들이 처형당하는 모습을 지켜볼 수밖에 없었다. 그리고 자신은 두 눈을 뽑힌 채 쇠사슬에 묶여 바벨론으로 끌려갔다. 나단을 통해 다윗에게 주셨던 약속, 곧 "네 집과 네 나라가 내 앞에서 영원히 보전되고 네 왕위가 영원히 견고하리라"(사무엘하 7:16)던 약속은 파기되었다.

느부갓네살의 근위대장인 느부사라단이 예루살렘에 와서 성전과 왕궁과 예루살렘의 모든 건물을 불태워버렸다. 불에 타버린 성전, 그것은 유대인들에게는 하늘이 무너지는 경험이었을 것이다. 이스라엘의 역사가는 성전과 출애굽을 긴밀하게 연결시켰다.

> 이스라엘 자손이 애굽 땅에서 나온지 사백팔십 년이요 솔로몬
> 이 이스라엘 왕이 된 지 사 년 시브월 곧 둘째 달에 솔로몬이 여
> 호와를 위하여 성전 건축하기를 시작하였더라(열왕기상 6:1).

성전 건축이야말로 출애굽의 완성이라는 것이다. 하지만 성전은 불에 탔고, 솔로몬의 황금시대를 표상하던 성전의 기물들도 다 파괴되고 말았다. 침략자들은 왜 이런 참혹한 문화파괴 행위를 하는 것일까? 그것은 그 민족이 의지하고 있던 신의 무능을 입증하기 위한 상징 행위였다.

근위대장은 대제사장, 부제사장, 성전 문지기를 사로잡았고, 또 군 지휘관, 왕의 내시, 군 지휘관의 서기관, 평민 육십 명을 사로잡아 립나에 있던 바벨론 왕 앞에 끌고 갔다. 자기의 공을 드러내기 위해서였을 것이다. 왕은 그들을 다 죽였다. 오랜 세월 동안 저항해 온 데 대한 징계였을 것이다. 느부갓네살은 세 차례에 걸쳐 근 사천 육백 명에 이르는 사람들을 포로로 잡아갔다. 느부사라단은 왕족, 귀족들은 물론이고 가난한 사람들, 도성 안에 남은 사람들, 투항한 사람들, 기술자들을 모두 포로로 잡아갔다. 그러나 가장 가난한 백성 가운데 일부를 그 땅에 남겨두어 포도원을 가꾸고 농사를 짓게 하였다.

여기에 역사의 아이러니가 있다. 땅의 원주인이신 하나님은 모든 사람이 자기 땅을 근거로 하여 살아가기를 원하시지만 현실은 그렇지 못했다. 가난한 사람은 점점 가난해졌고, 부

유한 사람은 점점 더 부유해졌다. 천대받던 땅의 사람들이 자기 땅을 갖는다는 것은 언감생심이었다. 그러나 침략자들에 의해 그 꿈이 성취되었다. 물론 그들을 남겨둔 것이 승리자의 너그러운 배려의 결과라고 말할 근거는 없다. 그럼에도 불구하고 유다 사회의 가장 밑바닥에 있는 이들이 그 눈물의 땅에서 희망을 일굴 수 있게 되었다는 사실은 부정할 수 없다.

희망의 단초

예레미야서의 마지막 대목은 일찍이 바벨론에 잡혀갔던 여호야긴 왕의 석방 이야기를 다룬다. 바벨론의 새로운 왕 에윌므로닥은 자기의 즉위를 자축하기 위해 삼십칠 년 동안 감옥에 있던 여호야긴 왕의 머리를 들어 주었다. 머리를 들어준다는 말은 용서한다는 뜻이다. 왕은 여호야긴의 지위를 높여 제국의 다양한 지역에서 잡혀온 다른 왕들보다 더 높이 예우해주었다. 여호야긴은 죄수의 의복을 벗고 항상 에윌므로닥 앞에서 음식을 먹었다. 그리고 죽는 날까지 바벨론 왕이 주는 생계비를 받았다. 비극적인 상태에 놓였던 시드기야와 여호야긴의 운명이 대조적이다.

예레미야서를 마무리하는 이가 '천하고 깨진 그릇'(예레미야 22:28)처럼 여겨졌던 여호야긴에게 이러한 호의가 베풀어졌다는 사실을 통해 전하고 싶은 메시지는 무엇일까? 나단을 통해 다윗에게 주어졌던 언약이 완전히 파기된 것은 아니라는 사실이 아니었을까? 석방된 여호야긴의 존재는 포로민들에게 새로운 시대가 올지도 모른다는 희망의 단초였을 것이다. 그것은 이미 예고된 일이었다.

> 여호와의 말씀이니라 보라 때가 이르리니 내가 다윗에게 한 의로운 가지를 일으킬 것이라 그가 왕이 되어 지혜롭게 다스리며 세상에서 정의와 공의를 행할 것이며 그의 날에 유다는 구원을 받겠고 이스라엘은 평안히 살 것이며 그의 이름은 여호와 우리의 공의라 일컬음을 받으리라(예레미야 23:5-6).

심은 것을 뽑기도 하고, 세운 것을 헐기도 하시는 여호와께서 새로운 일을 시작하신다. 그것을 보는 자는 복이 있다.